·教育部经济管理类主干课程教材·

Xingwei Caizhengxue

行为财政学

主　编　白彦锋　岳　童

中国人民大学出版社
·北京·

图书在版编目（CIP）数据

行为财政学/白彦锋，岳童主编. --北京：中国人民大学出版社，2020.10
教育部经济管理类主干课程教材
ISBN 978-7-300-28539-9

Ⅰ.①行… Ⅱ.①白… ②岳… Ⅲ.①财政学-高等学校-教材 Ⅳ.①F810

中国版本图书馆 CIP 数据核字（2020）第 169850 号

教育部经济管理类主干课程教材
行为财政学
主编 白彦锋 岳 童
Xingwei Caizhengxue

出版发行	中国人民大学出版社		
社　　址	北京中关村大街 31 号	邮政编码	100080
电　　话	010－62511242（总编室）		010－62511770（质管部）
	010－82501766（邮购部）		010－62514148（门市部）
	010－62515195（发行公司）		010－62515275（盗版举报）
网　　址	http://www.crup.com.cn		
经　　销	新华书店		
印　　刷	北京昌联印刷有限公司		
规　　格	185 mm×260 mm 16 开本	版　　次	2020 年 10 月第 1 版
印　　张	14.5	印　　次	2020 年 10 月第 1 次印刷
字　　数	311 000	定　　价	38.00 元

前 言

一、从“人像机器”到“机器像人”：谈现代行为财政学的发展

传统新古典经济学将“人”作为“理性人”来理解和看待，解释为“冷冰冰的人”。那个时候，正是人类从农业社会进入工业社会的历史发展阶段，工业革命在西方世界进行得如火如荼。那时诞生的经济学也表现出工业化的鲜明特征，集中表现就是人对机器的崇拜，把“人”作为“机器”来理解。卓别林在他的代表作《摩登时代》当中，作为一名机器流水线上的工人，像机器一样不断重复着相同的动作，最终疲惫不堪，在机器面前拜倒在地。

在后工业化时代，信息技术和人工智能发展迅速，机器变得日益智能化、人性化，机器日益变得像人一样，以至于AI等人工智能的发展青出于蓝而胜于蓝，“比人更像人”，甚至在一些科幻作品当中颠覆人类对世界的统治，并取而代之。与此相对，2017年美国芝加哥大学经济学家理查德·塞勒（Richard Thaler）获得诺贝尔经济学奖，其现代行为经济学主张要将心理学和经济学结合起来进行研究和分析，“还人类以本来面目”。

易得性直觉（availability heuristic），是指人类在经济行为表现上，容易被眼前的事物所迷惑，往往“只见树木不见森林”。人们倾向于根据一个客体或事件在知觉或记忆中的易得性程度来评估其相对概率，容易知觉到的或回想起的被判定为更常出现。比如，人们往往过分夸大了受到鲨鱼袭击的危险，却低估了不戴头盔骑车的风险，因为我们经常听说人在海边被鲨鱼袭击的事故，却很少听说因为骑车不戴头盔而遭遇危险的事故。再比如，空难或者车祸等安全事故之后，新闻往往集中报道，长篇累牍，短时间内人们在心理上往往高估其风险概率。

类似地，2019 年 4 月北京市海淀区和怀柔区分别发生过一次 3.0 级左右的地震，一些人可能为此焦虑。事实上，从统计数据上看，这只是接近常年正常值的水平。

锚定效应（anchoring effect）也被称为沉锚效应，这也是一个看起来高大上但并不复杂的概念。它指的是当人们对某人或某事做出判断时，他们很容易受到第一印象或第一信息的影响和支配。这种现象就像一艘船被锚定在一个特定的位置，无法移动，锚定效应因此得名。

心理学上有“首因效应”的说法，说明我们在求职、入职、交友过程中，第一印象总是很重要。我们在一个单位往往只有一个“第一次”，因此把握好自己的“第一次”对于今后的发展很重要；但第一印象往往会误导人们后来的决策。因此，很多人会慨叹自己“猜对了开头，却猜错了结局”。

人们在做出判断时，往往会受到第一印象和他们收到的第一信息的影响。就像鸟会把自己遇到的第一个生物视为自己的母亲一样，人们往往凭第一印象来进行判断。即便并不是有意识地引用第一信息，人们也会无意识地重视第一信息。无独有偶，《小蝌蚪找妈妈》这个故事当中，小蝌蚪乱认妈妈似乎还是反映了人类的一种潜意识思维定式。

人类的大脑内存似乎总是有限的。2010 年后的年轻人热捧《三生三世十里桃花》等电视剧，但是那些属于 70 后、80 后的“经典”似乎只有《西游记》《射雕英雄传》等伴随其成长起来的影视作品。

总之，作为心理学和具有经济学基因的财政学交叉融合的产物，行为财政学更有人情味，更加贴近人们的决策。掌握这种规律，不仅有助于我们更好地认识经济社会，也有利于我们更好地引导人们的决策。

二、关于本书

2002 年的诺贝尔经济学奖获得者是美国普林斯顿大学心理学和公共事务学教授丹尼尔·卡尼曼（Daniel Kahneman）以及美国乔治梅森大学经济学和法学教授弗农·史密斯（Vernon L. Smith）。二人的研究将两个截然不同但又能相互融合的学科交叉重叠，利用认知心理学的分析方法和具体实验来研究人类的行为选择和决策依据，检验由传统经济学理论所做出的个人行为预测偏差和不确定性。由此，行为经济学（behavioral economics）正式进入经济学的殿堂。

近年来，行为经济学被更多地融入到应用经济学的具体实践中。2004 年美国南加州大学法学院教授爱德华·麦卡弗里（Edward J. McCaffery）和密歇根大学税收政策研究中心教授乔尔·斯莱姆罗德（Joel Slemrod）提出了行为财政学这一概念，并在 2006 年出版了第一部会议论文集，此后，行为财政学作为现代财政学学科的一个新兴领域迅速崛起。行为财政学主要依据个人和政府的认知偏差和有限理性假设，着重研究财政学中的财政收入、支出和政策制定，通过将心理学、行为科学和实验经济学的研究方法应用到财政学领域，在一定程度上解答了传统财政学学科难以有效解决的政府失灵问题，是对传统财政理论和政策选择的补充和发展，促使现代财政学理论研究跨越到一个新的发展阶段。

行为财政学的理论与研究方法不仅受到学术界的关注，也已在很多国家被应用于政策制定领域，很多发达国家和国际组织都先后在公共部门成立了相关研究团队，旨在提高财政决策等各类政府决策的科学性和有效性。2010 年，英国政府成立了行为洞察力团队（behavioral insight team），在经济增长、劳动力市场、卫生事业等领域运用行为财政学制定财政政策；2015 年，美国总统奥巴马发布 13707 号文件，提出利用行为财政学提高公众的参与度；同年，澳大利亚公共服务委员会也提出利用行为科学从个体、人际关系和社区三个层面综合分析公民行为；世界银行发布的《世界发展报告 2015》专门从心理学和社会学的视角论述了行为科学在政策制定上的应用；2016 年，欧盟设立预测与行为透视小组进行政府决策咨询；经合组织也在 2017 年和 2018 年讨论了行为方法如何提高政府反腐败政策的完整性和有效性，并为决策者提供了行为科学对反腐败等相关政策设计的指导。

然而，我国目前对行为财政学的研究甚少，仅处于起步阶段，行为科学在我国政府政策制定过程中应发挥的作用还没有充分发挥出来。或者说，我国政府决策对行为财政学的应用很多是潜意识的，并未主动为之。但是，鉴于行为财政学的科学性和对现实问题强大的解释能力和引领能力，其在我国很多政府决策中“不自觉”的应用却是不争的事实。[①] 因此，本教材的出版将促使行为财政学这一财政学学科前沿系统全面地进入高校课堂，使财政学教学与学术前沿接轨，丰富财政学学科的教学内容，使得财政学学科更加贴近现实。教材在编写过程中参考了麦卡弗里等人在 2006 年出版的会议论文集——《行为财政学》（*Behavioral Public Finance*），剖析了传统财政学学科面临的问题和难题，详细阐述了行为财政学的基本理论思想、具体研究方法以及研究内容，并从财政的收入和支出，以及财政政策制定三个方面详细说明了行为财政学的具体应用。本教材由以下三部分组成：

第一部分为传统财政学的理论基础及其困惑，对传统财政学学科的基础理论及其在

---

① 白彦锋，沈倩. 我国“血荒”问题的行为经济学视角研究. 内蒙古财经学院学报，2012 (6)；白彦锋. 行为经济学与党的十九大报告. 新疆财经，2018 (1)；白彦锋，郝晓婧. 行为财政学视角下提升税收遵从的路径选择——基于 B 市地税加强零申报纳税人管理的案例分析. 税收经济研究，2018 (2)；白彦锋，岳童. 行为财政学与我国财政决策变革研究——基于我国社保缴费制度改革的分析，2019 (2)。

财政收支和财政政策制定环节遇到的困惑进行了具体分析。第 1 章介绍了传统财政学的基本理论基础，即信息不对称理论与外部性理论。作为信息经济学的核心，信息不对称对市场运行产生的影响包括逆向选择与道德风险，政府在干预市场时需要对症下药。而外部性是经济学中的一个普遍概念，其对资源配置会产生一定的影响，公共物品的外部性一直以来是令人困扰的问题，如何有效地解决公共物品的供给问题也是当务之急。第 2 章从个人有限理性假设入手，为我们展示了个人的非理性、认知偏差以及选择性偏差等心理错觉。第 3 章讨论了人类群体参与社会活动表现出的社会偏好。运用实验经济学在进行个体行为博弈实验时，研究者发现了大量的亲社会性行为，这用主流经济学理论通常无法进行解释。本章对相关实验和理论模型进行介绍，以此对社会偏好理论作一个概观，并重新认识经济人假设。第 4 章则结合 A-S 模型讨论了税收遵从之谜。1972 年，阿林厄姆（Allingham）和桑德莫（Sandmo）对偷逃税问题进行分析，建立起 A-S 模型，认为税务机关的稽查率和罚款率对纳税人的逃税行为有重要影响。而一些学者的实证研究却发现，现实中逃税水平比 A-S 模型预测的要低，这形成了税收遵从之谜。第 5 章讨论了财政幻觉问题。在一定财政税收制度设计下，纳税人在进行财政选择时产生幻觉，认为要缴纳的税负事实上低于他们的实际负担，或是他们对政府所提供的公共物品价值的理解高出了其实际价值。已有研究对财政幻觉的产生从五个角度进行解释，包括收入复杂性假说、收入弹性假说、粘蝇纸效应、承租人幻觉和债务幻觉。而行为经济学也对这些假说给出了一些有力的证据予以支持。

第二部分详细讨论了行为财政学的理论基础。第 6 章对心理学和行为经济学进行了阐述和说明，这两大学科是行为财政学的诞生基石：心理学的一项重要研究任务是预测和控制人类的行为，我们将重点展示心理学的基本特点、研究原则和基本研究方法，这些均是形成行为财政学特殊研究方法的基石；行为经济学作为经济学的一个独特分支，形成了自身独特的理论基础，我们将结合具体案例重点学习参照系理论、前景理论和偏好理论等基本理论知识，这些理论都与行为经济学在财政学领域的具体应用密切相关。第 7 章将阐述行为财政学的基本理论，展示行为财政学的基本分析框架和基本研究内容，并结合当前行为财政学学术前沿介绍几类关于行为财政学的讨论与争议。第 8 章介绍了行为财政学的研究方法——实验经济学，现代经济学的许多假设是未经实验验证的，所以在经济学中引入实验方法是必然的结果。实验经济学指经济学家在挑选的受试对象参与下，以仿真方法创造与实际经济相似的一种实验室环境，不断改变实验参数，对得到的实验数据进行整理、加工和分析，以检验已有的经济理论及其前提假设，或者发现新的理论，或者为一些决策提供理论分析。第 8 章将从起源、发展、应用等角度分析实验经济学这一研究方法。第 9 章系统讨论了将行为经济学应用到政策领域的基本方法。政府试图通过一系列政策工具来管理或影响个人和组织行为，包括立法、制裁、法规、税收和补贴、提供公共服务以及信息和指导材料，本章结合美国等国家的具体案例，证明了来自行为经济学和心理学等领域的关于人们如何做出决策并采取行动的研究成果可用于设计政府政策以更好地为人民服务。

第三部分结合具体案例说明了行为财政学在财政收入、财政支出和财政政策制定方面的应用。第 10 章从三个方面阐释了行为因素对财政收入的影响——个人所得税税收遵从、个人所得税税收信任、增值税税收遵从，利用古典税收遵从模型并结合一系列计量和实验的实证研究分析了传统理论的不足和基于行为财政学的税收遵从模型，还从经典的博弈论信任假设模型入手，引出了税收信任模型，最后以增值税为例对税收遵从问题进行具体说明。第 11 章分析了行为因素对财政支出的影响，主要分析了两大问题：一是社会保险问题，即信息不对称会导致社会保险支出在哪些方面产生扭曲；二是公共物品问题，即在外部性影响下公共物品的提供会造成多大的扭曲以及政策制定者如何尽可能小地降低这些扭曲来保证提供的公共物品的质量。第 12 章分析了行为经济学与传统经济学在市场失灵和公共政策分析上的不同，旨在说明影响个人行为的政策工具，提出了基于个人行为偏好和改变个人行为偏好的政策干预工具，结合案例证明了人们的行为选择是激励效用导致的，政策的激励不同会使得选择不同。

本书主要参考了英文原版论文集《行为财政学》，由中央财经大学白彦锋教授，博士研究生岳童、韩天宇、陈珊珊，以及硕士研究生汪园、王中华和史大譞主编，中央财经大学财政税务学院孙鲲鹏老师和刘明老师亦对本书的完成做出较大贡献。我们希望能利用此书将行为财政学这个财政学学科的新分支引入我国，并将这一财政学学科前沿系统全面地引入高校课堂，丰富财政学的教学内容，也希望能为行为科学在我国政府政策制定过程中发挥作用奠定基础。

目　录

第一部分　传统财政学的理论基础及其困惑

第二部分 行为财政学的理论基础

第三部分 行为财政学的实践应用

第一部分

传统财政学的理论基础及其困惑

本书的第一部分介绍传统财政学的理论基础，及其在实践中面临的困惑。第 1 章主要从信息不对称理论与外部性理论出发，阐明传统财政学的理论基础。市场中信息不对称现象的存在，会引发逆向选择与道德风险的出现。外部性问题的存在，使部分商品的供求难以依照市场中“成本-收益对等”的原则实现。这些问题使政府对市场的介入和干预成为必要，由此形成传统财政学的主要研究内容。传统财政学以“理性个人”为理论建构的基本假设前提，但现实中个人并不总是理性的，传统财政学在实践中也因此而面临着诸多困惑。第 2 章分析了个人的有限理性，及其表现出的种种认知偏差与选择性偏差。在第 3 章中我们将看到，最后通牒博弈实验、信任博弈实验、公共物品博弈实验等经典个人行为博弈实验的结果均呈现出个人的社会偏好，个人不仅追求自身利益最大化，还会有以利他偏好、差异厌恶偏好及互惠偏好等形式表现出的大量亲社会性行为。第 4 章介绍了税收遵从研究上的困惑。税收收入是大部分现代国家财政收入的主要形式，但税收意味着个人部分收入的转移或流失，因此个人的税收遵从对财政收支运行至关重要。1972 年，阿林厄姆（Allingham）和桑德莫（Sandmo）建立起 A-S 模型，认为税务机关的稽查率和罚款率对纳税人的逃税行为有重要影响。然而，后续一些学者的实证研究却发现，现实中逃税水平比 A-S 模型预测的要低，形成了税收遵从之谜。第 5 章阐述了财政实践中存在的财政幻觉问题。纳税人在进行财政选择时，可能认为其要缴纳的税负低于他们真实承担的税负，或对政府所提供的公共物品的价值评价高出了其实际价值。这可能是制度或政策有意设计的结果，不过从中我们也将再次认识到个人的理性是并不完全的，甚至是很有限的。

第1章 传统财政学基础理论

本章主要介绍了信息不对称理论与外部性理论。其中，信息不对称理论部分包括理论起源、主要内容以及对市场运行的影响。作为信息经济学的核心，信息不对称对市场运行产生的影响包括逆向选择与道德风险，政府在干预市场时需要对症下药。外部性理论部分主要包括外部性的定义、分类、外部性的内部化以及外部性与公共物品之间的关系。外部性是经济学中的一个普遍概念，其对资源配置会产生一定的影响，公共物品的外部性一直以来是令人困扰的问题，如何有效地解决公共物品的供给问题也是当务之急。

第一节 信息不对称理论

一、理论起源

自1776年亚当·斯密（Adam Smith）的《国民财富的性质和原因的研究》（简称《国富论》）[①] 出版以来，经济学家逐渐认识到市场价格机制作为一只无形的手在资源配置调节方面的神奇作用。然而，经济学家们却无法准确地揭示出价格机制的特

① 亚当·斯密. 国富论. 北京：华夏出版社，2005.

征。1953 年，美国经济学家肯尼斯·阿罗（Kenneth Arrow）和德布鲁（Debreu）开创了阿罗-德布鲁定理[1]，他们的主张如下：假设社会上只存在两种人，一种是生产者，另一种是消费者，只要消费者的偏好和生产者的技术具有某些合理特性（比如边际效用递减规律、边际收益递减规律），那么，在消费者追求自己的偏好的前提下，必须有一组价格体系，使得社会资源实现最有效的利用。然而，这一理论的问题在于，它假定生产者和消费者都可以获得完全信息。换句话说，消费者和生产者都有足够的信息来做出正确的决定。事实上，在现实生活中，信息往往是不完整且不对称的。例如，在二手车市场上，劣质汽车淘汰了优质汽车；类似地，在借贷关系中，借款人往往比贷款人更了解自己的偿付能力。

1961 年，经济学家乔治·斯蒂格勒（George Stigler）的研究显示，为了减少信息不对称造成的问题，当消费者在购买冷冻冰柜时，他们通常在做出最后决定之前寻找很长时间，同时制造商通过广告滥发有关它们产品的信息。针对这一现象，斯蒂格勒提出了搜寻理论。

斯蒂格勒把"搜寻"定义为[2]：当一个买方在信息不对称存在的情况下想要购买某种商品时，他总是寻找很多卖方来确定最合适的价格。连续性或者离散性的价格是搜寻的前提。如果信息是完全对称的，并且买方从一开始就知道商品的价格分布和地理分布，那么买方就可以在不付出任何成本的情况下购买其效用最大化的商品。如果价格不是离散分布而是连续分布，那么买方可以根据已知价格推断未知价格，搜寻的成本和时间都可以节省。但现实并非如此，所以需要搜寻。斯蒂格勒的搜寻理论也可以这样表述：在购买的预期节省等于询问下一个卖方的成本之前，消费者会不断地寻找更多的价格，以实现消费者追求的效用最大化目标。直到条件满足之后，他才会选择停止搜寻，最终从出价最低的卖方那里购买商品。

同时，关于减少由于信息不对称造成的问题，英国莫尔（Moore）的研究也取得了重要进展。[3] 他认为，正是因为政府的信息有限，税收政策的设计应该考虑到信息不对称的诱因问题。例如，如果公众在某种行为中有三种选择，分别为 a、b 和 c，政府希望公众选择 a，则政府必须事先对 a、b 和 c 进行设计，使得对民众而言，a 是最佳的选择。尽管斯蒂格勒和莫尔在减少信息不对称方面作出了重要贡献，但他们并没有系统地研究信息不对称。

直到 1970 年，诺贝尔经济学奖得主之一、美国经济学家乔治·阿克洛夫（George Akerlof）才在其经典著作《柠檬市场：质量不确定性与市场机制》（The Market for

① 肯尼斯·阿罗．信息经济学．北京：北京经济学院出版社，1989.

② 张媛媛．斯蒂格勒的部分经济思想．中国经贸，2013（10）.

③ 妥艳贞．不对称信息经济学理论观点评述．经济学研究，2004（5）.

"Lemons": Quality Uncertainty and the Market Mechanism）中提出了"柠檬市场"理论。[①] 他以二手车市场为例来解释现实生活中信息不对称的存在。

在二手车市场上，卖方对车的状况了如指掌。这是卖方的私人信息，买方不了解二手车的质量。换句话说，在二手车市场上，买卖双方的信息是不对称的。在信息不对称的情况下，卖方可以利用买方所缺乏的信息，将非常旧的、装饰得很好的二手车卖掉。这意味着拥有私人信息的一方可以从没有这些信息的一方的损失中获利。买方尽管不了解每一辆二手车的具体情况，但他们知道这种市场上信息不对称的存在。他们从自己的利益出发，把每一辆二手车都作为最破旧的车，只愿出最低的价格购买。在价格如此低时，质量略好的二手车的车主都不愿意把自己的车拿到这种市场上销售，最终结果就是二手车市场上只有破烂不堪的汽车。

阿克洛夫的研究得出，产品质量的不确定性可能会导致信息不对称的现象出现，进而还可能对市场效率产生负面影响。他指出，由于买方一般情况下无法观察到每个具体商品真正的质量情况，在大多数的市场环境中，买方对商品质量的基本了解往往仅限于市场的平均价格。在存在信息不对称的情况下，如果没有其他的强制力量来规避此种现象，卖方就会依据效用最大化的原则，被激励着售卖低质量的产品以实现收入的最大化。如果这种情况长期存在，商品的质量和有效的市场规模都会逐渐退化，甚至会出现逆向选择（adverse selection）现象，此时市场机制自身实现的平衡状态实际上是一种低效率的平衡。

1973年，即将在哈佛大学毕业的斯彭斯[②]（Spence）在其博士论文《劳动市场的信号》(Job Market Signaling）中，通过剖析人才市场盛行的造假行为，指出在人才市场中，同样存在着用人单位与应聘者之间的信息不对称，从而造成了人才市场上劣币驱逐良币的现象。1974年、1976年，斯蒂格利茨（Stiglitz）则将信息不对称理论多次运用到保险市场，并相继发表了两篇重要的论文。他在文中指出，投保人与保险公司之间存在着信息不对称，造成保险公司为居高不下的赔付率而不胜其苦。斯蒂格利茨提出的解决问题的理论模型是让投保者在高免赔率加低保险费和低免赔率加高保险费两种投保方式间作出抉择，以解决保险过程中的逆向选择问题。同时，他还将这一理论运用到金融市场，指出企业骗贷也与信息不对称有关。[③]

信息不对称理论揭示了市场经济活动中信息是有价值的。在现实生活中市场主体不可能占有完全的市场信息，信息的不对称必定导致信息拥有方为获取自身更大的利益使另一方的利益受到损害，这种行为在理论上就称作道德风险和逆向选择。信息不对称理

---

① Akerlof George A. The market for "lemons": Quality uncertainty and the market mechanism. *Quarterly Journal of Economics*, 1970, 84 (3): 488-500. 柠檬在美国俚语中是"残次品"或"不中用的东西"。柠檬市场是在分析信息不对称时提到的，旨在说明逆向选择导致了市场的低效率，出现了市场失灵。

② 三位美经济学家获2001年诺贝尔经济学奖. 搜狐财经，2002-10-9.

③ Stiglitz Joseph E., Weiss Andrew. Credit rationing in market with imperfect information. *American Economic Review*, 1981, 71 (3).

论的提出，挑战了传统经济学“市场万能”的理论，为政府干预市场、纠正市场缺陷提供了理论依据。正如斯蒂格利茨所认为的，“不对称信息会影响市场经济的理论，已经革命性地改革了每一个市场以及多数重要的资本市场的概念。”

二、主要内容

信息不对称理论是信息经济学的核心。这意味着在经济活动中，交易双方对同一经济事件没有相同的信息。因此，经济活动参与人的交易关系和契约安排不是在完全信息的条件下进行的，而是在信息不完整和不对称的条件下进行的。

信息不完整是指市场的一方或另一方没有掌握到应该掌握的信息。信息不对称是指市场中的一方相比较另一方而言掌握更多的信息。通常情况下，这两个概念是混合使用的。

信息不对称主要有三种形式[①]：第一，产品质量信息不完整，消费者获得的质量信息有限。第二，商品价格信息不完整，消费者获得的价格信息有限。这两种情况都会导致“买的没有卖的精”。第三，一些消费者拥有完整的信息，而另一些消费者拥有有限的信息。在信息有限的市场中，生产者提供的质量信息可能得不到保证，供应商希望减少购买者可获得的信息。随着市场经济的不断发展，信息不对称体现在社会经济生活的各个方面。随着生产力进一步提高，社会分工不断演进和细化，经济活动链不断扩展和延伸，信息不对称问题已成为经济活动中的普遍现象。信息不对称是经济活动的“常态”，而完全信息是一种理想的特殊状态。

作为经济活动中普遍存在的一种现象，信息不对称问题产生的原因是什么呢？首先，信息不对称是专业化分工的必然要求和结果。连续的劳动分工的发展是人类社会生产力进步的一个重要方面。然而，虽然分工提高了生产能力，但这使得人们只知道与他们从事的工作相关的小范围的知识，并且他们通常对其他产品知之甚少。与生产者相比，他们的信息更少，信息不对称的问题同样存在。此外，劳动分工使得人们更加依赖对方。其次，人们获得的交易的知识是有限的。一方面，人们所拥有的有限资源和控制能力决定了其有限的知识；另一方面，有限理性是每个人的特征，也就是说，个人在计算和决策方面的能力有限。再次，获取信息是要付出代价的。科斯（Coase）首先指出[②]，使用价格机制存在成本，而这种成本归根结底是一种信息成本。获取与价格和交易相关的信息、了解交易的对手方和如何进行谈判，以及对合同的执行和完成的监督，都是有代价的。成本的存在构成了交易双方寻求更多信息的障碍。最后，信息不对称还源于信息主体的垄断。显然，交易中发布的信息越多，效果越好。因此，为了获得最大的经济利益，信息主体会隐藏信息或提供虚假信息。通常情况下，在失败者知道真实信息之前交易就已经结束了。

信息不对称会引发一些不好的后果。新古典经济理论的假定前提是信息是完整的，也

① 浅析二手车市场信息不对称现象，百度文库.

② 科斯. 社会成本问题. 法律与经济学，1960，3.

就是说，不存在信息不对称。然而，信息不对称将导致市场交易只能达到一个与帕累托最优状态相比的次优状态，即存在市场失灵。具体而言，经济主体的经济决策的合理性取决于他们所基于的决策信息。如果经济主体的信息基础是单方面的甚至是扭曲的，他们的决策就不是最佳的，甚至是错误的，这将导致经济资源的配置和利用不能达到最佳水平。信息不对称导致的结果可以从以下几个方面分析：（1）它导致了假冒伪劣产品的普遍存在，甚至导致了优质产品的消失。在保证产品的真实和优质的前提下，物美价廉或价高质优的产品可以赢得市场。然而，在消费者无法辨别真假的情况下，廉价就无法获得其应有的优势。如果真实、优质产品的价格与假冒、劣质产品的价格相同，则由于优质产品的生产成本高于劣质产品的生产成本，优质产品的制造商不能利用竞争地位的优势，甚至利润水平也不像劣质产品的制造商那样高。通过这种方式，优质产品的数量将大幅减少甚至消失。（2）信息不对称也会导致市场的萎缩或者市场的不存在。交易双方之间的信息不对称并不一定会给消费者造成损失。原因是，尽管消费者知道的比制造商少，但他们可以选择是否进行交易，以及与谁进行交易。对于某一种产品，当消费者完全无法区分产品的质量时，他将拒绝购买任何一个制造商生产的任何产品（当然，除了必需品之外）。这将导致这种产品的市场萎缩，甚至消失。例如，当市面上的劣质乳制品达到一定的水平时，人们将选择在家里吃稀粥或水果，并且乳制品的市场将会严重地萎缩。事实上，很多优质产品缺乏相应市场的一个重要原因是，消费者对这些产品缺乏相关信息，所以他们不知道这些优质产品的性能有多好。（3）信息不对称也会降低企业的生产效率。获得更多的利润，是企业提高生产效率的内在动机。经济信息的对称性会使得消费者的理性行为对生产者提高生产效率产生积极的激励作用，以促进企业提高生产效率；但在经济信息不对称的情况下，消费者的理性选择行为对企业提高生产效率是负激励，从而损害企业的生产效率。

三、对市场运行的影响

我们将主要讨论两个方面的问题：逆向选择与道德风险。

1. *逆向选择*

什么是逆向选择？一般来说，如果一种商品的价格降低，对这种商品的需求就会增加；如果提高一种商品的价格，对这种商品的供给就会增加。然而，由于信息的不完全和机会主义行为的存在，有时消费者在商品价格下降的情况下不会做出增加购买的选择，而生产者在价格上涨的情况下也不会增加供给。

（1）逆向选择的产生。

信息不对称如果发生在交易合同签订之前，就容易造成逆向选择的问题出现。真正的好东西不会按低价销售，按低价销售的东西质量真的比较差。最终的结果是，按低价销售的商品确实是低质量的，消费者给出的价格是极低的，高质量的商品被逐出市场。我们来看阿克洛夫的二手车市场模型：设想这样一种情形，在一个市场上有高质量的和低质量的两种二手车出售。

如果买卖双方都知道哪些车质量好，哪些车质量差，也就是说，他们对二手车市场的信息是对称的，那么就会出现两个独立的市场（见图 1-1）。假设有两个市场：一个是高质量二手车市场，一个是低质量二手车市场，各有 500 辆二手车。S_H 是高质量二手车的供给曲线，D_H 是高质量二手车的需求曲线；S_L 是低质量二手车的供给曲线，D_L 是低质量二手车的需求曲线。

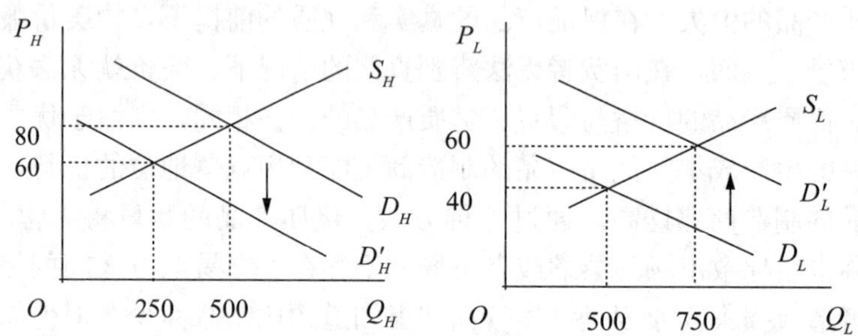

图 1-1　信息对称时高质量（左）与低质量（右）二手车市场的均衡

实际上买卖双方关于二手车质量的信息是不对称的，二手车的卖方对车的质量比买方知道得多（见图 1-2）。在有低劣品存在的市场，逆向选择造成了劣品驱逐良品的后果。

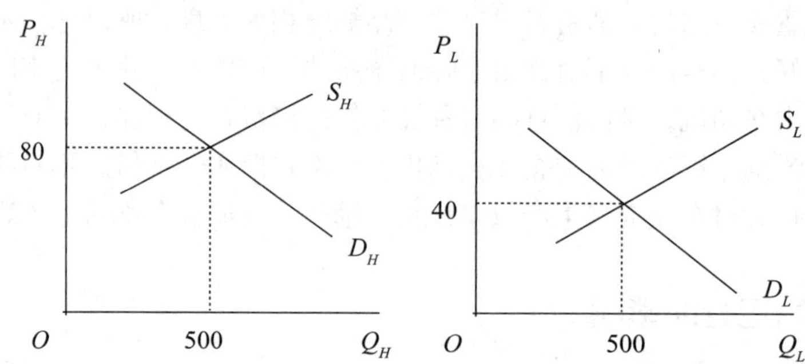

图 1-2　信息不对称时高质量（左）与低质量（右）二手车市场的均衡

我们知道，如果商品价格下降，需求会上升，这是商品需求的一般模式，需求曲线呈现出向右下方倾斜的趋势。但是，当消费者没有完整的市场信息时，他们对商品的需求可能不会随着价格的下降而增加，而是会随着价格的下降而减少。这就是所谓的逆向选择问题。同样，在生产者信息不完全的情况下，提高商品的价格也不一定能够增加该商品的供给。因此，当商品的供求变化不正常时，我们就会遇到逆向选择的问题。对于市场机制而言，逆向选择的存在意味着市场的低效率和市场失灵。

（2）逆向选择与质量。

现在，如果允许卖方选择其产品的质量或价值，比如两种雨伞[①]：优质雨伞与劣质

① 陈宪，韩太祥. 信息不对称. 简明微观经济学. 北京：中国人民大学出版社，2015.

雨伞，卖方将会生产和出售哪一种类型的雨伞呢？假设在消费者眼中，愿意为一把优质雨伞支付 14 元，而愿意为一把劣质雨伞支付 8 元，在购买之前消费者对雨伞的质量情况掌握的信息很少（即买方与卖方之间的信息不对称）。我们再来假设一把优质雨伞的生产成本为 11 元，而一把劣质雨伞的生产成本为 10 元，如果市场上的每个厂商只生产优质的雨伞，那么消费者愿意为每一把雨伞支付的价格为 14 元，而每把雨伞给厂商带来的利润是 3 元（$=14-11$）。但是厂商在利益的驱使下有可能会选择生产劣质雨伞，因为如果买方仍然为一把雨伞支付 14 元，卖方的利润就会从 3 元增加到 4 元。因此，如果市场中只有优质雨伞就不会达到均衡状态。那么，只有劣质雨伞的市场是均衡的吗？当然也不是。因为如果买方知道所有的雨伞都是劣质的，就只愿意支付 8 元的价格来购买雨伞，而劣质雨伞的生产边际成本是 10 元，那么卖方每多卖一把雨伞就会损失 2 元。现在，我们已经知道，只交换一种雨伞是不存在市场均衡的。存在这两种雨伞的市场均衡是什么？假设一些厂商（q）生产优质雨伞，$0<q<1$。买方对雨伞价格的期望值为 $EV=14q+8(1-q)=8+6q$。卖方对优质雨伞的要求是其价格高于生产成本，即 $EV=8+6q\geqslant 11$，进而推导出 $q\geqslant 1/2$。因此，只有至少一半的厂商生产优质雨伞这一条件能得到满足时，市场的聚合均衡才能实现。然而，生产优质雨伞的厂商总是可以通过生产劣质雨伞来获利。如果所有卖方都持有相同的观点，那么买方只愿意接受每把雨伞 8 元的价格，优质雨伞的产量将降至零，总体均衡也不能够成立。市场上没有均衡。逆向选择摧毁了整个市场的均衡。

专栏 1-1

医疗保险市场存在的逆向选择

假设某一疾病的患病概率为 1%，且患者需支付的医疗费用为 1 000 元，购买保险的患者可从保险公司获得 1 000 元赔偿。简单起见，我们忽略保险公司的成本，那么当保险费率为 1%时，即每人支付 10 元保费，保险公司就可实现收支平衡。问题是，实际投保的人患病的概率也就是整个人口患病的平均概率是否等于 1%？保险公司会发现，投保的人群可能患上这种疾病的比例要高于普通人群的患病率。因此，按照 1%的费率收费会使保险公司亏损，最终无法运营下去。

我们看到逆向选择是信息不对称的一个结果。问题能够得到解决的办法就是买方对不同产品的质量能够进行有效的区分。解决这个问题的其中一个方法是让好的卖方向市场表明他们拥有高质量的产品。市场信号的可信度是这里的关键所在，但用“王婆卖瓜”的做法是很难赢得客户信任的。

2. 道德风险

什么是道德风险呢？如果你的汽车投保了盗抢险，你会不会更有可能不锁车呢？如果是，这就是道德风险。道德风险，也叫作隐瞒行动（hidden actions），是指代理人损害委托人或其他委托人的效用而使自身效用最大化的行为。交易一方知道自己采取的行动，这将影响另一方的利益，而另一方不知道对方采取了什么行动。道德风险的出现也是信息不对称的结果。

交易合同签订后出现信息不对称现象，容易引发道德风险问题。道德风险一词起源于保险业。在保险市场，购买家财险的人将不再像以前那样细心照料家庭财产；购买健康保险的人可能会要求医生开更昂贵和不必要的药；那些购买了车险的人可能不再关心他们的车辆，等等。由于保险公司不能准确地观察到投保人在购买保险后的行为，投保人产生“隐藏的行为”，而保险公司则面临着由于投保人不负责任、甚至“不道德”行为所带来的损失。

专栏 1-2

商场促销活动的道德风险

商场为了促销尝试着给顾客提供便利的购物环境。20 世纪 90 年代，上海仟村百货推出一项为来商场购物的顾客代管孩子的便民措施。他们在底楼开辟了一个 40 多平方米的托儿站，内有各类儿童玩具，且有专人看护。不料此举被一些家长视为“天赐良机”，将孩子长时间“寄存”，使商场工作人员有苦难言。某些家长“眼光独到”，一早将孩子往里一放，自己约上麻将牌友筑起长城，直到晚上商场关门前，才匆匆赶回来领回自己的孩子。

资料来源：信息经济学第三章解析，原创力文档.

道德风险与人类行为的道德水平关系并不密切，它与人类经济行为中的个体理性是一致的。在市场经济中，它是指市场参与人针对自身隐蔽信息形成的“信息优势”而做出的理性反应。

传统观点认为，信息在买卖双方之间是均匀分布的，可以平衡双方的利益，有效地保护市场的自由发展。然而，随着理论的发展，信息不对称和非均匀分布的现象越来越明显。信息不完整或信息不对称是某些特定市场的一个基本特点，进一步地，在一些经济中，如发展中国家或转型经济国家，由于市场不完善引起的道德风险、逆向选择问题也非常普遍。因此，政策制定者在决策过程中一方面要充分考虑信息不对称所带来的消极影响，另一方面又要充分利用好信息不对称的优势之处，从而最大化发挥政策效用。

第二节　外部性理论

一、外部性

1. 定义

众所周知，这是一个令人不快的事实：化石燃料的燃烧，以及现代经济已经习惯或

依赖的许多其他活动促使了全球气候的变化。如果目前的使用模式继续下去，最终会导致全球变暖以及对社会和经济可能产生更为严重的后果。因此，如何解决这一问题，至少在过去的二十年里，一直是世界各地政策辩论的主要议题。所有的人都寻求对同样的潜在问题作出回应，但市场本身似乎并没有创造出激励措施来引导人们改变消费和行为方式从而使碳排放达到最低水平。

在这种情况下，为什么市场不能产生有效的结果？根本的问题是，与气候变化相关的长期成本在很大程度上没有反映在私人成本以及与导致碳排放的商品和活动有关的能源成本上。因此，个人消费这些商品，并从事大量低效率活动。比如因为汽油便宜，所以人们都选择开车出行的方式等等。没有任何一个人或实体有私人动机以任何方式削减能源的使用。而大家都这样做的结果就是低效率的高排放和全球变暖等其他严峻后果。

外部性的存在是市场失灵的重要表现。在完全竞争的市场结构中，可以通过价格机制的调节达到帕累托最优状态。然而，市场经济并不总是完美的，它也有许多缺陷，市场也会出现失灵。所谓的市场失灵（market failure）是指通过市场机制配置资源达不到帕累托最优状态。

一般来说，这些导致市场失灵的原因在公共财政中被贴上了外部性的标签，而由过量碳排放引起的气候变化只是其中之一，尽管可能是最引人注目的市场失灵的例子。外部性是市场失灵的典型原因，是需要政府干预市场的经典案例。在存在外部性的情况下，市场设定了不正确的价格，该价格没有反映真正的社会成本和收益。因此，此时的市场均衡并不是社会最优的，市场结果也不再具有推定情况下的良好效率假象。

从广义上来说，外部性问题不仅是经济学曾经面临的问题，也是其正在面临的问题。前者指的是一种已经被消除的外部性，而后者则是指一种还没有被消除的外部性。外部性在现代经济学中虽然是一个出现较晚的概念，但是它扮演着越来越重要的作用。截至目前，对外部性有三种权威的定义，它们以几种方式将经济学当中的其他基本概念与外部性连接起来。

哈尔·罗纳德·瓦里安（Hal Ronald Varian）将外部性定义为：当某一个体是通过非价格因素而对其他行为个体的环境产生影响时，我们就称存在外部性。

詹姆斯·米德（James Meade）将外部性定义为：外部经济或者外部不经济加于某个或某些个体能够感知到的报酬或者损害，而这些人并不是做出直接或间接导致该事件的决策的完全赞同的一方。

道格拉斯·诺思和罗伯特·托马斯（Douglass North and Robert Thomas）将外部性定义为：当某个人或某些人行动时产生了与社会成本不相等的私人成本，带来的私人收益也不等于社会收益时，就存在着外部性。①

可见，外部性是经济学中的一个普遍概念。它的通用性使其在大多数经济分析中扮演着重要角色。但是，上述每个定义都是对外部性的限制性定义。第一个外部性定义范

① 公共经济学第六章外部性矫正，百度文库.

围过于狭窄，因为即使相关价格体系没有发挥作用，人们也可以通过诸如税收政策的方式来消除外部性。某些外部性亦可以通过价格体系传递，例如，降低生产成本或改进生产方法可以给消费者带来积极的外部性。第二个外部性定义强调了其强制性。尽管其具有很强的适用性，但它不能解释为什么涉及外部因素（如法律）的某些制度安排是具有强制性的。在第三种定义中，社会成本或社会收益的概念实际上指的是行为者的成本或收益和受其影响的其他人的成本或收益的总和。因为“社会”这个词有一些非个人的特点，社会成本和社会收益的概念很难区分人与人之间的关系。

外部性的概念可以这样描述：当一个人（或一些人）不承担他或她的行为所带来的所有成本或收益时，换句话说，当一个人承担了他人行为的成本或收益时，他的外部性就存在了。我们常说的外部性，也叫外部性经济，是指当一个人从事一项影响旁观者福利的活动而没有得到任何报酬时所产生的外部性。萨缪尔森（Samuelson）认为，当生产或消费给他人带来附带成本或收益时，就会产生外部经济效应。也就是说，成本或收益是强加于他人的，但行使这些成本或收益的人并不为这些成本或收益付费。相反，外部经济效应指的是一个经济主体的行为对另一个经济主体的影响，这并不反映在货币或市场交易中。

2. 分类

在 20 世纪初的某一天，火车在英国的草地上飞驰而过。火车上坐着英国经济学家庇古（Pigou）。在欣赏风景的同时，他对他的伙伴们说，火车穿过了田野，火车头的火花溅落在沿途的小麦上，使农民们蒙受了损失，但铁路公司没有补偿农民。这就是市场经济无法控制的表现，也可称为市场失灵。1971 年，美国经济学家乔治·施蒂格勒和阿尔钦（Archin）同行日本。当他们看到窗外的稻田（当时已是电力机车）时，他们想到了庇古当年的感慨，询问列车员铁路附近的农田是否被火车毁坏，产量是否下降。相反，列车员说，飞驰的火车吓跑了吃大米的鸟，农民不但没有受到损害反而获得了好处。这种情况下铁路公司也没有向农民收取“赶鸟”的费用。[①]

就像火车和农田一样，外部性通常有两种结果，一种是有利的，另一种是不利的。根据外部性的不同结果，可分为外部性收益（又称正外部性）和外部性成本（又称负外部性）。如果一些人的经济活动给不从事这种活动的人带来收益，而那些获得收益的人不需要付出代价，这种外部性被视为外部性收益（external benefits）。相反，若某些人的经济活动给不从事这些活动的人带来了成本，这种外部性就称为外部性成本（external costs）。

当一个人的行为以不受价格体系影响的方式影响他人时，就会产生外部性。消费和生产都会产生外部性，外部性可以是正的，也可以是负的。

正外部性的例子有：接种传染病疫苗不仅保护了你自己，也保护了与你密切接触的其他人；养蜂人在生产蜂蜜的过程中帮助周围的果树授粉，而果树所有者在种植果树时

① 张五常. 读桔者言. 成都：四川人民出版社，1988.

为蜜蜂提供生产蜂蜜的原料；受过高等教育的人对他人和社会都有有益的影响。这些活动往往无法通过市场得到充分补偿，从而反映外部性收益。

负外部性的例子有：工厂排放的废气污染空气，影响附近居民；在公共场所接触的二手烟对周围人的健康是有害的，但吸烟者对周围人是没有补偿的；深夜唱卡拉 OK 会干扰到附近的人，而唱歌的人不需支付成本。这些活动往往无法通过市场作出适当的补偿，从而反映出外部性成本。

其他分类。外部性可能产生于生产者之间、消费者之间或消费者与生产者之间。根据外部性的范围，它可以分为生产外部性和消费外部性。生产外部性是指生产者从事的经济活动对他人产生有利或不利影响，但生产者未得到报酬或提供补偿。消费外部性是指消费者从事的经济活动对他人产生有利或不利影响，但消费者不能从中获得报酬或支付成本。

3. 外部性的内部化

外部性一直是新古典主义市场组织批评的核心。当外部性存在时，经济活动水平可能高于或低于个体选择边际成本等于边际收益时的经济活动水平。政策可以设定税收和补贴，或者以其他方式改变人们在做出决策时所面临的成本和收益，从而创造出更准确地反映社会成本和收益的激励措施。它可以制定规则，使结果更接近社会的最佳状态。它可以尝试直接操纵市场失灵，例如，通过分配先前未指明的产权。

第一个系统研究外部性的经济学家是 20 世纪初的英国经济学家庇古。20 世纪 20 年代以前，经济理论家与庇古持有相同的传统观点，认为应该在处理外部性过程中引入政府干预的力量。[①] 对产生负外部性的人征税或给予惩罚，而受他人外部性影响的人理应得到相应补贴或补偿。

著名的美国经济学家科斯（Coase）在其 1960 年发表的一篇重要论文《社会成本问题》（The Problem of Social Cost）当中打破了庇古传统理论。[②] 他指出，外部不经济的问题通常被视为甲方对乙方造成伤害，人们进一步会思考如何才能阻止甲对乙的伤害，但其实这种想法不一定正确。因为我们分析的是一个充满相关性的问题，若使得乙方避免受到甲方的伤害就可能造成甲方受到损害，而我们面临的也亟须解决的问题是让甲损害乙，还是让乙损害甲？关键所在是如何避免更严重程度的损害发生。科斯还强调要进一步打破庇古的传统研究，即在社会模式的设计和选择时我们应该考虑整体影响，即观察和研究问题的出发点是实现社会产出最大化。外部不经济问题是科斯的论文中需要解决的最重要的问题之一。

（1）科斯定理。

科斯定理这一专业术语是由斯蒂格勒首先提出的，但是科斯定理的基本含义是由科斯在其论文《社会成本问题》中表达的。

---

① 庇古税，百度百科.

② 科斯. 社会成本问题. 法律与经济学，1960，3.

为了进一步阐明他的论点，科斯列举了"丢失的牛破坏邻近田园里的谷物"的例子。在市场全面运转的假设下，他分别讨论了两种情况，一种情况是因为养牛人没有权利让牛吃农民的谷物，养牛人应对农场主的损失作出赔偿，另一种情况为养牛人不会提供补偿，因为牛有权吃谷物。他总结说，在这两种情况下，结果都是一样的：双方总效用能够达到最大值。因为在产权得到明确界定之后，谈判双方会寻找一种合同安排，通过对市场机制的利用，用签订合同的方式尽量减少自己的利益损失。因此，无论产权归属于哪一方，只要市场的交易成本为零，都可以通过协商使得交易达到最好的效果。这就是科斯定理的要点所在。

众所周知，像没有摩擦的物理世界一样，没有交易成本的经济世界也是很奇怪的。科斯定理除了在交易成本为零的情况下，对效率结果与产权无关的结论进行了解释，还对存在交易成本时，产权制度如何作用或影响经济效率进行了阐述。

因此，当科斯定理被我们重新使用的时候，只要交易成本不为零，我们就可以利用产权的明确定义来实现资源配置的最佳效率，从而在不放弃市场机制的情况下克服外部性的问题。这是因为，只要产权是明确定义的，交易各方将努力降低交易成本，从而在资源使用最大化和成本最小化的情况下，实现最优的资源配置。因此，在科斯的观点中，私人合同可以完全解决外部效应，该定理的本质就是，基于自愿交易的私人合同能够促进市场运行的自我修正。

（2）对传统庇古理论的批评。

科斯定理不仅是对外部性的理解，而且它对市场相关作用的更广泛理解有着许多重要的启示。它指出，相比公众所认知的，市场现象的范围要广泛得多，即使是在一般不认为是市场范围的领域内，只要能够从交易中获得利润，市场行为就会随之发生。与传统的庇古理论不同，科斯的市场解决方案是依据可转移责任规则的不同规定进行交易，消除帕累托相关外部不经济所导致的效率低下，从而形成有效的价格。因此，针对外部性的解决方案，科斯提出了以下几个方面，并对传统的庇古理论进行了批判。

第一，企业在解决外部性方面的作用。"采用另一种形式的经济组织可以以比使用市场交易组织更低的成本达到同样的效果，这将增加产量，"他还说道，"正如我在多年前所指出的那样，作为市场交易组织的替代品而出现的企业，不一定代表通过企业组织交易的经营成本低于所取代的市场组织交易的经营成本。如果企业的出现由于扩大了现有市场活动中许多有害问题的影响，而不被作为一种使用方式，这并不奇怪，因为只要企业的行政成本低于市场交易成本，企业经营的收益大于企业的成本，人们就会采取这种方式，但企业并不是唯一的解决方案。"

第二，政府在解决外部性方面的作用。科斯认为，"在公司内部组织交易的行政成本可能非常高，以至于任何在全公司范围内解决这一问题的尝试都是不可能的。"其替代方案是政府直接控制。然而，作为一个超级企业，政府也不是十分特殊，其自身的管理机制也是有成本的。事实上，有时它的成本高得令人望而却步，以至于政府直接监管不一定能比市场交易组织或企业产生更好的效果。科斯认为，政府监管不一定具有很大的优势，关键是如何选择合适的社会安排来解决外部性问题。

第三，补贴在解决外部性方面的作用。科斯认为庇古的观点存在缺陷。对于“火车发动机溢火导致木材损失”的例子，科斯的观点是铁路公司没有必要对火车发动机溢火造成的火灾损失进行一定的赔偿，问题的关键在于铁路公司是否应该设计各种可行的安排来建立一套制度以规范如何对火灾损失进行赔偿，使它们能在不造成更严重损害的情况下纠正制度中某些方面的缺陷。

第四，税收在解决外部性方面的作用。科斯指出，在以税收或激励措施解决产权侵害的问题中，也存在同样的缺陷。在通过税收解决烟雾污染问题时确实有许多困难，比如计算问题，包括不同类型的损害之间的关系，平均损害和边际损害之间的区别等等。此外，因为税收会导致其他用途的要素价值的下降，或者是因为生产要素被用来降低烟雾污染的程度而不是用于生产，也会导致工厂生产要素价值的下降，进而导致生产的下降。对别人成本的忽视就像工厂的老板不顾自己的烟雾污染对其他人造成的伤害一样。科斯说，税收问题的症结在于，如果没有税收，工厂产生的烟雾污染就会更多而工人更少。但是当涉及税收时，情况正好相反，也就没有理由说这是绝对明智的。

二、公共物品

1. 定义

公共物品是一种特殊的外部性情况，在这种情况下，个人的效用在一定程度上取决于其他人的综合行动。公共物品的典型例子是公共安全，例如国防活动提供的公共安全，它是国防活动提供的总量的函数。这是一个外部性，因为国防活动总量是由每个人对国防贡献的总和决定的，每个人都只能选择自己的贡献。公共物品的另一个例子是研究和开发活动产生的知识，在没有专利和版权等法律障碍的情况下，新研究和开发的知识在总体上有利于整个社会。公共物品往往是以确保它们以这种方式进入效用函数的质量来定义的：它们是非竞争性的（它们可以同时被多个人消耗）和非排他性的（一个人不能阻止那些没有付钱的人使用它）。

对公共物品的标准分析是从这样的观点出发的，即在没有政府干预的情况下，私人均衡将导致公共物品供给不足。这在一定程度上源于这样一个假设：个人纯粹是利己主义者。如果有了更多的总供给，社会就会变得更好，但每个人都想搭便车。其结果是一种私人均衡，在这种均衡中，公共物品的数量低于社会最优值。原则上，政府可以采取行动，使所提供的公共物品水平更接近最佳水平，从而改善不受管制的结果。因为，与一般的外部性一样，公共物品的生产和转化为福利损失的方式取决于个人如何形成偏好和作出选择，如何偏离狭窄的自我利益范围，这可以改变公共物品造成的经济问题的性质或严重程度。

2. 搭便车

搭便车理论最早由美国经济学家曼瑟尔·奥尔森（Mancur Olson）于1965年在其

著作《集体行动的逻辑：公共利益与群体理论》(*The Logic of Collective Action*：*Public Goods and the Theory of Groups*) 中提出。[①] 它的基本含义是享受他人的利益而不付出代价。它是指个人在经济活动中所消费的资源超过了他应该消费的公允份额，或者所承担的生产成本低于他应该承担的公允份额。一些人对某种公共物品有需求，但他事先声明自己没有这方面需求，在别人付出成本并获得公共物品以后，他们可以享受他人的劳动成果。在财政学中，搭便车指的就是不花钱就消费或使用公共物品的行为。

西方经济学理论认为，市场失灵的存在会使得市场机制在各个领域尤其是在公共物品领域难以实现帕累托最优状态。公共物品的生产给市场机制带来了严峻问题：私营企业依旧不愿意提供公共物品，即使某种公共物品能够给提供者带来大于生产成本的利益。非排他性和非竞争性的特点会让人们在消费公共物品和服务时产生搭便车的动机。通过私人市场生产公共物品不可避免地会产生搭便车问题，出现休谟（Hume）提出的“公地悲剧”，也难以实现公共利益的最大化目标，这是市场本身很难解决的问题，需要政府承担相应职能。在外部效应存在的情况下，即使私人供给是有效的，也会导致公共物品不足，此时就需要政府对这一市场缺陷进行弥补，提供相关的公共物品和服务。

举一个简单的例子，在没有红绿灯控制的拥挤的十字路口，每辆车都急于通过，在毫无秩序的情况下十字路口会变得更加拥挤，最终每辆车都将无法顺利通过路口。假设设立一个交通灯的费用是 5 万元，且这个十字路口每年有 10 万辆汽车通过。每辆车由顺利通过十字路口而节约的成本为 10 元。由于一个交通灯的成本 5 万元远小于节约的成本 100 万元，所以设置交通灯是非常高效的。

市场本身是不太可能提供这种有效结果的。公共物品的非排他性会导致通过市场交换获取公共物品利益的机制失灵。对于交通灯制造商而言，它必须能够排除那些享受交通灯所带来的好处而不支付交通灯费用的人，否则它将无法支付交通灯的生产成本。对于交通灯的消费者而言，公共物品的非排他性意味着公共物品一旦生产出来，每个消费者都可以享受服务而不支付费用，每个消费者都有搭便车的动机。如此一来，公共物品制造商很可能无法从弥补生产成本中获益。从长远来看，制造商不会提供这样的产品，这使得公共物品很难由市场提供。

搭便车会阻碍市场的自我调节过程。作为所有意识形态的核心问题，一个成功的意识形态必须能够克服搭便车行为。对诺斯（North）来说，意识形态是一种通过提供世界观使行为决策更经济的行为模式。

搭便车现象在日常生活中比比皆是。例如，即使许多航运公司拒绝建造灯塔，它们同样可以得到灯塔的照明服务。在德国，高收入者缴纳了较高税款，能享受到医疗或者教育方面的高福利政策，但是低税收贡献者也能享受同样的福利。这类搭便车问题会对公共政策的顺利制定和有效实施产生负面影响。

3. 财政外部性

庇古最早提出税收能够矫正一定的市场外部性，此后外部性问题成为众多经济分析

① 集体行动的逻辑，百度百科.

中的重要问题之一。财政存在的前提之一就是政府有效介入市场以克服市场失灵所带来的不利影响。然而现实生活中财政在经济活动中扮演的角色越来越重要，不能忽视政府（财政）形成的经济外部性的力量，也可称之为财政外部性。依据市场外部性的概念，财政外部性可以定义为未在税收当中反映的公共物品或服务的交易成本或收益。类似地，财政外部性也可以分为正外部性（即收入外部性）和负外部性（即成本外部性）。

财政外部性同市场外部性一样都会导致市场失灵现象出现。因此，我们也可以借助对市场外部性的分析来看待财政外部性问题。我们通过图 1－3 来分析财政外部性如何对辖区内的公共物品或服务的供给产生影响。

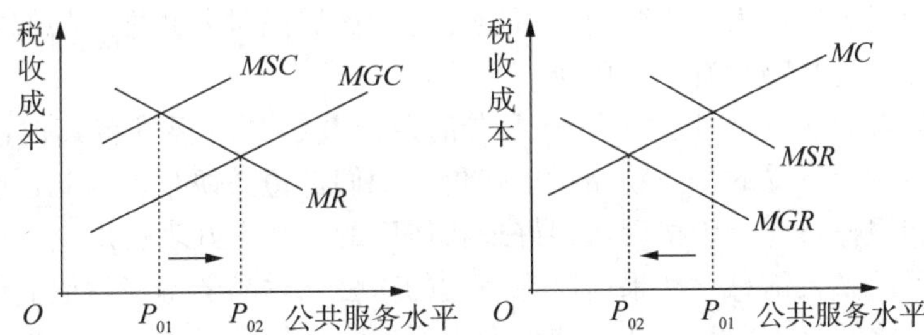

图 1－3　财政外部性对辖区内的公共物品或服务的供给影响

在图 1－3 的左图中，*MSC* 表示某管辖区域内部公共物品或服务需要承担的社会边际成本曲线，*MGC* 表示管辖区域内实际的社会边际成本曲线，*MR* 曲线表示公共物品或服务的边际收益，由于 *MSC* 曲线位于 *MGC* 曲线的左上方，表明本辖区内的纳税人并没有把公共服务的社会成本完全负担，故存在成本的外溢性，财政负外部性出现。对于公共物品或服务的提供而言，政府应考虑到全部的税收负担，*MR* 曲线与 *MSC* 曲线的交点是公共物品或服务的最佳供给量，但所对应地，本辖区政府出于自身成本收益的角度考虑，本地的公共服务决策函数没有加入外溢的成本，那么 *MGC* 曲线与 *MR* 曲线的交点为社区内部真实的公共物品或服务的提供数量。相应地，即财政负外部效应存在时，会出现该类公共服务的超额供给，政府对财政资源配置状态失衡。

在右图中，*MSR* 代表某管辖区域内部公共物品或服务需要承担的社会边际收益曲线，*MGR* 代表管理辖区内实际的社会边际收益曲线，*MC* 曲线表示公共物品或服务的边际成本。由于 *MSR* 曲线位于 *MGR* 曲线的右上方，说明该地区纳税人并没有充分享受到公共服务的社会效益，因此存有收益的外溢性，即财政正外部性出现。政府在提供公共物品或服务时，应将全部的社会福利纳入考虑范围，*MSR* 曲线与 *MC* 曲线的交点是公共物品或服务的最佳供给量，但管辖区域内的政府会考虑自身的成本收益，本地公共物品或服务的决策函数当中没有考虑收益的外溢性，真实情况下的公共物品或服务提供的数量为 *MC* 曲线与 *MGR* 曲线的交点。相应地，当财政外部效应为负时，就会出现不足的公共服务供给，政府对财政资源的配置也达不到平衡状态。

财政外部性是影响财政资源配置效率低下的最直接因素。财政外部性问题必须得到重视。因为政府扭曲了其对财政资源的利用能力，还可能使得政府之间现有的财政分配关系受到扭曲，并破坏政府间财政收支的公平和稳定的系统。

4. 制约因素

公共物品供给的有效程度不仅仅与供应者是否按照消费者的真实偏好进行供给，在很大程度上也取决于公共物品生产成本的高低。如果能够按照消费者的偏好提供公共物品，并且公共物品的生产成本相对较低，那么就有可能实现公共物品的供给效率。

信息经济学原理指出，信息不对称和不完整可能会导致资源配置效率低下。在提供公共物品的时候，如果政府能把居民对公共物品偏好的相关信息完全掌握，那么政府就可以根据居民的偏好对公共物品进行供给。此时，公共物品的供给可能达到比较有效率的状态。实际情况却不尽人意，政府不可能完全把握居民对公共物品的偏好。因此，政府若想有效地提供公共物品有一定困难。

公共物品具有的非排他性会使得个人在消费公共物品时很难将其他消费者排除在外。消费者不愿意为享受的公共物品付出代价，他们都想搭便车。因此，政府需要出面提供公共物品和服务，此时价格无法很好地将居民的真实喜好表达出来，因为对公共物品的偏好是居民的私人信息。如果居民想表达的对公共物品的偏好与他们愿意为获得服务所支付的成本之间毫无联系，那么消费者愿意展示他们的真实偏好。然而，如果居民想表达的对公共物品的偏好与他们愿意为获得服务所支付的成本之间存在联系，那么每个居民肯定会低估其对公共物品的价值。如果每个居民对公共物品或服务分摊的成本随着他们提供的评估成本而增加，那么每个居民就有动机少报自己的评估成本，并且企图将成本转嫁到其他人身上。因此，政府很难通过这种办法得到居民对公共物品的真正偏好。

一方面要尽量满足居民的社会偏好，另一方面还要追求自身利益的最大化，这是政府在提供公共物品时考虑的两方面因素。社会福利最大化是居民追求的目标，如果居民可以得到政府提供公共物品时的相关信息，即使居民与政府想实现的目标之间存在差异，政府也会以最低的成本提供公共物品。

但是，政府提供公共物品的信息不会让居民轻易地观察和获取到。而且，在没有有效外部市场竞争的条件下，政府对公共物品的供给是具有垄断性质的。这样一来，公共物品的生产效率就会受到一定的损害。

本章习题

一、名词解释

信息不对称　科斯定理　逆向选择　道德风险　外部性　公共物品　搭便车

二、简答题

1. 信息不对称有哪几种形式?
2. 信息不对称是如何产生的?
3. 信息不对称会带来什么后果?
4. 外部性有哪几种分类? 请举例说明。

5. 财政外部性有几种情况？请画图说明。

6. 公共物品具有哪些性质？

本章参考文献

[1] Back K. *Asymmetric Information and Options*. Oxford University Press，1993，6 (3)：435 - 472.

[2] Congdon W. J.，Kling J. R.，Mullainathan S. *Policy and Choice*：*Public Finance through the Lens of Behavioral Economics*. Brookings Institution Press，2011.

[3] Akerlof G. The market for "lemons"：Quality uncertainty and the market mechanism. *Quarterly Journal of Economics*，1970 (89).

[5] Buchanan James M.，Stubblebine W. C. Externality. *Economics*，1962，29 (116)：371 - 384.

[6] Li Kai，Zhao Xinlei. Asymmetric information and dividend policy. *Financial Management*，2008，37 (4)：673 - 694.

[7] Mirrlees James. The optimal structure of authority and incentive within an organization. *Bell Journal of Economics*，1976 (7).

[8] Pouyet Jerome. Collusion under asymmetric information. *Journal of Public Economic Theory*，2002，4 (4)：543 - 572.

[9] Swaney James A. Externality and community. Division of Research and Department of Economics，Graduate School of Business Administration，Michigan State University，1981，15 (3)：615 - 627.

[10] 陈旭东. 论认证认可在市场经济条件下消除市场失灵、维护市场稳定的作用. 中国测试技术，2006，32 (1)：71 - 72.

[11] 姜丽丽. 物流联盟建立的经济学分析. 物流工程与管理，2011，33 (9)：28 - 29.

[12] 李明慧. 信息不对称产生的原因、结果与治理. 技术经济，2004，(1)：62 - 63.

[13] 李长久. 市场信息不对称理论及其意义. 经济参考报，2001 - 11 - 05.

[14] 刘国徽，朱勇. 基于农村粮食补贴政策的信息不对称问题研究. 湖北经济学院学报，2011，8 (8)：62 - 64.

[15] 刘兰. 外部性问题及其解决办法. 武汉交通管理干部学院学报，2003，5 (1)：55 - 59.

[16] 刘明远. 现代财政学理论体系的思考. 财经问题研究，1998，(12)：34 - 36.

[17] 刘生龙，胡鞍钢. 基础设施的外部性在中国的检验：1988—2007. 经济研究，2010，(3)：4 - 15.

[18] 刘向容. 不对称信息市场理论及其意义——对 2001 年度诺贝尔经济学奖的评价. 广东省经济管理干部学院学报，2002，(1)：9 - 12.

[19] 罗必良，王玉蓉. 外部性问题、校正方式与科斯定理. 经济科学，1994，(6)：50-57.

[20] 罗必良，王玉蓉. 外部性的几个问题. 学术研究，1994，(4)：69-72.

[21] 任莉. 基于信息不对称的次贷危机成因研究. 成都：西南财经大学，2009.

[22] 赛晓序，冯永晟. 对信息不对称问题的重新思考. 2007，52 (4)：134-138.

[23] 盛洪. 外部性问题和制度创新. 管理世界，1995，(2)：195-201.

[24] 王冰，杨虎涛. 论正外部性内在化的途径与绩效——庇古和科斯的正外部性内在化理论比较. 东南学术，2002，(6)：158-165.

[25] 王美，翟印礼. 基于外部性特征的农田防护林生态补偿研究. 生态经济，2013，(5)：52-55.

[26] 王万山. 庇古与科斯的规制理论比较. 贵州财经学院学报，2007，(3)：23-28.

[27] 薛钢. 对我国财政外部性问题的认识与规范. 财政研究，2003，(12)：10-12.

[28] 薛玉姣. 外部性的产生及解决措施. 湖北函授大学学报，2013，26 (8)：39-40.

[29] 杨惠芳. 国家分配论和公共财政论关系在教学中的处理. 嘉兴学院学报，2004，16 (4)：67-69.

[30] 杨利娟. 信息不对称理论研究. 北方经贸，2009，(5)：20-22.

[31] 赵福军，罗华. 浅议信息不对称与政府供给公共商品的效率问题. 财政监督，2006 (17)：73-75.

第2章 心理错觉

本章主要介绍了个体的心理错觉，包括个人的非理性、认知偏差以及选择性偏差。个人的行为决策并不是在任何条件以及任何情况下都是理性的，某些心理效应与认知偏差的存在、外界环境等因素的干扰所产生的选择性偏差，都会导致个体做出非理性的决策与选择，这一章我们就来了解并熟悉这些心理因素对人类行为产生的影响，无论是作为政策制定者还是作为政策接收方，都应该尽量去了解、规避它们，或者合理地利用它们。

第一节　对理性人假设的质疑

理性人假设是由经济人假设发展而来的。什么是经济人假设？早在200多年以前，亚当·斯密曾提出过这样的言论："每个人都在力图使用自身的资本来达到让其生产的产品获得最大价值的目的。大多数情况下，他并没有动机使得公共福利有所增进，他也不清楚他能够带来多少公共福利的增进。他所追求的仅仅是他个人的利益，仅仅是他个人的安乐。"① 这就是最早的经济人假设。显然，古典经济学家所认同的唯一不变的、非常普遍的人性动机就是个体追求个人利益。个体是否处于利己动机，是

① 亚当·斯密. 国富论. 北京：华夏出版社，2005.

否企图花费最小的经济代价来获取最大经济利益正是经济人的理性体现。不仅是作为现代经济学思想的基础性且前提性的条件，经济人假设还是现代经济学全部理论构建的逻辑起点以及方法论原则。其主张有如下三点：第一，理性是每个个体都具备的。个体作为自我利益的最佳判断与评估者，会企图在不断的交换与比较过程中来实现自我利益。第二，利己是人的本性。相比于促进社会的利益，个体在从事各项经济活动时，考虑和追求实现的都是个人的利益，而并非其他动机。第三，人们追求实现个人利益的最大化。通常个人需要不断协调他人的利益来达到自身利益的最大化。在经济人假设的追求个人利益最大化的本性驱使下，人们的交换行为就自然而然地发生了。人类的交换倾向是利己本性的一种外在形式以及作用方式。

然而，经济人假设在提出后不久就遭到了质疑与指责。原因在于个体并非像经济人假设描述的那样在任何情况、任何条件下都是自私自利的。面对种种质疑与指责，经济人假设逐渐向理性人假设演化。经济主体把追求最大化目标效用函数作为目的是理性人假设所强调与主张的，但是目标是利己还是利他需要做详细具体的界定。追求自身的身心快乐或者说满足自身的欲望作为人类从事各项活动的基本动机而存在，但这并不代表个体会为了达到目的而选择损人利己的方式。利他主导性和利己主导性是以个人基本动机为行为逻辑基础而对经济人做的两种分类。基本动机的表现形式可以分为以下两种：一种是通过损人利己的方式或者利己但不损人的方式所体现的利己性动机；另一种则是通过舍己为人（个体在某些特殊场合和情况下做出的舍己为人行为同样也是源于追求欲望的满足）的方式或者利他不损己的方式所体现的利他性动机。因此，经济学的经济人假设实际上包含两层含义，其一是它的根本含义，即理性人；其二则是它的通常含义，即自利人。我们一般在分析经济问题时，通常把个体的自私自利作为经济主体追求目标效用函数最大化的主要内容。

一整套以效用为基础原则的现代化经济理论体系是由理性人假设具体演化而来的，这归功于经济学家们对于人类天性的抽象和概括，即效用的最大化。作为微观经济学当中的各种行为经济主体的目标函数，效用最大化原则成为现代经济学理论的最基础、最重要的前提假设。完全理性的经济人假设几乎成为所有标准理论的分析基础。经济人或理性人作为高度抽象的理性模型使得经济学理论研究的体系化、逻辑化、公理化成为可能。

然而，基于心理学视角的经济学研究结果并不认同这一理性经济人的假设。首先，它不赞成经济人的前提假设。自利作为理论考察的中心是被传统主流经济理论所认可的，然而实际上利他主义、社会公正等现象的客观存在也是不可否认的，否则，社会上大量存在的非物质动机或者非经济行为动机就无法得到合理的解释。行为经济学观点则认为，正因为受到社会价值观等因素的影响与制约，个体表现出来的不仅仅是自私自利的，也会做出最终没有使得私人利益最大化的行为决策。[①] 其次，传统主流经济学理论

① 黄祖辉，胡豹. 经济学的新分支：行为经济学研究综述. 浙江社会科学，2003，(2).

还认为由于人们是理性地自利，所以社会经济的运行也具有自身的理性。但是，行为经济学却不认同此观点，而是认为个体本身就不是理性的，导致社会上的各项经济活动也并非理性。举个例子来说，我们知道证券市场中的市场价格应该是对公司经营成果与业绩的客观反映，但是实际上市场价格还会包括对投资者的市场情绪做出的反应。个体做出非理性的错误决策往往是由投资者的心理定势、表现思维、环境影响等心理与行为因素所致。英国经济学家霍奇逊（Hodgson）从哲学、心理学角度论证了人的行为决策无法达到无所不知、无所不能的理性程度。[①] 他的观点是，经济学家们因为对于人脑信息加工处理原理缺乏认识和了解，所以在理性与非理性问题的理解上产生了偏见。事实上，获取和加工市场信息，一是要有由纷繁众多且复杂的听觉、视觉组成的感觉材料；二是能够对所获取的信息进行有意义的挑选和精炼的理性分析；三是要有约定俗成的知识来对所获得的信息加以整合和补充。人类的认识和思维过程是一种多层次、结构复杂的系统，行为决策本身发生在不同的思维层次，在个人的行为决策机制中，有些是经过深思熟虑后做出的理性决定，有些则是潜意识或无意识激发的非理性决定。

生活中有许多体现个体存在非理性的细节与实例，由于个人自身不理性，就会导致一些非理性的决策和行为出现。

锚定效应。对新鲜事物未形成初始判断时，我们通常会做出随机且任意的判定，此种现象称为锚定效应（anchoring effect）。每一次任意的锚定行为都会产生一定的持久效应，它会使得我们做出的反应偏离真实的偏好和需求，有趣的是我们仍然倾向于保持它。

社会规范。我们生存的环境有两种规范，一种是市场规范，一种是社会规范。金钱作为一种昂贵的激励是区分这两种规范的好方法。所有关于金钱的说法都包含在市场规范中，所有无关金钱的说法都包含在社会规范中。社会规范的成本较低，但一旦违背了社会规范的原则，就很容易回归市场规范。

专栏 2-1

一元“巨奖”引发的思考

2011 年 5 月 11 日，洛阳市西工区的任乐亮在洛阳赛博数码城购买了一把电脑椅，但是电脑椅不到一周就坏了，于是他打电话去工商局投诉，对方说没有发票无法投诉。随后任乐亮去找商家索要发票时，却被拒绝，商家称如要发票还需再交 20 元的发票钱。5 月 18 日，任乐亮将赛博数码城此行为举报到洛阳市西工区国家税务局。任乐亮说，西工区国税局对其举报调查取证期间，他曾先后往返国税局十多次，光车费就花了 50 元。6 月 3 日，执法部门对被举报对象做出行政处罚决定，限期开具发票，并罚款 100 元。依据国家税务总局奖励规定，因为检举收缴入库税款额在 100 万

① G. M. 霍奇逊. 现代制度主义经济宣言. 北京：北京大学出版社，1993.

元以下的，给予检举人 5 000 元以下奖金。随后，任乐亮收到执法部门寄来的领奖通知书，他因此收到 1 元钱的举报奖励。

任乐亮对于 1 元的举报奖励感到十分沮丧，同时也认为受到了侮辱："我不知道税务局的这种领奖通知是在鼓励还是在打击举报人的积极性。"为了"挽回面子"，任乐亮向西工区法院起诉西工区国税局，要求重新对他做出奖励。9 月 21 日，洛阳市西工区人民法院开庭审理了该案，判决任乐亮一审败诉，驳回其诉讼请求并且 50 元诉讼费由任乐亮承担。任乐亮表示不服，称将提请上诉。

资料来源：一元钱"巨奖"是对纳税人的羞辱. 新京报，2011-9-23.

一元钱的奖励事件经媒体报道后，舆情汹汹。虽然一元奖励在程序上是合法的，但是伤害了举报者的自尊，使举报者感受不到护税的光荣，挫伤了举报者的积极性，成为阻碍举报的另类嘲讽。国税局虽然赢得了官司，却输掉了纳税人的信任。通过这一事件，折射出许多值得反思的问题。

1. 一元奖励合法性

根据《检举纳税人税收违法行为奖励暂行办法》（国家税务总局 中华人民共和国财政部令第 18 号）第六条，检举的税收违法行为经税务机关立案查实处理并依法将税款收缴入库后，根据本案检举时效、检举材料中提供的线索和证据翔实程度、检举内容与查实内容相符程度以及收缴入库的税款数额，按照以下标准对本案检举人计发奖金：

收缴入库税款数额在 1 亿元以上的，给予 10 万元以下的奖金；

收缴入库税款数额在 5 000 万元以上不足 1 亿元的，给予 6 万元以下的奖金；

收缴入库税款数额在 1 000 万元以上不足 5 000 万元的，给予 4 万元以下的奖金；

收缴入库税款数额在 500 万元以上不足 1 000 万元的，给予 2 万元以下的奖金；

收缴入库税款数额在 100 万元以上不足 500 万元的，给予 1 万元以下的奖金；

收缴入库税款数额在 100 万元以下的，给予 5 000 元以下的奖金。

据此，举报而收缴入库税款数额在 100 万元以下的，给予 5 000 元以下的奖金。可见，一般的奖励标准是收缴入库数额的千分之五，而且依照规定的 100 万元与 5 000 元的对应关系，税务局对商家处罚为 100 元，原告应得奖励为 0.5 元。再者，按法律规定，举报自愿，由此产生的费用由自己承担。对于任乐亮在诉状中所提到的"洛阳市国家税务局曾于 2006 年 9 月 25 日向社会公开承诺"中，有"奖励金额下限为 10 元"的内容。据洛阳市西工区国家税务局有关人员介绍，首先，此公告针对范围只有十种发票，并有时效限制，该十种发票已经被新版发票所取代；其次，洛阳市国家税务局当时的部门规章和省国家税务局的文件都已经失效，所以，任乐亮的依据不能成立。综上，1 元奖励程序合法，不存在任何程序违法行为。

2. 一元奖励的不合情

首先，虽然一元奖励的程序合法，但我们能够明显感受到一元奖励的不合理性。我们为他人做事情，遵守的规则大体可以分为两种，一种是社会规范，另一种是市场规范。[①] 在社会规范下，我们为他人做事情没有要求任何回报，比如帮他人扶一扶自行车，帮社区打扫卫生等，也许别人的一声谢谢就是我们最大的回报；但市场规范就要求交易双方按照由市场规则制定的商品或服务价格进行交易，设想在帮助别人扶了自行车后，收到一角钱的报酬，该是多么尴尬的场景。同样地，我国《检举纳税人税收违法行为奖励暂行办法》的制定是为了鼓励社会上更多的单位和个人自愿检举税收违法行为，但这仅仅是一种物质奖励，除此之外税务部门应该关注社会规范，给予那些以维护税法威严为己任的公民精神鼓励，而不是硬生生地适用市场规范，将维护税法尊严行为的价格确定为一元钱。显然一元奖励严重违背了奖励纳税人的本意，其带来的负面作用和示范效应会挫伤纳税人护税、协税工作的积极性。

其次，税务机关在奖励时应当酌情考虑举报人为实施举报行为而产生的必要性支出，并且给予举报者一种精神上的慰藉。任乐亮冒着高温往返税务局十多次，光车费就花了 50 元，可以说付出了一定的举报成本，税务局应该对这种必需的成本给予一定的补偿。且不说举报者花费的时间、精力成本，单是经济成本也有 50 元，举报成本与奖励款显然是不对称的，举报者的举报成本远远大于回报。1 元奖励只是一种象征性的奖励，金额偏低，既没有起到精神奖励的作用，更没有起到物质奖励的作用，其效果还不如给举报者颁发荣誉证书或者表扬信所带来的社会效应大，偏低的奖励不仅使举报者在经济上亏本，更会使其失去了监督的积极性和举报的信心。

令人遗憾的是，本案中的当事税务机关并未以此为线索，对销售方乃至该市场以及类似境况的辖区纳税人进行相应的纳税评估，并未以此作为提高我国纳税评估质量的切入点和突破口，更没有向上级税务机关形成可行的“情况反映和评估建议”，从而使纳税人、消费者和税务机关之间形成良性互动机制。其实，我国各级税务机关近年来已经形成了情况反映和经验推广的成功做法。[②] 然而，案例中税务机关的草率做法也反映出，我国税收征管乃至纳税评估精细化工程尽管成效显著，但是并未在最基层的税务机关落地生根，更多的还是停留在以完成税收征管任务为目标导向的“面子工程”上，在纳税评估过程中“抓大放小”问题突出，维护税法公平问题并未成为各级税务机关的首要诉求。要从根本上解决这些问题，对税收征纳关系中利益相关方（stake-holder）的各类纳税评估以及逆纳税评估加以合理规范和引导是至关重要的（详见图 2－1）。

3. *市场和社会规范双重准则*

实验经济学（experiment economics）不同于传统经济学，它运用实验的方法来研究经济问题。在此之前，传统经济学作为一门社会科学，曾被认为是不可实验的。实验经济学通过模拟自然科学实验，处理实验中所获得的数据，得出相应结论，验证已有经济理论假说，或提出挑战，或使理论更加严谨。实验经济学在一定程度上改变了经济理

---

① 丹·艾瑞里. 怪诞行为学——可预测的非理性. 北京：中信出版社，2011.

② 国家税务总局货物和劳务司. 增值税专项纳税评估情况通报.

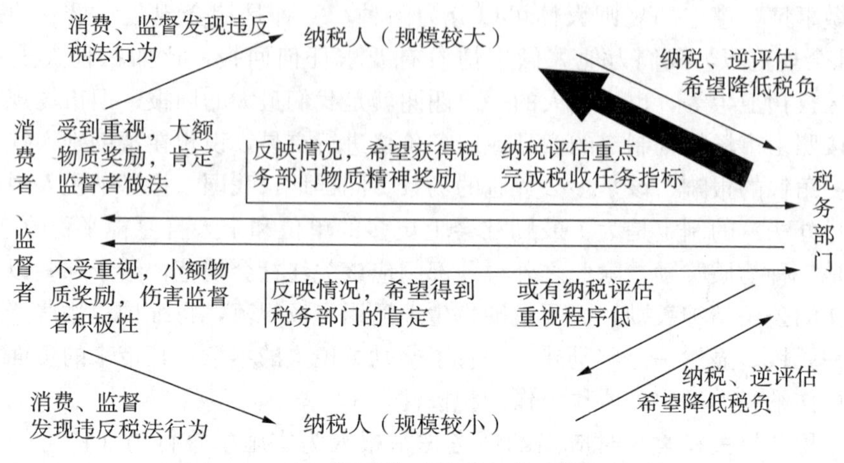

图 2-1　一元“巨奖”中纳税评估主体间的关系

论难以验证的说法。在现代经济学界，波普（Popper）的证伪主义影响相当广泛。证伪主义认为，只要一种理论不能被证明是错误的，那么我们就可以假定该理论是正确的。实验经济学的发展为检验经济学的理论假说提供了一条新的途径。[①] 实验经济学并不是要完全替代现有的经济学，而是要从一个全新的视角审视经济问题。作为实验经济学的旗舰刊物《实验经济学》（*Experiment Economics*）已于 1998 年创刊，弗农·史密斯（Vernon Smith）因实验经济学研究获得了 2002 年诺贝尔经济学奖。

回顾整个事件，任乐亮执着索要发票及检举商家偷税漏税的行为，并不是为了获得税务举报奖励，只是期望得到税务机关对其纳税维权意识的认可与支持，属于精神需求的一种；而在税务部门的奖励办法中，将所有检举人默认为经济学上的理性人，以物质方式奖励举报人，不重视纳税人的精神需求，矛盾由此产生。

在我们的生活中，社会规范与市场规范往往同时存在，社会规范往往体现着人类社会的本性和共同的需要，一般是友好的，能够为双方带来愉悦，并且不要求得到恩惠一方立刻或价值对等的回报，可以说社会规范下的人更加注重精神满足，受惠对象的一声感谢，或是一个肯定就可以使帮助者获得满足，成为社会规范下的行为新动力；而市场规范则追求效率与公平，交易双方只有一种价值与另一种价值的交换，不夹杂友情与恩惠。相比社会规范以精神满足作为行为指南，市场规范的准则要简单得多，报酬与利益即是市场规范的无上选择。一般我们能够区分运用社会规范和市场规范的场合，比如岳母为未来的女婿准备了丰盛的菜肴，如果女婿为岳母的辛勤劳动付账，后果会不堪设想；但假如是在餐厅吃饭，宾客与餐馆之间遵循市场规范，付账就理所应当了。

① 卡尔·莱芒德·波普（Karl Raimund Popper，1902—1994），当代著名的犹太裔英国籍哲学家，自由主义知识分子，于 1959 年以《科学发现的逻辑》（*The Logic of Scientific Discovery*）一书开创了批判理性主义，即证伪主义。

实验证明，市场规范的进入往往会挤出原有的社会规范。[1] 比如美国加州大学的尤里·格尼齐（Uri Gneezy）教授和明尼苏达大学的奥尔多·吕斯提切尼（Aldo Rustichini）教授在以色列一家日托公司进行实验，测试罚款是否能有效减少某些家长接送孩子迟到的问题。实施罚款以前，如果家长迟到了，他们会感到内疚，这种内疚促使他们以后准时来接孩子，所以老师与家长之间是在用社会规范来约束迟到现象。实施罚款后，家长们为迟到付了款，就自然地用市场规范诠释迟到行为，自行决定早来还是迟到，并且迟到时的内疚感大大降低。这时社会规范不再起作用，双方都遵照市场规范行动，可以说环境的变化能够使人们迅速从社会规范切换到市场规范。几周以后，日托中心取消了迟到罚款现象，可是家长迟到的人数却增加了，这时社会规范和市场规范都失效了。这个实验揭示了一个不幸的事实：一旦环境变化，引入市场规范，那么社会规范会很快被市场规范挤出；相反地，市场规范退出后，想要重建社会规范又是很困难的。

同样的道理，任乐亮向税务部门检举商家偷税漏税行为，不计成本、不辞辛劳地维护纳税人权利，更多是出于一种责任感与使命感来维护税法尊严，可以认为是依据社会规范行动；而税务部门依照市场标准，默认所有检举人为经济学上的理性人，所以检举人获得一元奖励的效用理应高于没有奖励的效用，便给予检举人一元奖励。可就是在税务部门用金钱奖励检举行为的瞬间，检举人意识到税务部门的奖励行为遵循市场规范，即认为纳税人的检举行为就值一元钱，导致任乐亮觉得自己受到愚弄，造成税收征纳双方关系紧张，税收检举奖励没有鼓励检举行为，却起到了相反的作用。

4. 税收检举奖励环节适用准则的思考

从一元“巨奖”的案例中，我们了解到不合理地引入市场规范，会导致税收检举奖励起到相反作用，这里假设税务部门在税务检举奖励环节，单一地运用市场规范或社会规范，来考察其能够达到的效果和暴露出的缺陷。

首先来看市场规范，假设税务部门应用市场规范，合理地评估税收检举行为的成本及价值，按照等价交换的原则，直接将举报奖励支付给检举人，我们分析在任乐亮案例及推广实践中，可能会产生什么后果。在任乐亮举报过程中，多次往返税务局，光交通费就超过了 50 元，如果按照市场规范进行奖励，就算不计劳务成本，任乐亮的举报成本也超过了 50 元；如果按照举报价值，任乐亮的举报行为不但促进了相关商品的税收得以实现，更使得税务机关能够找到税收工作中的盲点，防止该商家，乃至该类商家进一步的偷漏税行为，长期价值不可估量。所以无论用成本法还是价值法，市场规范下评估出任乐亮举报行为的价值，都远远超过电脑椅所包含的税额；但税务部门给予检举奖励的成本要大于当期因检举实现的税收增收额，这是税务部门所不愿看到的。而且纳税人的检举成本难以评估，如果税务部门补偿检举人必要的检举成本，则可能会诱发市场上的套利行为，即纳税人相互举报小额偷逃税款行为，虚列大额举报费用，以套取税务部门的检举奖金，使得税务检举行为真假难辨，难以控制。因此，税务部门单纯运用市

---

① 丹·艾瑞里. 怪诞行为学——可预测的非理性. 北京：中信出版社，2010：61.

场规范奖励检举行为是不合适的。

其次分析税务部门应用社会规范奖励检举行为的情况。由于目前《检举纳税人税收违法行为奖励暂行办法》中，对检举及奖金界限有明确的规定，可以说税务检举环节中，社会规范几乎被市场规范所替代，如同任乐亮这样遵照社会规范行事的检举人已经不是社会的主体，更多的检举人会衡量检举成本与收益，再决定是否检举。如上文所述，社会规范的重构是一个长期且艰难的过程，当市场规范突然消失时，社会规范往往不能及时“补位”，很多检举人因没有物质奖励而不检举，短期导致检举人减少，偷漏税行为得不到及时揭发，造成税务部门税款的流失；即使从长期来看，检举中的市场规范也不可能完全消失，特别是对于大额检举而言，检举人的检举行为往往伴随着高昂的成本，包括自身及亲人的人身安全受到威胁、财产安全难以保证、工作受到胁迫等①，举报人为了自身及家人的发展，不免会衡量举报的成本与价值，如果税务部门只提供精神奖励，这部分大额检举的举报人会倾向于选择沉默，对于税务部门和全社会来说都是一种损失。

综上，税务检举环节适用单一的市场规范或社会规范都是不合适的，我们应当寻找一种更加合理的制度设计，使得税务检举奖励能够真正地推进检举行为，实现制度设计初衷。

免费的代价。一旦事物有了免费的性质，我们往往会忘记我们真正需要的是什么。免费的东西总是让人感觉良好，但如果免费的东西让我们陷入与另一种商品的抉择斗争中时，它往往会导致我们做出不明智的决定。

免费意味着不花钱也能得到某些福利。我们可以把开支做一个简单的分类：当你花钱时，可能花的是你自己的钱，也可能是别人的钱，你可能是为自己花，也可能是为别人花。将这些可能性编织在一起，可以归纳为以下四类情况：Ⅰ类指的是你为自己花自己的钱，比如你到超级市场买东西，你显然有强烈的愿望既要省钱，又要使每一元钱都花得尽可能划算。Ⅱ类指的是你为别人花你自己的钱，比如你给他人购买圣诞节礼物或者生日礼物。你会像Ⅰ类中那样希望省钱，但并不同样想要使钱花得最划算，至少根据礼物接受者的爱好判断来说是如此。当然，你要买礼物接受者喜爱的东西，只要它能产生良好的印象而又不会耗费太多的时间和精力（假如你的主要目的是让接受者能获得尽量多的价值，你会送给他现金，将Ⅱ类中由你花钱变为Ⅰ类中由他花钱）。Ⅲ类指的是为你自己花别人的钱。例如，可报销的用餐费用，你没有强烈的愿望要减少这类开支，但你会有强烈的愿望想使钱花得划算。Ⅳ类指的是你为另一个人花别人的钱。例如，你用报销单替另一个人付餐费。在这种情况下，你既不会想省钱，也不会想让客人吃得最为满意。然而，如果你同他一起用餐，那么，这顿饭就成了Ⅲ类和Ⅳ类的混合体，你就会有强烈的愿望满足自己的口味，必要时还有极大可能牺牲他人的口味。

财政当中的福利支出如果按照上述四种情况划分，可能属于Ⅲ类，比如我们的社会

① 汪振林. 试论举报奖励制度. 法制与社会，2010 (20).

保险，福利金领取者可以按照自己的意愿决定如何花掉别人的钱；还可能属于Ⅳ类，比如公共住房问题，政府想通过公共租赁房的政策来帮助“夹心层”群体[①]解决住房困难的问题，即政府官员们用别人的钱为另一个人花费。然而管理福利计划的政府官员们也能够分享到这些免费的福利午餐，他们夹杂在福利享受者当中，企图鱼目混珠，蒙混过关。

我们认为，福利支出的这种免费性质是其问题产生的根源。因为立法者投票表决时是决定如何花别人的钱而不是自己的钱。在某种意义上，选出立法者的选民是投票决定如何为自己花自己的钱，但不像Ⅰ类情况所说的那种直接花费，实际上，个人缴纳的税款与他们投票赞成的支出之间联系甚微。事实上，从选民角度来说，他们同立法者一样，倾向于认为是他人在支付由立法者直接投票赞成、选民间接投票赞成的计划，主人翁意识较为薄弱；从政府官员的角度来说，他们是为他人的需要花他人的钱而不是自己的钱，只有良心而不是强烈得多和可靠得多的私利的刺激，才能保证他们以最有利于福利金领取者的方式花钱，实际上很难做到这一点，这就造成支出上的浪费和不求效果。因此，支出数目激增也就不足为奇了。

事情到此并没有结束。因为拿别人钱的吸引力是非常强烈的。包括管理这些福利计划的官员们在内，许多人都设法让自己得到钱财，而不让钱财落到别人手里。贪污和欺诈的诱惑力也很强烈，而且并不总是会因此而受到处罚。那些不愿意进行欺骗的人，会用合法手段使钱财进入自己的腰包。他们会动议议员通过对他们自身有利的立法，制定出他们能从中获利的规章。管理这些福利计划的官员们会力求使他们自己得到更高的薪水和额外的好处——这正是较大的福利计划可以帮助他们达到的目标。

人们试图让福利支出进入自己的腰包，这产生了两个不太容易被人察觉的后果。第一个后果是，它说明了为什么如此多的计划施惠于中等和高等收入者，而不是那些本应当得到好处的穷人。穷人变得不仅缺少市场上所看重的技能，而且难以在政治斗争中成功地争得资金。的确，他们在政治市场上的劣势看起来比在经济市场上的劣势更大。一旦好心的改革者帮助他们通过了一项福利计划，当进行下一项改革时，穷人就只好自己照料自己，然而他们几乎总是被那些已经表明更善于见机行事的集团所压倒。第二个后果是，福利金领取者得到的净额往往少于转移总额。如果可以赚取别人的100美元，那么你为得到它花上自己的100美元也值得。花钱动议立法者和制定规章的当局、为政治运动和无数其他事项捐款纯属浪费——既损害出钱的纳税者，又无益于任何人，所以必须把它们从转移总额中除去，才得到净所得——当然，它们常常超过转移总额，结果剩下的不是净所得，而是净损失。

争取补贴的这种结果也有助于说明为什么有人要施加压力来增加福利计划。最初的福利计划未能达到提倡这些计划的好心的改革者们所要达到的目的，他们就得出结论认为做得还不够，并谋求增加福利计划。他们同那些希望管理这些计划的官员们，以及相

---

① “夹心层”群体是指新就业职工等，包括大学毕业生，以及从农村迁移到城市工作的群体等。

信能从福利支出中捞到油水的人们结成了同盟。

多重选择困境。作为人类生存的一项基本权利，人们不愿意放弃选择的权利，但是太多的选择会让我们陷入无法选择的困境。

在当今世界的背景下，我们竭力为自己保留各种选择余地。我们购买洗车卡、美发美容卡……我们担心之后的消费不能享受相应的折扣。我们让孩子学习各种课程——体操、钢琴、法语、园艺、跆拳道，以发掘他们在某个项目中可能激发出的天才火花。我们买越野车，不是为了到没有高速公路的地方驾驶，而是万一我们下了高速公路，轮子有足够的高度不至于损伤底盘。

我们可能往往认识不到，无论哪种情况，在保留余地的同时我们也放弃了其他东西。结果是我们的手机、电脑里有很多功能根本用不到，音响系统的维修费用十分高昂而我们很少用到音响系统。说到孩子，我们和他们都投入了太多时间——为了寻找孩子在某一方面是否可能有特长，让他们体验一大堆活动。我们为了一些不一定重要的事情疲于奔命，却忘记了在真正重要的事情上下功夫。

拖沓问题。我们总喜欢拖延解决较为困难的任务。为了能够使任务更顺利地完成，我们应该有明确的限制和目标，把任务进一步分解为各个更容易执行的事项。

预期效应。有时我们选择的不是体验，而是预期。对事物的成见和刻板印象会对预期产生影响，所以我们需要一个不受影响的第三方。

人类的聪明正在于能通过现在的事情预期到未来可能发生的事情，这样才有可能未雨绸缪。而这种预期是基于长期以来总结的经验。它决定着个体的某种行为是否发生，如果预期结果积极，其行为发生的概率就增加，反之，如果预期结果消极，行为发生的概率就减小。如果实际与预期相符，这将加强预期的作用力和可信度。反之，如果预期良好，但实际与预期不符，将给人带来认知的失调，从而改变原先惯有的行为。

动物和人类的行为不是受他们的行为的直接结果影响，而是受他们的预期行为将会带来什么结果所支配。这就像某次考试你期望拿 70 分，如果考了 80 分，必然欢呼雀跃，但是如果期望得 90 分，最后却考了 80 分，自然垂头丧气。在预期没有实现的情况下，即奖励物不如预期时，不仅不能保持原有的操作水平，而且会降低操作水平。

专栏 2-2

“曾子杀猪”引发的思考

曾子的妻子要上街，她的小儿子哭闹着也要跟着去。曾妻便哄儿子说：“你回去，等我回来杀猪给你吃肉。”她刚从街上回来，就看到曾子真的要杀猪，她急忙阻拦道：“我只不过是与孩子闹着玩儿罢了。”曾子说：“同小孩子是不能开玩笑的。孩子年幼不懂事，处处会模仿父母，听从父母的教导。今天你欺骗他，就是教他学会欺骗。做母亲的欺骗自己的孩子，那孩子就不会相信自己的母亲了。这不是教育孩子的好办法啊！”于是，曾子杀了那头猪，煮了肉给孩子吃。

曾子杀猪的故事很好地诠释了做父母的应该如何注重自己的一言一行、一举一动，答应过孩子的事就应该努力做到，而不是整天开空头支票、信口承诺。

由上可见，非理性的情况在我们的日常生活中很常见，事实上，经过理性分析，很多非理性是可以克服的，这些都是可以预见的非理性。

第二节 认知偏差

心理学和行为科学作为独立已久的学科，与许多不同领域的知识交叉，对人性进行了全方位、多维度的探讨。许多根植于人类本能中的非理性心理和行为驱动着我们在日常生活中做出决定。它们当中有一些是不易察觉的心理效应，也有一些是不太显著的认知偏差。对于这些心理效应和认知偏差，决策者在做决策时需要避免或者加入思考，使得决策发挥最大化效用。下面我们举一些认知偏差的例子供大家认识（见图 2-2）：

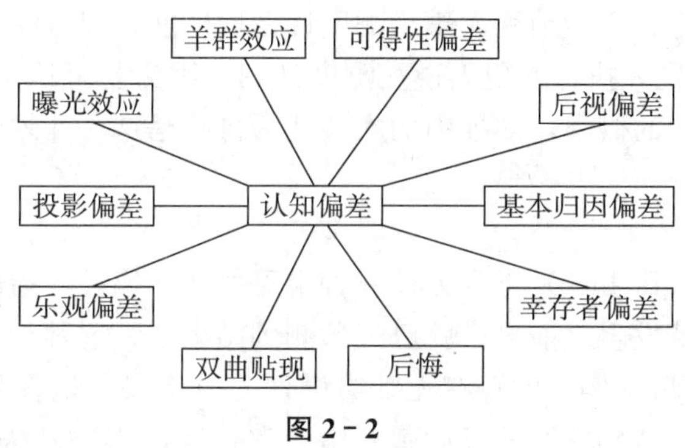

图 2-2

1. 曝光效应

曝光效应（exposure effect）也被称为多看效应与接触效应。它具有并不复杂的描述：人们会更加偏好自己熟悉的事物。个体倾向于购买自己熟悉品牌的产品；在爱情中，老同学和老朋友之间更容易相恋。这都是认知偏差的曝光效应。在社会心理学领域，熟悉定律是曝光效应的另一个别称，这可能更有助于我们理解曝光效应。也正是利用这一点，近年来人们发现自己在网上消费时落入了“大数据杀熟”的陷阱。[①]

2. 羊群效应

羊群效应（effect of sheep flock）指个体具有随波逐流的倾向，为了感到安全而放弃自己的意见，以避免冲突。羊群效应揭示出了服饰、汽车、风格等种种时尚能够盛行的原因，因为它们都能够引起群体的一些共鸣，并由此引发时尚潮流。暴民心理（mob

① 朱昌俊. 大数据杀熟，无关技术关乎伦理. 光明日报，2018-3-28.

psychology）是羊群效应的最普遍形式，这种效应主要是来自同辈之间相互比较的压力，他们容易通过“人肉”等方式发起对一些舆情人物和事件的过度攻击；这种心理具有“集中爆发”“来得快去得也快”等特点，但对当事人可能会造成巨大伤害。

3. 可得性偏差

可得性偏差（availability heuristic）作为启发式偏差的一种，也是常见的认知偏差之一。人们在做判断时往往只会根据自己所见所闻的只言片语来做决策，而不是根据统计学数据和系统化的知识进行决策。在复杂的系统中，用户觉得自己熟悉且容易获取的信息会发挥更大的作用，从而主观上忽略了其他部分。人们根据自己认知上的易得性来判断事情的可能性。

可识别受害者效应（identifiable victim effect）是指人们往往高估一些风险发生的可能性，从而担心自己成为小概率事件中的受害者。可识别受害者效应在税收中的体现可以举如下两个事例来说明：(1) 遗产税的艰难执行。遗产税具有涉及纳税人少、税收收入高、减轻其他纳税人税负等优点，但在实践中并未广泛实施，原因在于受可识别受害者效应的影响，人们会高估自己未来变得富有的可能性，担心自己会成为遗产税的受害者，从而反对其实行。(2) 纳税人遵从测度计划。以前，美国联邦政府每年通过随机方式抽取 50 000 名纳税人执行纳税人遵从测度计划，因为受可识别受害者效应的影响，人们会高估自己被抽中的概率，被抽中的人会认为自己是这一计划的受害者，从而不愿意配合政府。

4. 后视偏差

后视偏差（hindsight bias）作为另外一种常见的认知偏差，指的是人们在事情发生以后通常会觉得在事情发生之前自己就已经预测到结果了。这种行为在观察者眼中常常会被称为“马后炮”。后视偏差的存在无疑给设计人员带来了诸多负面影响。它会导致人们沉浸在“我已经预料到它”的虚假感觉中。它让我们无法从失败中吸取宝贵经验，这也使得我们很难用一个公平的视角来看待他人，客观判断事物。在主观上，人们很容易忽视许多客观事实和条件。由于主观性和记忆本身，这种偏差存在于许多人身上。事实上，他们并不像他们想的那样能够准确预测后果。

5. 基本归因偏差

作为一种重要的人类心理防御机制，基本归因偏差（fundamental attribution error）是人类进化过程中产生的一种局限性的思维定式。来自心理学的基本归因偏差的含义可能有点拗口，但不难理解。它的学术表达为：对于自己的行为归因，很容易忽略内在因素的影响，倾向于把自己的行为归因于外部因素；对他人行为进行归因的时候，往往会低估情境因素的影响，而倾向于把别人的行为归因为其内在因素。

与环境因素等相比，观察者更容易发现行为者本身的问题，所以观察者很难注意到社会角色、社会环境、情境压力等外部因素，而将问题的原因归结于行为者个体的内在原因和行为。行为者和观察者对事件的归属有不同的看法，这往往导致争端和问题的出现。例如，当我们在生活中遇到很多困难的时候，我们往往直接把原因归结为“生不逢时”，很少去想它是否是我们自己造成的；当你看到有人生活非常拮据的时候，通常认为这只是因为他们不够努力工作等。

6. 幸存者偏差

幸存者偏差（survivorship bias）虽然被称为认知偏差，但是实际上，它更接近于是一种逻辑谬误下产生的错误认知。它是指人们经常会选择忽略往往包含着关键性信息的筛选过程，而只关注经过某种筛选的结果。

我们知道枪击案的幸存者大多是手脚受伤，我们是否应该加强对手脚的保护？相反，我们需要更多地保护躯干和头部，因为在现实中，大多数在躯干和头部中枪的人无法生存。统计学家亚伯拉罕·沃德（Abraham Wald）在二战中受聘于一个美军研究小组，他从归航的幸存战机机身上残留的弹痕倒推出被击落的战机的“致命部位”，纠正了美军原以为弹痕多的地方该增强装甲的“幸存者偏差”，提出应该提高弹痕少的地方的防护水平，以此证明逆向思维在工程设计方面的巨大价值，进而在发动机周边、座舱前后加强防护能力，挽救了不少美军飞行员的性命。这个案例可以帮助你更好地理解幸存者偏差。

所谓“读书无用”理论也是一种普遍存在的幸存者偏差。该理论声称读书是无用的，张三不去学校但还是处于社会上层，而李四努力学习但是不如张三，呈现的结果不尽人意。

这些个案并不涉及具体的数据，从数据的角度解释这种主观感受的原因并不难。根据2010年我国第六次全国人口普查，大学学历或以上的人口占总人口的8.7%。教育程度较低的成功者往往能够吸引公众的注意，受过高等教育的人落魄了也容易受到更多媒体的关注，尽管受教育程度较低的成功者人口比例远低于受教育程度较高的落魄者，但由于基数的差异，这个对比值也是相当可观的。正是由于忽略了大多数沉默的数据，认为读书无用的错误观点才站得住脚。

在事件发展过程中忽视筛选机制，容易导致错误的结论和方向。在需求分析和研究的过程中，如果忽视了幸存者偏差，这可能导致所收集的数据只代表了少数人的需求和想法，最终造成虚假需求和少量需求被作为我们的主要需求而运用到政策或产品设计当中，可能使政策或产品从一开始就走向万劫不复。在收集用户反馈的信息时，很容易遇到幸存者偏差。在缺乏合理的触发机制，或产品没有特定特征的情况下，绝大多数的用户很少会主动“赞美”，相反，一个遇到问题的用户更倾向于主动吐槽和分享糟糕的体验，也容易导致“产品到处都有问题”的错觉。

7. 后悔

从最简单的意义上说，后悔（regret）就是对发生在自己身上的一些事情进行重新思考后，体会到的一种不安、担心或者恐惧的情绪。没有花足够的时间和配偶在一起可能会导致离婚；不努力准备考试就可能考得不好；头一天晚餐多喝一杯酒可能会让人第二天头痛。人们做出这样的决定时已然考虑到了它们的错误，但他们依旧如此选择并后悔。

换句话说，每个人都会对自己所做的事情的后果有一个头脑中的预设和初步的判断，如果某个行为的后果被意识评价为积极和良性的，那么个体就会安宁和感到愉快；相反，如果事情的结果可能被意识判断为消极和负面的，那么个体很可能因为担心而感到焦虑和后悔。有些时候，个体甚至可能并没有清楚地意识到自己对这件事情进行了结果的预设，但实际上在潜意识里面，个体还是对结果有一份过多的担心，或者叫预支担心——因为毕竟事情还没有发生，这是通常的情况。一般来说，事后的后悔可以提示我们在下次做同类事情的时候要多些考虑，要慎重行事，这就是所谓的“三思而后行”，这看起来是符合传统社会意识的。喜欢后悔的人想必会从后悔中获益，所以一直都喜欢事后反思和后悔，然后再努力改正，这其实是对自己的一种折磨，折磨自己以迎合社会要求。对于不喜欢和不选择后悔的人而言，他们更容易和更愿意为自己的所作所为承担责任，他们更懂得尊重自己的意愿。[①]

8. 双曲贴现

双曲贴现（hyperbolic discounting）是指相比金额较大的日后报酬，人们宁愿要金额较小的眼前酬劳，也就是说大多数人的决策通常是短视的。许多关于决策的研究发现，决策的过程受到许多因素的影响。有趣的是，时间延迟是做出二元决策的关键因素。

例如，大多数人宁愿今天得到 20 美元，也不愿一年后得到 100 美元。因为同样数额的美元今天比明天更值钱，所以一笔钱现在比将来更容易提取是有道理的。假设现在的利率是 9%，在这个利率下，一个理性的人不会关心他们是现在得到 91.74 美元还是一年后得到 100 美元。但有趣的是，我们选择兑现而不是等待主要取决于两者之间有多大的差异。你是愿意一年后得到 100 美元还是现在得到 50 美元？40 美元呢？那么你选择的临界点有什么不同呢？

9. 乐观偏差

大量证据表明，个人在信仰上一贯表现出乐观（过度自信）的倾向。过度自信的心理证据反映在中值以上效应中，即半数受访者通常认为自己比相关群体中 50%的人拥有更令人满意的特质。在一个有趣的实验中[②]，81 名美国学生和 81 名瑞典学生被要求评判他们的驾驶技能和作为司机的安全程度，结果显示 92.8%的美国人与 68.7%的瑞典人将他们的安全驾驶评为前 50%。在另一个实验中，72 名管理专业本科学生和 48 名纽约州制造公司的总裁被要求按照他们在智商、成功的可能性、假想的营销问题上预测增长等方面的情况来综合评价自己。调查结果显示出一种令人吃惊的过度自信：在 72 名学生中，只有 10 人认为他们只是平均水平，只有两人认为自己低于平均水平；48 名总裁中只有 18 人预测他们假设的公司销售额将低于行业平均水平。

过度自信的心理证据也反映在基本归因偏差中；也就是说，人们往往把自己的成功

---

① 张晋岗. 关于后悔的心理学意义. 小林个人图书馆.

② McCaffery Edward J., Slemrod Joel. *Behavioral Public Finance*. New York: Russell Sage Foundation Press, 2006.

归因于能力和技能，而不是考虑他们无法控制的因素。这种自私自利的偏见必然会增强过度自信。心理学家已经收集了大量的证据，表明人们通常会认可善的东西，却否认恶的东西。例如，考试成绩好的学生把他们的成绩归因于努力的后果，而那些成绩不佳的人则把它归因于糟糕的考试或坏运气；赌徒认为他们的成功是基于技巧，而失败则是偶然。当已婚夫妇评估每个人例行做多少家务时，他们评估的结果显示完成的工作总和超过 100%。换句话说，每个人都认为他或她所做的工作比另一个人认为他或她做的多。两人团队执行一项技术熟练的任务，他们更容易接受高分的嘉奖，而将低分的大部分原因归咎于他们的合作伙伴。当被要求解释为什么别人不喜欢他们的时候，大家通常会觉得不喜欢他们的人自身存在一定问题；但当被告知其他人喜欢他们时，人们却把这归因于他们自己拥有一个讨人喜爱的个性。

10. 投影偏差

对理性信念的偏离，称为投影偏差（projection error）。投影偏差指的是错误地预测未来效用的倾向。具体地说，实验证据表明，在许多情况下，个人认为他们的偏好随时间或环境而变化，但系统地低估了变化的幅度。特别是，人们倾向于夸大他们未来的偏好与现在的偏好的相似程度。投影偏差实验的一个例子阐明了偏差的性质。在丹尼尔·里德和芭芭拉·范·莱文（Daniel Read and Barbara van Leeuwen，1998）[①] 的研究中，200 名员工被要求在健康的零食（水果）和不健康的零食（糖果、坚果、薯条）之间做出选择，一周后他们将免费得到这些零食。工作人员被告知，他们的零食要么在下午晚些时候送到，那时他们应该饿了；要么在午饭后送到，那时他们刚吃饱。一些员工在下午饿的时候被要求做这个选择，其余员工则在午饭后被要求做这个选择。如果被要求选择的员工处于饥饿状态，那么他们更有可能选择不健康的零食，即所谓的“饥不择食，寒不择衣”。目前的饥饿状况似乎影响着对未来偏好的预测。现在饥肠辘辘的人想必对这种不健康的零食有更大的欲望，他们似乎把目前的偏好投射到了未来的偏好上。

举一个与乐观偏差和投影偏差相关的例子，即香烟税的设计：吸烟的决定很自然地会受到时间贴现的强烈影响。吸烟的好处包括味道、欲望的缓解、放松的感觉，这些都是即时的，吸烟的回报就是这些即时的好处，然而财富成本通常在遥远的将来承担。因此，对即时满足的偏见可能会对行为产生深远的影响。但是，乐观偏差和投影偏差也可能在重要的方面影响着消费者是做出过量吸烟还是不吸烟的决定。过量吸烟或不吸烟与规范或长期偏好有关。在考虑乐观偏差的情况下，如果知道吸烟是如何对健康产生危害的，典型的消费者就会认为自己比一般人更不可能受到这些危害影响，因此乐观偏差会导致过度吸烟的后果产生。具体来说，如果消费者能够在没有乐观偏差的情况下看待自己的环境，那么他的偏好将是尽量减少吸烟。因此，如果政策制定者在制定政策时忽视

---

① McCaffery Edward J.，Slemrod Joel. *Behavioral Public Finance*. New York：Russell Sage Foundation Press，2006.

了乐观情绪所带来的影响，那么最佳香烟税设计可能最终导致吸烟过多的现象出现。投影偏差也可能会显著影响吸烟的决定。回想一下，投影偏差会导致消费者夸大他们未来的品位会在多大程度上与他们目前的品位相似。假设年轻人高估了他们目前对剧烈体育活动的兴趣和能力，并假设老年人对身体活力的重视程度较低。人们考虑到如果年老时身体状况不佳，身体活动就会受到限制，所以年轻人在决定是否吸烟时，可能会对未来相关医疗费用所带来的经济负担产生担忧，从而减少吸烟。政策制定者制定政策时若忽视这种投影偏差，则可能使得最佳香烟税政策会导致过度征税和社会上不理想的吸烟水平。

无处不在的人类先天的生物性，使得各种认知偏差主导了太多的决策，其实在现实生活中我们自诩的理智发挥的作用并没有我们想象中那么多。无论是作为政策制定者还是作为政策接受方，都应该尽量去了解、规避它们，或者合理地利用它们。

第三节　选择性偏差

选择性偏差（selection bias）是指人们在估计某些事件发生的概率时，常常根据自己对特定事件的代表性观点来评估。个体倾向于把事件划分为单独几个典型的类别，在评估事件发生的概率时不考虑其他潜在可能性的客观存在而过分强调典型类别的重要性。选择性偏差的结果是人们倾向于在实际上是随机模式的数据当中“看到”有序排列，从而导致系统性的预测偏差。生活中常见的一种选择性偏差就是投资者大多认为“好公司”就代表着“好股票”。当投资者混淆“好公司”股票和“好股票”时，就会产生这种偏差。事实上，当一个好公司的股票价格过高时，它就变成了“坏股票”，当一个坏公司的股票价格过低时，它就变成了“好股票”。

在生理、心理、行为等方面具有不同特点的人们在对不同类型的环境做出选择时，就很有可能出现选择性偏差。选择性偏差在生物特征行为与环境特征之间容易造成虚假相关。在一些情境下，选择性偏差容易出现的原因是虚假相关的存在。

让我们通过一个例子[①]来了解选择性偏差是如何产生虚假相关的。请快速说出一个州名，在这个州里，由呼吸系统疾病导致的死亡率高于平均水平。当然，答案之一是亚利桑那州。什么？等等！难道亚利桑那州没有清洁的空气吗？难道洛杉矶的烟雾弥漫得如此之远？难道凤凰城的郊区环境已经变得那么差了吗？不是，肯定不是！让我们停下来想一想。可能亚利桑那州的确有清洁的空气，可能患有呼吸系统疾病的人都愿意搬来这里，然后在这里去世。这样就对了。如果我们不够认真就会出现上面所说的那种情形：我们可能会受到误导，认为是亚利桑那州的空气害死了这些人，然而实际情况却是亚利桑那州位于美国西部，是以地广人稀、气候干燥、空气清洁而著称的。

---

① 基思·斯坦诺维奇. 对“伪心理学”说不. 北京：人民邮电出版社，2011：53-54.

选择性偏差出现的原因，在于大脑处理视觉形象远胜于处理数字逻辑，因为相比于进行统计计算，人脑的本质功能是处理人与人之间的关系。这些现象在资本市场上多是紧密地联系交织在一起而并非单独出现的。

巴菲特[①]的观点认为，所有成功的股票投资者的试金石就是其对价格波动的正确态度。正确认识到自己可能会犯的错误，减少由认知偏差导致的不明智的投资决策，避免容易出现的错误，保持理性，才是打败市场的不二法宝。其实，每个交易者和其他交易者一起构成了一个市场，所以与市场博弈就等于与自己博弈。不管是在理论上还是在实践中，与公众相比，抱有市场投机心理的典型或普通的单独投资者都不可能更成功。格雷厄姆（Graham）分析得出，拥有稳定的个性是大多数成功投资者的共同特征。投资者最大的敌人其实是他自己，而不是股市。如果投资决策者不能有效地控制自己的情绪，即便他们具备多么优秀、出色的财务、数学和会计技能，他们依旧没有办法从投资行为中获益。巴菲特将其导师格雷厄姆的投资思想精髓总结为："正确的人格与正确的智慧相结合，才会产生理性的投资行为。"巴菲特曾经提出："投资者必须具备良好的企业分析能力，并有能力将自己的想法和行为与市场上的高传染性情绪隔离开来，这样才能获得成功。在我努力不受市场情绪影响的过程中，我发现，把格雷厄姆的市场先生故事记在心里是有益的。"巴菲特指出："如果你遵循格雷厄姆的行为准则和经商原则，你的投资不会有不好的结果，你的出色表现将取决于你在投资上的努力和智慧，以及在你投资股市的职业生涯中市场所表现出的愚蠢程度。市场越愚蠢，投资者获胜的机会就越大。如果你按照格雷厄姆所说的去做，你将从别人的愚蠢行为中受益，或者你将自己去做。"[②]

然而选择性偏差并不是那么容易辨别的，尤其是当我们事先就期望看到因果联系时，这种偏差经常会被忽略。充满诱惑的相关性证据加上固有的偏见，就能够欺骗最聪明的头脑。

本章习题

一、名词解释

锚定效应　曝光效应　羊群效应　可得性偏差　幸存者偏差　后视偏差　双曲贴现　基本归因偏差

二、简答题

1. 生活中有哪些个人非理性？
2. 如何突破多重选择困境？
3. 税收检举奖励制度引发了你怎样的思考？

---

① 巴菲特的两位导师：格雷厄姆和芒格. 腾讯网，2018-11-09.

② 罗杰·洛温斯坦. 巴菲特传. 北京：中信出版社，2008.

4. 福利支出的“免费”性质引发了你怎样的思考?

本章参考文献

[1] Besharov Gregory. Second-best considerations in correcting cognitive biases. *Southern Economic Journal*, 2004, 71 (1): 11-12.

[2] Efron Bradley. Tweedie's formula and selection bias. *Journal of the American Statistical Association*, 2011, 106 (496): 1602-1614.

[3] Fehr Ernst, Tyran Jean-Robert. Individual irrationality and aggregate outcomes. *The Journal of Economic Perspectives: A Journal of the American Economic Association*, 2005, 19 (4): 43-66.

[4] Linn Robert-L. Selection Bias: Multiple meanings. *National Council on Measurement in Education*, 1984, 21 (1): 33-47.

[5] McCaffery Edward J., Slemrod Joel. *Behavioral Public Finance*. New York: Russell Sage Foundation Press, 2006, 47-60.

[6] Walsh Cliff. Individual irrationality and public policy. *Journal of Public Policy*, 1987, 7 (2): 103.

[7] 陈霞,肖之进.顾客价值的有限理性、认知偏差及应用.荆楚理工学院学报,2018,33 (5):22-26.

[8] 窦玉进,颜新.对经济人假设的修正与发展.山东纺织经济,2010,(10):13-16.

[9] 基思·斯坦诺维奇.对“伪心理学”说不.北京:人民邮电出版社,2011,53-54.

[10] 蓝福秀.浅议个人主体性中的非理性.福建商业高等专科学校学报,2007,(5):116-119.

[11] 李雪莲,赵璐曼.社会观察、认知偏差与消费不足.当代经济科学,2018-12-27.

[12] 陆剑清.行为金融学.上海:立信会计出版社,2009:1-4.

[13] 彭慰慰.后见偏差认知加工理论模型综述.当代教育实践与教学研究,2019,(1):241-242.

[14] 汪丁丁.经济学理性主义的基础.社会学研究,1998,(2):1-11.

[15] 王新新.试论剩余控制权分享制.当代经济科学,1997,(1):23-29.

[16] 杨春学.经济人的三次大争论及其反思.经济学动态,1997,(5):55-60.

[17] 杨志强.开放式创新模式研究.天津:南开大学,2009.

[18] 叶德珠,连玉君,黄有光,等.消费文化、认知偏差与消费行为偏差.经济研究,2012,(2):80-92.

[19] 余胜良. 认知偏差无处不在. 证券时报，2019，1（31）：A03.

[20] 臧雷振，陈鹏. 选择性偏差问题及其识别. 世界经济与政治，2015，(4)：137－153.

[21] 张雄. 市场经济中的非理性世界. 上海：复旦大学，1995.

[22] 张延. 对西方经济学基本前提假设的研究. 北京大学学报，1998，35（5)：108－113.

[23] 赵英军. 非理性市场中的个人、机构和政府. 经济学动态，2002，(12)：16－20.

[24] 朱光华. 让经济理论更加贴近现实. 南开学报，2004，(2)：51－55.

第3章 社会偏好

西方经济学理论假设经济生活中的个人是完全利己的，社会偏好理论对此提出了质疑，认为人们不仅关心自身利益，也会关心他人的利益。本章围绕这一点展开介绍，第一节概括了社会偏好理论的基本内容，包括社会偏好的基本概念等；第二节通过几个经典实验的结果阐明经济人假设的不合理之处，着重介绍了最后通牒博弈实验、信任博弈实验和公共物品博弈实验；根据动机，社会偏好可以大致分为利他偏好、差异厌恶偏好及互惠偏好，本章的第三节将介绍针对这三种不同偏好所构建的理论模型。

第一节　社会偏好理论的基本内容

西方经济学理论建构的一个基本前提是经济人假设，即认为个体是自利的（self-interested），只追求自身利益最大化，然而实验经济学在进行个体行为博弈实验时，发现了大量的亲社会性行为，这用主流经济学理论通常无法进行解释。通过对传统经济人假设的系统反驳，社会偏好（social preference）理论应运而生。根据 Kohler（2003）[①] 的论述，社会偏好概念的雏形最早可

① Kohler S. Difference aversion and surplus concern—An integrated approach. Working Paper，European University Institute，Florence，2003.

以追溯到凡勃伦（Veblen）、杜森贝里（Duesenberry）、莱宾斯坦（Leibenstein）、波拉克（Pollak）等人的文献。Rabin（1993）① 创造性地正式化了社会偏好理论第一个基于动机公平的互惠模型。一般认为行为经济学家 Camerer（1997）② 首次完整地提出了“社会偏好”的概念。费尔（Fehr）等学者则把社会偏好和实验经济学完整地结合起来进行理论模型上的构造和分析，标志着社会偏好理论的逐步完善。

不同于公共选择理论中社会偏好所指的“将每个个体表达的偏好综合而形成的整个群体的偏好”，行为经济学中的社会偏好概念明显不同，它表达了与自利偏好对立的立场，指人们不仅关心自身的物质收益，也会关心他人的利益，社会偏好也是其效用函数的重要组成部分。具体而言，根据动机，社会偏好可以大致细分为三种偏好，即利他偏好、差异厌恶偏好及互惠偏好，分别对应着人们的善良、公平和互助特性。利他偏好，指的是人们的效用函数中他人的利益与自身的效用正相关，他人利益增进时，自身效用也会提升，社会福利偏好是利他偏好的一个突出表现；基于结果的差异厌恶偏好认为，人们在处于劣势的不公平和处于优势的不公平时均存在效用损失，而且处于劣势的不公平的损失大于处于优势的不公平的损失；基于心理动机的互惠偏好认为，尽管需要付出一定的成本，人们仍会以善报善，以恶惩恶。在相关现有文献中，社会偏好也同时被表述为另外三个相近的概念，即他涉偏好（other-regarding preference）、亲社会性偏好（pro-social preference）和互动偏好（interdependent preference）。

传统经济人假设由于不完全符合现实的局限性和狭隘性早已受过诸多质疑，即使在日常生活中简单观察，我们也能知晓人不是完全自私自利的，然而以往对经济人假设的批判往往停留在思辨层面上，并未提出更完备的理论架构和具备可行性的改进方案。而社会偏好理论依托实验经济学的实证证据，已建立起相对比较完善和成熟的经济学模型，从而更具备了学理上的建设性。不过，尽管从字面上看，社会偏好与自利偏好似乎是相对立的概念，但社会偏好理论并非旨在推翻和替代经济人假设，而是试图在维持理性假设下，将基于心理学和社会学的诸如公平、互利等以及与自利偏好假设相比有着明显含义辨识度的一些人类社会性情感因素也纳入到个体的效用函数中，进而修正经济人假设，并以博弈论为基本的分析工具，力图构建新的博弈均衡来解释实验经济学所揭示的一系列悖论。

第二节　实验经济学对经济人假设的挑战

传统的经济人自利偏好假设长期以来虽然备受争议，但其权威性不可撼动，直到最

① Rabin M. Incorporating fairness into game theory and economics. *The American Economic Review*, 1993: 1281 - 1302.

② Camerer C. F. Progress in behavioral game theory. *Journal of Economic Perspectives*, 1997, 11 (4): 167 - 188.

近二十余年实验经济学的一系列简洁而有说服力的实验结果对这个传统构成了系统性的强有力反驳，行为和实验经济学家在这些实验基础上逐渐开始对超越自利假设的偏好进行研究，促使了社会偏好理论的产生。这些实验包括最后通牒博弈实验、独裁者实验、信任博弈实验、礼物交换博弈实验、公共物品博弈实验等，下面着重介绍较为经典的最后通牒博弈实验、信任博弈实验和公共物品博弈实验。

一、最后通牒博弈实验

Güth 等（1982）① 引入了第一个最后通牒博弈实验，首次提出了以经济人自利假设为基础的传统博弈论无法解释的“最后通牒博弈悖论”。

在最后通牒博弈实验中，两个人被随机地分在一组，参与人 1 和参与人 2 随机地扮演提议者（proposer）和响应者（responder）两种角色，提议者将给定的 M 个初始筹码进行分配，比如分配给响应者 X 个筹码，响应者如果接受提议者的分配方案，此时提议者会得到 M－X 个筹码，响应者得到 X 个筹码；如果响应者拒绝这种分配方案，则双方收益均为 0 个筹码。按照标准的博弈论分析方法，在经济人只关注自我的物质收益（material self-interest）假设下及存在完全信息时，一次性博弈的子博弈纳什均衡必然是响应者愿意接受任何比例的分配方案，也就是提议者给对方任意一个非常小的但为正的单位收益，响应者都将接受这一提议，从而博弈达成均衡。但大量的实验结果显示，如果提议者给响应者不到 20％的筹码，他将有 40％～60％的可能性被拒绝。随后，诸多最后通牒博弈实验的相关文献出现，并发现实验结果与被赋予的初始禀赋、文化差异、实验参与人的专业背景等因素有关。

Cameron（1999）② 等学者的研究表明，随着最后通牒博弈实验中初始禀赋的增加，人们的分配率没有显著性变化，但是人们的拒绝率随着初始禀赋的增加而减少。比如 Cameron（1999）在印度尼西亚做了初始禀赋分别为 2.5 美元、20 美元和 100 美元的最后通牒博弈实验，结果发现 320 个被试中，初始禀赋越高则分配额越接近平均分配，而响应者在更高初始禀赋的实验中会接受更低比例的分配额度，值得注意的是 100 美元相当于当地实验参与人平均 3 个月的收入。

最后通牒博弈实验中人们的分配行为和拒绝行为同样呈现文化区域的差异性。例如，Roth 等（1991）③ 在耶路撒冷、卢布尔雅那（斯洛文尼亚首都）、匹兹堡和东京四大城市的各个大学生群体中做的考虑参与人学习效应的最后通牒博弈实验结果显示，如

---

① Güth W., Schmittberger R., Schwarze B. An experimental analysis of ultimatum bargaining. *Journal of Economic Behavior and Organization*, 1982, 3 (4): 367 - 388.

② Cameron L. A. Raising the stakes in the ultimatum game: Experimental evidence from Indonesia. *Economic Inquiry*, 1999, 37 (1): 47 - 59.

③ Roth A. E., Prasnikar V., Okuno-Fujiwara M., et al. Bargaining and market behavior in Jerusalem, Ljubljana, Pittsburgh, and Tokyo: An experimental study. *The American Economic Review*, 1991: 1068 - 1095.

果在市场环境中，几乎所有的提议者和响应者接受的分配比例趋于一比一；但如果是在实验环境中，这些行为却表现出巨大的地域差异。他们发现匹兹堡和卢布尔雅那参与人的分配率高于东京，而东京参与人的分配率要高于以色列。由于在市场环境中没有发现差异，他们认为最后通牒博弈实验中的文化地域差异不应归结于语言、货币或参与人等因素。Henrich（2000）① 通过对18～30岁的秘鲁亚马逊区域的马奇根加人和加州大学洛杉矶分校（UCLA）学生的最后通牒博弈实验进行对比说明，前者的分配率要小于后者。Buchan等（2004）② 对比了宾夕法尼亚大学和东京大学的学生实验结果，发现前者的分配率要小于后者。Henrich等（2001）③ 对15个小型社会的跨区域最后通牒博弈实验表明，人们的分配行为和拒绝行为也呈现出巨大的文化差异，针对提议者同样的低于20%的分配率而言，尽管大多数数据显示存在较高的拒绝率，也有少数地区的拒绝率为0。

实验参与人的专业背景同样会影响最后通牒博弈实验中的亲社会性行为。Carter和Irons（1991）④研究发现经济学专业和非经济学专业之间的学生存在显著差异。另外，人们的拒绝行为也会因实验参与人是否参加过实验而不同，如Slonim和Roth（1998）⑤的实验结果表明，有实验经验的提议者往往提供一个更小的分配率，而无实验经验的响应者往往倾向于接受一个更小的分配份额。

尽管不同情况下的最后通牒博弈实验中的分配率和拒绝率有所不同，但这些实验的结果表明，提议者的分配行为和响应者的拒绝行为一致地偏离了经济人自利偏好的假设。

二、信任博弈实验

Berg等（1995）⑥ 进行了第一个信任博弈实验，在信任博弈实验的整个过程中，实验双方都不直接接触，而是通过电脑或者实验组织者来传递信息。主持人把一笔钱交给委托人，委托人可选择0到Y之间任何数额的钱Z交给代理人。委托人付出Z，代理人能得到3Z，然后他可以选择一个从0到3Z的数额还给委托人。根据标准博弈论中的逆向归纳法，在最后一阶段，代理人知道这种博弈是一次性的，他如果是自利的，代理人就应该持有所有的钱而不选择返还。这样，委托人事先也能估计到，所以他就不会将任

---

① Henrich J. Does culture matter in economic behavior? Ultimatum game bargaining among the Machiguenga of the Peruvian Amazon. *American Economic Review*, 2000, 90 (4): 973-979.

② Buchan N. R., Croson R. T. A., Johnson E. J. When do fair beliefs influence bargaining behavior? Experimental bargaining in Japan and the United States. *Journal of Consumer Research*, 2004, 31 (1): 181-190.

③ Henrich J., Boyd R., Bowles S., et al. In search of homo economicus: Behavioral experiments in 15 small-scale societies. *American Economic Review*, 2001, 91 (2): 73-78.

④ Carter J. R., Irons M. D. Are economists different, and if so, why?. *Journal of Economic Perspectives*, 1991, 5 (2): 171-177.

⑤ Slonim R., Roth A. E. Learning in high stakes ultimatum games: An experiment in the Slovak Republic. *Econometrica*, 1998, 66: 569-596.

⑥ Berg J., Dickhaut J., McCabe K. Trust, reciprocity, and social history. *Games and Economic Behavior*, 1995, 10 (1): 122-142.

何钱交给代理人，这个博弈的纳什均衡是双方不信任。但是 Berg 等（1995）针对 64 个样本的实验表明，大多数的委托人发送了筹码，而代理人回报的筹码与委托人发送的筹码相近，也就是委托人在实验中基本上既没有损失也没有获得额外的收益。后续的大量实验结果也显示，一般委托人会将他手头一半的钱支付给代理人，而代理人也会返还比其收到的钱稍多的回报。也就是，在实验中，委托人和代理人对对方都表现出了信任行为。Abbink 等（2000）[①] 对该实验进行了拓展，他们在信任实验的基础上加入了惩罚机制，即可以付出 Y 个筹码使得对方减少 3Y 个筹码的损失，他们发现 40%的人同时选择了回报和惩罚，21%的人只选择奖励，而 15%的人只选择惩罚。

信任博弈实验的结果也受到一些因素的影响。

与最后通牒博弈实验中的分配和拒绝行为相似，信任博弈实验中的信任行为也受到被赋予的初始禀赋大小的影响。Johansson-Stenman 等（2009）[②] 在孟加拉国的实验研究表明，人们的信任投资额会随着禀赋的增大而减少，对此，一个通常的解释是禀赋的增大增加了人们的风险厌恶偏好，而风险的增大降低了人们的信任行为。

信任行为的第二个影响因素是性别因素。Buchan 等（2008）[③] 进行的信任博弈实验发现男性的信任投资比为 74%，而女性为 61%；Cox（2002）[④] 相应的实验结果为，男性的信任投资比是 64%，女性的信任投资比是 53%；Ashraf 等（2006）[⑤] 的实验结果分别为 47%和 41%；在 Chaudhuri 和 Gangadharan（2002）[⑥] 的实验结果中，两者间的信任投资比差距更大，分别为 53%和 34%。总体来看，在信任博弈实验中，男性的信任水平基本高于女性的信任水平。

另外，信任行为还受到实验对象年龄因素的影响。Sutter 和 Kocher（2003）[⑦] 专门研究了信任行为和年龄的关系，他们把实验对象按年龄段分成 6 组，依次是 8 岁的小学生、12 岁的中学生、16 岁的中学生、平均年龄为 22 岁的大学生、平均年龄为 32 岁的工作人员以及平均年龄为 68 岁的退休人员。对不同年龄组的信任博弈实验表明，除了退休人员外，人们的信任度随着年龄的增长而增长并呈现出线性相关，而回报行为也呈现出这个特点；同时，回归分析也表明，信任对回报的边际影响系数随着年龄的增长而

---

① Abbink K., Irlenbusch B., Renner E. The moonlighting game: An experimental study on reciprocity and retribution. *Journal of Economic Behavior and Organization*, 2000, 42 (2): 265-277.

② Johansson-Stenman O., Mahmud M., Martinsson P. Trust and religion: Experimental evidence from rural Bangladesh. *Economica*, 2009, 76 (303): 462-485.

③ Buchan N. R., Croson R. T. A., Solnick S. Trust and gender: An examination of behavior and beliefs in the investment game. *Journal of Economic Behavior and Organization*, 2008, 68 (3-4): 466-476.

④ Cox J. C. Trust, reciprocity, and other-regarding preferences: Groups vs. individuals and males vs. females. //*Experimental Business Research*. Boston: Springer, 2002: 331-350.

⑤ Ashraf N., Bohnet I., Piankov N. Decomposing trust and trustworthiness. *Experimental Economics*, 2006, 9 (3): 193-208.

⑥ Chaudhuri A., Gangadharan L. Gender differences in trust and reciprocity. Department of Economics Working Papers, 2002.

⑦ Sutter M., Kocher M. G. Age and the development of trust and reciprocity. Available at SSRN 480184, 2003.

增长。由于这个实验中大多数的实验对象是学生，但是学生并不能代表所有的群体，Bellemare 和 Kröger（2003）[①] 进一步研究表明，年龄在普通大学生之上的其他身份人员的信任度比学生群体更低。

综合信任博弈实验研究文献中的实验结果来看，实验中委托人和代理人的表现均系统地偏离了经济人自利偏好假设下的不信任，而都表现出了信任行为。

三、公共物品博弈实验

公共物品是财政学学科中一个十分重要的基本概念。不同于私人产品，公共物品具有非竞争性和非排他性，这使公共物品在由市场提供时会出现供给不足，甚至无供给的市场失灵现象，市场失灵则成为现代西方主流财政理论的核心概念和理论分析的出发点。主流财政理论认为，公共物品虽然是社会的共同需要，但由于社会成员都出于自身利益最大化考虑，更倾向于以搭便车的方式享有公共物品或服务，最终却使得这一共同需要得不到满足，从而出现类似于囚徒困境的个体理性而集体非理性的社会困境（social dilemma）。解决这一难题，要求政府或公共部门的介入和干预，财政活动在公共物品供给领域的存在也因此具有必要性。但现实中，我们又发现这一逻辑并不总是成立，一个典型例子就是由个人或社会民间组织自发参与的社会慈善捐赠活动。《2017 年度中国慈善捐助报告》数据显示，2017 年度我国境内接收国内外款物捐赠共计 1 499.86 亿元，较 2016 年增长 7.68%，捐赠总额占同年全国 GDP 的 0.18%，人均捐赠额 107.90 元，比 2016 年增长了 7.11%，且这些捐赠资金大量用于儿童类、救助类、救灾类慈善项目以及扶贫领域等公共事业中。[②] 公共物品博弈实验较好地刻画了现实生活中人们合作与卸责之间的社会两难问题，它对人们在社会中是否表现出合作行为及合作水平进行了测度。

Bohm（1972）[③] 首次报告了第一个公共物品博弈实验，Marwell 和 Ames（1981）[④] 第一次提出了一个线性公共物品博弈实验。传统的线性公共物品博弈实验模型描述如下：假设共有 n 个人参加实验，给予每个人 y 个筹码的初始禀赋，所有人同时向公共池中投进 g 个筹码，g_i 表示第 i 个人投入的筹码量。该轮捐献完毕，从公共池中把总的捐献数乘以一个系数 a 后再分配给所有参与实验的人，无论该参与人是否进行捐献。这样每个人得到的物质效用就是个体原来的筹码数减去投进公共池中的筹码，再加上从公共池中得到的回报。这时个体的物质效用为：

---

① Bellemare C.，Kröger S. On representative trust. CentER Discussion Paper Series No. 2003 - 47，2003.

② 2017 年度中国慈善捐助报告出炉. 新浪网，2018 - 9 - 21.

③ Bohm P. Estimating demand for public goods：An experiment. *European Economic Review*，1972，3（2）：111 - 130.

④ Marwell G.，Ames R. E. Economists free ride，does anyone else?：Experiments on the provision of public goods，IV. *Journal of Public Economics*，1981，15（3）：295 - 310.

$$\pi_i^1 = y - g_i + a\sum_{j=1}^{n} g_j \tag{4-1}$$

同时，该轮实验中群体的总收益为：

$$\sum_{i=1}^{n}\pi_i^1 = ny - \sum_{j=1}^{n} g_j + na\sum_{j=1}^{n} g_j \tag{4-2}$$

其中，系数 a 被定义为 MPCR（marginal per capita return），即边际个体回报，这里设定 $0<a<1<na$，此时对个体 i 来说，由于 $\partial\pi_i^1/\partial g_i = -1+a<0$，故在每一轮中个体 i 的最优策略是使得 g_i 最小化，即捐献水平为 0。但从群体的总收益角度来说，因为 $\partial\sum_{i=1}^{n}\pi_i^1/\partial g_i = -1+na>0$，最优策略是每个人捐献最大化。

按照该理性模型，搭便车策略始终是参与人的一个纳什均衡策略，但是现实生活的直觉和观察往往与此结论相悖。Isaac 等（1985）① 进行的大量早期的传统公共物品博弈实验表明，人们既不会像理性模型预测的那样全部卸责，也不会选择捐献全部禀赋，而使整个社会达到最优。同时，这些实验发现，在实验初始时人们一般会捐献大约 50%的禀赋，但是随着实验的重复进行，其捐献水平会逐渐降低，并最终接近于理性模型预测的零水平捐献。这些实验表明，尽管人们不会按照能使社会达到最优的策略行动，但他们也并非如自利偏好假设所设想的一般，都选择零捐献水平，而是表现出合作行为。在公共物品博弈实验中，人们所表现出的合作水平受几个因素的影响。

第一个影响因素是 MPCR 和组群规模的大小。Isaac 等（1984）② 为研究这两个因素对合作水平的影响设计了这样一个实验。该实验中，总共有 A、B、C、D 四个实验局，其中 A 实验的参数设定为 $n=4$，MPCR＝0.3，B 实验的参数设定为 $n=4$，MPCR＝0.75，C 实验的参数设定为 $n=10$，MPCR＝0.3，D 实验的参数设定为 $n=10$，MPCR＝0.75。这样通过 A 和 B、C 与 D 的比较就可以计算出 MPCR 的效应；而通过 A 和 C、B 和 D 的比较，就可以计算出在相同 MPCR 条件下不同组群大小的效应。他们的实验结果表明捐献水平均会随着 MPCR 的提高而提高，而当 MPCR 为较低水平时，捐献水平会随着组群规模的扩大而提升，当 MPCR 为较高水平时，捐献水平却会随着组群规模的扩大而降低。

第二个影响因素是群体的搭配结构，即实验中的参与人是固定合作伙伴还是陌生合作伙伴，对捐献水平有着显著影响。一些学者的实验结果表明，固定合作伙伴的搭配会产生更高的捐献水平，这可以解释为实验中存在的策略互动，使个体声誉得以建立，因而保持一个高水平的捐献。但这一实验结果并没有表现出一致性，另一些实验则发现，若实验参与人是陌生的合作伙伴，他们的捐献水平会比固定搭配时更高。但一些研究也

① Isaac R. M., McCue K. F., Plott C. R. Public goods provision in an experimental environment. *Journal of Public Economics*, 1985, 26: 51-74.

② Isaac R. M., Walker J. M., Thomas S. H. Divergent evidence on free riding: An experimental examination of possible explanations. *Public Choice*, 1984, 43 (2): 113-149.

表明，捐献水平也受到地域和文化因素的影响。

在传统公共物品博弈实验基础上，如何提升实验中的合作水平自然成为我们最关心的问题。从机制设计的角度来看，相关学者设想并提出了三种机制，即沟通交流机制、惩罚机制及奖励机制。那么这些机制能否有效提升合作水平呢？

在对沟通交流机制的检验方面，Ostrom 等（1992）[①] 提出了这样一个实验，即在实验中允许人们达成一个口头协议，他发现即使这种无约束力的协议也能大大提升人们的捐献合作水平。Isaac 和 Walker（1988）[②] 进行了两种相同禀赋的实验，第一个实验是先让参与人进行 10 轮可以沟通的公共物品博弈，并继续参加 10 轮没有沟通的公共物品博弈；第二个实验是将顺序颠倒一下，即先进行 10 轮没有沟通的实验，再进行 10 轮可以沟通的实验。他们发现的一个有趣结果是，如果实验一开始进行的是可以沟通的公共物品博弈实验，则捐献水平维持在一个很高的水平，而且当进入到不能沟通的公共物品博弈实验中时，这种高水平捐献"惯性"依旧得到维持。而如果实验一开始进行的是不能沟通的公共物品博弈实验时，就出现了大量的卸责者，但是这种局面在进入到有沟通的公共物品博弈实验时立即得到改变，这就说明沟通确实影响了实验参与人的捐献合作行为。

如前所述，个人声誉可能是影响实验参与人合作水平的重要因素，而在沟通交流机制的设计中却难以排除这一因素的潜在影响，对此，一些学者又尝试在实验中加入惩罚机制或奖励机制，以检验这两种机制能否有效提升公共物品博弈实验中的合作水平。加入惩罚机制的实验，也就是要观察在一个群体中，当出现搭便车者而对集体有负效应时，其他人会不会自发地对其施加惩罚。假如个体决定施加惩罚，实验设定惩罚的成本需要由该个体独自承担，即惩罚成本是私人的。如果惩罚成功地约束了搭便车者的行为，从而增进了集体收益，这一惩罚带来的收益要为集体所共享。在这样的实验中，参与人再一次面临成本和收益的不对称的选择，若参与人是符合理性经济人假设的，那么他们不会实施惩罚行为。

但 Fehr 和 Gächter（2000）[③] 的实验结论却与此相悖，在他们设计的实验方案中，包括 10 轮不带惩罚和 10 轮带惩罚的公共物品博弈实验，实验结果发现，在带惩罚的轮次中，参与人普遍自愿实施惩罚行为，且实验的捐献水平即合作水平显著提升。而按照理性模型，人们的标准策略是在不带惩罚时捐献为 0，而在惩罚时选择不惩罚，他们的实验数据均推翻了这两个结论。Offerman（2002）[④] 在实验中加入了奖励机制，发现相

---

① Ostrom E.，Walker J.，Gardner R. Covenants with and without a sword：Self-governance is possible. *American Political Science Review*，1992，86（2）：404－417.

② Isaac R. M.，Walker J. M. Communication and free-riding behavior：The voluntary contribution mechanism. *Economic Inquiry*，1988，26（4）：585－608.

③ Fehr E.，Gächter S. Cooperation and punishment in public goods experiments. *American Economic Review*，2000，90（4）：980－994.

④ Offerman T. Hurting hurts more than helping helps. *European Economic Review*，2002，46（8）：1423－1437.

对于惩罚机制，参与人更希望有奖励机制；不过实验结果却表明，奖励机制对提升公共物品合作水平的效应不如惩罚机制明显。

总结来看，不论是最后通牒博弈实验中提议者的分配行为和响应者的拒绝行为、信任博弈实验中参与人的信任行为，还是公共物品博弈实验中参与人的合作行为，在这些实验中，人们的表现都偏离和违背了传统经济人假设下人们被设想会采取的策略和行动。由于现代西方主流财政理论主要运用经济学的分析框架和范式，经济人假设也成为主流财政理论中的一个基本设定，实验经济学的这些发现所证明的经济人假设在现实中的偏颇和出入，自然会引发对主流财政理论正确性、合理性与解释力的质疑。

第三节　社会偏好的理论模型

在实验经济学一系列实验发现的基础上，行为和实验经济学家试图突破传统经济人假设下的经济学模型，构建更为贴近现实从而更具有现实解释力的理论模型，这也使得社会偏好理论更具有学理性，而非仅停留在对自利偏好假设及相关模型的批判上。目前，社会偏好理论已构建起一系列较成熟的经济学模型，根据社会偏好的不同类型，包括基于结果的差异厌恶偏好模型、基于利他的社会福利偏好模型、基于动机的互惠偏好模型等。

一、基于结果的差异厌恶偏好模型

在基于结果的差异厌恶偏好模型中，假设不论对方对参与人是否有善意，参与人只关注结果的公平与否，这就意味着参与人不仅需要关心自身的利益，而且需要关注他人的利益，而且人们有减少他与别人利益差异的动机。当他领先于别人时，他会牺牲自己的利益去帮助别人，而当他落后于别人时，他会做出“帕累托损耗”的行为去损害别人。用效用函数形式可以表达为：$U_i=U_i(\pi_i,\pi_{-i})$，其中 π_i 为参与人 i 自身的利益，而 π_{-i} 为他人的利益。

最为经典的差异厌恶偏好模型是 Fehr 和 Schmidt（1999）① 模型（记为 F&S 模型）以及 Bolton 和 Ockenfels（2000）② 的 ERC 模型。这两个模型非常相似，其主要区别就在于对 π_{-i} 的衡量角度不同。F&S 模型把 π_{-i} 衡量为 $\sum(\pi_i-\pi_j)$，即参与人 i 与所有其他人的收益差异的总和；而 ERC 模型通过 $\pi_i/\sum\pi_j$，即参与人 i 在所有参与人收益

① Fehr E.，Schmidt K. M. A theory of fairness，competition，and cooperation. *The Quarterly Journal of Economics*，1999，114（3）：817－868.

② Bolton G. E.，Ockenfels A. ERC：A theory of equity，reciprocity，and competition. *American Economic Review*，2000，90（1）：166－193.

中的绝对占有比例来测度 π_{-i} 的值，下面分别进行介绍。

Fehr 和 Schmidt（1999）的差异厌恶偏好模型具有一定的代表性，在他们的模型中参与人不仅关心自己的利益，还关心自己的利益与其他人利益之间的差别，他们假设人们因为收益的不均等会伤害他们的效用水平。参与人 i 对社会分配 $X \equiv \{x_1, x_2, \cdots, x_n\}$ 的效用函数为：

$$U_i(x) = x_i - \frac{\alpha_i}{n-1}\sum_{j \neq i} max(x_j - x_i, 0) - \frac{\beta_i}{n-1}\sum_{j \neq i} max(x_i - x_j, 0) \quad (4-3)$$

其中，假设 $\beta_i \leqslant \alpha_i$ 且 $0 \leqslant \beta_i < 1$。

特别地，双人博弈中的具体效用函数给出如下：

$$U_i(x) = x_i - \alpha_i max(x_j - x_i, 0) - \beta_i max(x_i - x_j, 0), \quad i \neq j \quad (4-4)$$

上述两个效用表达式中的第二项均是测量来自劣势不平等时的效用损失，第三项是测量来自优势不平等时的效用损失，$\beta_i \leqslant \alpha_i$ 意味着假设参与人从他的劣势中遭受了更多的不平等；$0 \leqslant \beta_i$ 的限制条件则剔除了喜欢比别人好的参与人，虽然现实中也存在因为追求社会地位或嫉妒心理而产生喜欢比别人好的参与人，即 β_i 也可能小于 0，但作者在这篇文献中指出，$\beta_i < 0$ 这一条件对分析均衡行为并无影响，所以可以不考虑在内；此外，在现实情况中，$\beta_i \geqslant 1$ 不符合参与人的行为逻辑，所以假设条件中规定 $\beta_i < 1$。

给定上述效用函数和参数条件后，不难得出，参与人 i 要最大化自己的效用，条件应该是 $x_j = x_i$，即参与人 i 与其他任何参与人收益无差异时效用达到最大化，也就是，参与人更偏好公平，而厌恶差异。

Bolton 和 Ockenfels（2000）提出了一个与 F&S 模型近似的模型，称为 ERC（equity，reciprocity and competition）模型。他们认为，个人的行为不仅被自身的绝对收益驱使，也为相对收益所激励。另外，Bolton 和 Ockenfels（2000）认为，不完全信息是对真实实验环境的一个不可或缺的刻画条件，因而不同于 F&S 模型基于完全信息的背景，他们的模型是一个不完全信息模型。Bolton 和 Ockenfels（2000）将他们构造的效用函数称为激励函数（motivation function），其形式如下：

$$v_i = v_i(y_i, \sigma_i)$$

其中，y_i 为参与人 i 的绝对收益，$\sigma_i = \sigma_i(y_i, c, n) = \begin{cases} y_i/c, & 若\ c>0 \\ 1/c, & 若\ c=0 \end{cases}$ 为参与人 i 支付的相对份额，$c = \sum_{i=1}^{n} y_i$ 为总金钱收入，n 为参与人的人数。

可见，在 ERC 模型中，参与人会严格地偏好一个等于平均收益值 $1/n$ 的收益，这意味着，不论参与人的起始获得是高于还是低于平均值，他们都会采取行动来使他们获得的份额接近平均值。ERC 模型的主要创新之处在于，它借鉴了社会心理学和社会学中强调的相对物质支付也影响人们行为的视角，不过对公平的判断本身也是基于一种心理判断。

总而言之，不论是F&S模型，还是ERC模型，都反映出处在社会集体中的人们不仅仅关注自身利益，也关心其他社会成员的利益情况，人们并非只追求自身利益最大化，更偏好在自身与其他社会成员之间有更公平的分配结果。

二、基于利他的社会福利偏好模型

利他偏好是指个人的效用不仅仅与自身利益相关，还受其他社会成员所获利益的影响，社会福利偏好是利他偏好的一种具体表现形式。利他偏好的效用函数可以表示为：

$$\frac{\partial u_i(x_1,x_2,\cdots,x_n)}{\partial x_j}>0,\quad j=1,2,\cdots,i-1,i+1,\cdots n \tag{4-5}$$

社会福利偏好则指人们不仅关心自身的利益，还关心社会总福利的大小，特别是社会群体中处于最弱势人群的利益，这实际上是功利主义和罗尔斯主义最大最小化原则正义观的一个体现，这一思想特别是在哲学领域源远流长。从经济学视角看，社会福利偏好作为利他偏好的一种形态，可以更好地解释实验中参与人自我牺牲的行为。

Andreoni和Miller（2002）[①] 设计了一个独裁者博弈实验，充分证明了人们具有社会福利偏好，并说明人们的利他行为并不是不符合理性的。他们首先提出了验证理性行为的一般化的显示偏好原理（generalized axiom of revealed preference），发现实验参与人的行为基本上符合这一原理，即将参与人纳入利他偏好的效用函数是连续、单调的凸函数，因此可以说明他们的行为是理性的。在他们的实验中，独裁者对财富代币进行不同组合的分配，分配完毕后根据不同的转换率，代币可以转换为货币。然后，独裁者博弈实验把参与人分成三组进行，实验结果表明，30%的人具备平均主义倾向，即愿意增进最小支付人的利益，20%的人具备功利主义倾向，即愿意扩大所有参与人的支付总和，50%的人则呈现出完全意义上的自私性。Andreoni和Miller（2002）虽没有正式把这一实验结果和思想转化为理论模型，且实验本身也存在值得探讨的局限性，但他们用实验证明了人们存在的社会福利偏好特点，并尝试将这一影响人们决策和行为的重要心理学特征纳入个人的效用函数中，来修正既有的认为个人只关心自身利益的经济学分析框架，为后来学者们的研究提供了方向和实验经济学基础。

三、基于动机的互惠偏好模型

基于动机的互惠偏好模型由Rabin（1993）[②] 提出。拉宾（Rabin）因对行为经济学

---

① Andreoni J., Miller J. Giving according to GARP: An experimental test of the consistency of preferences for altruism. *Econometrica*, 2002, 70 (2): 737 - 753.

② Rabin M. Incorporating fairness into game theory and economics. *The American Economic Review*, 1993: 1281 - 1302.

的基础理论做出开创性贡献，获得了 2001 年美国经济学会的克拉克奖章。他根据近年来心理学实验的发现，概括出人们普遍表现出互惠互损的行为准则，并定义了公平性（fairness）的概念，即当别人对你友善时你也对别人友善，当别人对你不友善时你也对别人不友善。这样的心理动机在现实中的例子比比皆是。一方面，人们会以善报善，如在公司中，如果一名员工特别忠诚，那么经理可能会觉得有义务更好地对待该员工，即使这样做不符合他的自身利益；再比如人们在干旱期间自愿减少用水量，以及通过许多形式的义务劳动等保护能源以帮助解决能源危机。另一方面，人们也会以恶惩恶，如消费者认为垄断厂商所销售的产品价格不公平，即使该产品对消费者的物质价值大于价格，他们也可能不会去购买，通过不购买的行为，尽管消费者降低了自己的物质福利，但也惩罚了垄断者；在公司中，如果员工认为自己受到公司的不公平对待，可能会表现出怠工行为；罢工工会的成员也可能会长时间罢工，主要是因为他们想惩罚一家他们认为不公平的公司；等等。不过，什么是善，什么是不善呢，拉宾也对这个概念进行了明确的界定，即如果你在损失自己效用（收入、利益等）的情况下增进他人的效用（收入、利益等），就被定义为你对别人友善，如果你在损失自己效用（收入、利益等）的情况下损害别人的效用（收入、利益等），就被定义为你对别人不善。

为具体分析人们生活中广泛存在的这种互惠偏好行为，拉宾开创性地利用吉纳科普洛斯（Geanakoplos）等人的心理博弈框架构建经济学模型。Rabin（1993）模型中的博弈称为心理博弈（psychological games），而不是一般的物质博弈（material games）。在标准的物质博弈模型中，参与人的最优反应函数是一阶信念或对方战略选择的函数，无法刻画意图因素，吉纳科普洛斯等人首次提出心理博弈模型用于分析意图对均衡的影响。在心理博弈中，个人的反应函数不仅取决于对方的战略选择，而且取决于自己的二阶信念。参与人根据自己的信念结构判断对方的意图，进而决定反应战略，所以善意函数的设定是互惠偏好模型的关键。Rabin（1993）构建的双人博弈中参与人 i 的效用函数形式为：

$$U_i(a_i,b_j,c_i)=\pi_i(a_i,b_j)+\widetilde{f}_j(b_j,c_i)[1+f_i(a_i,b_j)] \tag{4-6}$$

其中，a_i 为参与人 i 自身的策略，b_j 为他的信念中参与人 j 会采取的策略，c_i 则是他的信念中参与人 j 认为参与人 i 会采取的策略，$\pi_i(a_i,b_j)$ 是来自物质利益的效用，$\widetilde{f}_j(b_j,c_i)[1+f_i(a_i,b_j)]$ 项则代表公平给参与人带来的效用，其中 $f_i(a_i,b_j)$ 与 $\widetilde{f}_j(b_j,c_i)$ 又分别称为善意函数Ⅰ和善意函数Ⅱ，它们是整个模型设置的关键，下面分别予以阐述。

善意函数构造的核心问题是：如何判断和衡量对方的善意程度。拉宾认为，参与人是通过自己的实际收益与他期望中的公平收益的比较来判断对方是否对他是善意的，进而决定自己的策略。为此，他首先界定了公平收益的计算公式，比如对参与人 j 而言，参与人 i 采取的策略带给他的公平收益（equitable payoff）应该为：

$$\pi_j^e=[\pi_j^h(b_j)+\pi_j^l(b_j)]/2 \tag{4-7}$$

其中，$\pi_j^h(b_j)$是在参与人 i 相信参与人 j 选择策略 b_j 的情况下，在帕累托有效下参与人 j 可能得到的最高收益，而 $\pi_j^l(b_j)$是在帕累托有效下参与人 j 可能得到的最低收益。

再令 $\pi_j^{min}(b_j)$为参与人 j 可能得到的最低收益，那么我们可以得到善意函数Ⅰ：

$$f_i(a_i,b_j)=\frac{\pi_j(b_j,a_i)-\pi_j^e(b_j)}{\pi_j^h(b_j)-\pi_j^{min}(b_j)} \tag{4-8}$$

假定当 $\pi_j^h(b_j)=\pi_j^{min}(b_j)$时，$f_i(a_i,b_j)=0$。

善意函数Ⅰ中 $f_i(a_i,b_j)$是用来衡量参与人 i 对参与人 j 的善意程度的一个指标。当参与人 j 的收益恰好等于他的公平收益即 $\pi_j(b_j,a_i)=\pi_j^e(b_j)$时，有 $f_i(a_i,b_j)=0$；当参与人 j 的收益大于他的公平收益即 $\pi_j(b_j,a_i)>\pi_j^e(b_j)$时，有 $f_i(a_i,b_j)>0$；当参与人 j 的收益小于他的公平收益即 $\pi_j(b_j,a_i)<\pi_j^e(b_j)$时，有 $f_i(a_i,b_j)<0$。

同理，善意函数Ⅱ中 $\tilde{f}_j(b_j,c_i)$用来衡量参与人 i 认为的参与人 j 对参与人 i 的善意程度。其形式如下：

$$\tilde{f}_j(b_j,c_i)=\frac{\pi_i(c_i,b_j)-\pi_i^e(c_i)}{\pi_i^h(c_i)-\pi_i^{min}(c_i)} \tag{4-9}$$

与善意函数Ⅰ相似，式中 $\pi_i^e=[\pi_i^h(c_i)+\pi_i^l(c_i)]/2$ 是对参与人 i 而言参与人 j 采取的策略带给他的公平收益，其中 $\pi_i^h(c_i)$是在参与人 i 相信参与人 j 认为他选择策略 c_i 的情况下，在帕累托有效下参与人 i 可能得到的最高收益，$\pi_i^l(c_i)$是帕累托有效下参与人 i 可能得到的最低收益。

通过构造包含善意函数的效用函数，拉宾将博弈的均衡定义为公平均衡（fairness equilibrium），直觉上，通过对效用函数的分析，我们可以得出参与人的策略均衡，即：（1）当 $\tilde{f}_j(b_j,c_i)<0$ 时，这意味着如果参与人 i 认为参与人 j 对他不友善，那么参与人 i 使自己效用最大化的策略是以怨报怨，也就是 $f_i(a_i,b_j)<0$；（2）当 $\tilde{f}_j(b_j,c_i)>0$ 时，这意味着如果参与人 i 认为参与人 j 对他友善，那么参与人 i 使自己效用最大化的策略是以德报德，也就是 $f_i(a_i,b_j)>0$。

拉宾建立的这个互惠偏好模型的一个明显优点是其具有坚实的心理学基础。心理学的诸多实验证据表明，人的行为在许多情形下是遵循这样定义的互惠公平性规则的，特别是在按照这种规则作出反应所可能造成的潜在物质利益损失不太大的情况下更是如此。但是，该模型局限于两人标准博弈，而且由于该模型并没有对非均衡路径中的信念形成做出设定，应用于序贯博弈时就会产生不合理的均衡。比如，在两人囚徒困境序贯博弈中，第二个人的无条件合作就成为公平均衡的一部分。鉴于上述 Rabin（1993）模型的缺陷，Dufwenberg 和 Kirchsteiger（2004）① 对该模型进行了拓展。他们将拉宾的分析框架延伸到扩展型博弈中。与拉宾有所不同的是，他们定义善意函数为实际支付与

① Dufwenberg M.，Kirchsteiger G. A theory of sequential reciprocity. *Games and Economic Behavior*，2004，47（2）：268－298.

公平支付之间的差异，而不是在最大支付与最小支付范围之间所占的比例，于是参与人 i 对参与人 j 的善意程度为：$f_i(a_i,b_j)=\pi_j(a_i,b_j)-\pi_j^{fair}(b_j)$。其中的公平支付为：$\pi_j^{fair}(b_j)=[\pi_j^{max}(a_i,b_j)+\pi_i^{min}(a_i,b_j)]/2$。他们的效用函数则为：

$$U_i(a_i,b_j,c_i)=\pi_i(a_i,b_j)+Y_i\sum_{j\neq i}f_i(a_i,b_j)\tilde{f}_j(b_j,c_i) \tag{4-10}$$

比较可以看出，Dufwenberg 和 Kirchsteiger（2004）对社会偏好的阐述在三个方面与拉宾不同：首先，他们并没有像拉宾那样考虑善意函数在最大支付与最小支付范围之间所占的比例；其次，其他所有参与人对参与人 i 的善意并没有被直接计入效用函数；最后，把参与人 i 对其他每个人的善意以及参与人 i 从每个人那里接受到的善意的乘积进行了加总。他们证明了存在一个序贯互惠均衡（sequential reciprocity equilibrium），参与人在其中最大化其社会性效用，并且做出的策略与事先的判断是吻合的。他们还指出，运用规范化的善意函数和一个依赖于信念的对有效性的定义，会破坏这种均衡的存在性。

本章习题

一、名词解释

社会偏好　差异厌恶　利他偏好　互惠偏好

二、简答题

1. 简述社会偏好的含义及其对传统经济学理论的突破。

2. 查阅实验经济学文献中反映社会偏好的其他相关实验，理解传统经济学分析的局限性。

本章参考文献

[1] Abbink K., Irlenbusch B., Renner E. The moonlighting game: An experimental study on reciprocity and retribution. *Journal of Economic Behavior & Organization*, 2000, 42 (2): 265 - 277.

[2] Andreoni J., Miller J. Giving according to GARP: An experimental test of the consistency of preferences for altruism. *Econometrica*, 2002, 70 (2): 737 - 753.

[3] Ashraf N., Bohnet I., Piankov N. Decomposing trust and trustworthiness. *Experimental Economics*, 2006, 9 (3): 193 - 208.

[4] Bellemare C., Kröger S. On representative trust. CentER Discussion Paper Series No. 2003 - 47, 2003.

[5] Berg J., Dickhaut J., McCabe K. Trust, reciprocity, and social history. *Games and Economic Behavior*, 1995, 10 (1): 122 - 142.

[6] Bohm P. Estimating demand for public goods: An experiment. *European Economic Review*, 1972, 3 (2): 111 - 130.

[7] Bolton G. E., Ockenfels A. ERC: A theory of equity, reciprocity, and competition. *American Economic Review*, 2000, 90 (1): 166 - 193.

[8] Buchan N. R., Croson R. T. A., Johnson E. J. When do fair beliefs influence bargaining behavior? Experimental bargaining in Japan and the United States. *Journal of Consumer Research*, 2004, 31 (1): 181 - 190.

[9] Buchan N. R., Croson R. T. A., Solnick S. Trust and gender: An examination of behavior and beliefs in the investment game. *Journal of Economic Behavior & Organization*, 2008, 68 (3 - 4): 466 - 476.

[10] Camerer C. F. Progress in behavioral game theory. *Journal of Economic Perspectives*, 1997, 11 (4): 167 - 188.

[11] Cameron L. A. Raising the stakes in the ultimatum game: Experimental evidence from Indonesia. *Economic Inquiry*, 1999, 37 (1): 47 - 59.

[12] Carter J. R., Irons M. D. Are economists different, and if so, why?. *Journal of Economic Perspectives*, 1991, 5 (2): 171 - 177.

[13] Chaudhuri A., Gangadharan L. Gender differences in trust and reciprocity. Department of Economics Working Papers, 2002.

[14] Cox J. C. Trust, reciprocity, and other-regarding preferences: Groups vs. individuals and males vs. females. //*Experimental Business Research*. Boston: Springer, 2002: 331 - 350.

[15] Fehr E., Gächter S. Cooperation and punishment in public goods experiments. *American Economic Review*, 2000, 90 (4): 980 - 994.

[16] Fehr E., Schmidt K. M. A theory of fairness, competition, and cooperation. *The Quarterly Journal of Economics*, 1999, 114 (3): 817 - 868.

[17] Güth W., Schmittberger R., Schwarze B. An experimental analysis of ultimatum bargaining. *Journal of Economic Behavior & Organization*, 1982, 3 (4): 367 - 388.

[18] Henrich J., Boyd R., Bowles S., et al. In search of homo economicus: Behavioral experiments in 15 small-scale societies. *American Economic Review*, 2001, 91 (2): 73 - 78.

[19] Henrich J. Does culture matter in economic behavior? Ultimatum game bargaining among the Machiguenga of the Peruvian Amazon. *American Economic Review*, 2000, 90 (4): 973 - 979.

[20] Isaac R. M., McCue K. F., Plott C. R. Public goods provision in an experimental environment. *Journal of Public Economics*, 1985, 26: 51 - 74.

[21] Isaac R. M., Walker J. M., Thomas S. H. Divergent evidence on free riding: An experimental examination of possible explanations. *Public Choice*, 1984, 43 (2):

113－149.

［22］ Isaac R. M. , Walker J. M. Communication and free-riding behavior: The voluntary contribution mechanism. *Economic Inquiry*, 1988, 26 (4): 585－608.

［23］ Johansson-Stenman O. , Mahmud M. , Martinsson P. Trust and religion: Experimental evidence from rural Bangladesh. *Economica*, 2009, 76 (303): 462－485.

［24］ Kohler S. Difference aversion and surplus concern—an integrated approach. Working Paper, European University Institute, Florence, 2003.

［25］ Marwell G. , Ames R. E. Economists free ride, does anyone else?: Experiments on the provision of public goods, IV. *Journal of Public Economics*, 1981, 15 (3): 295－310.

［26］ Offerman T. Hurting hurts more than helping helps. *European Economic Review*, 2002, 46 (8): 1423－1437.

［27］ Ostrom E. , Walker J. , Gardner R. Covenants with and without a sword: Self-governance is possible. *American Political Science Review*, 1992, 86 (2): 404－417.

［28］ Rabin M. Incorporating fairness into game theory and economics. *The American Economic Review*, 1993: 1281－1302.

［29］ Roth A. E. , Prasnikar V. , Okuno-Fujiwara M. , et al. Bargaining and market behavior in Jerusalem, Ljubljana, Pittsburgh, and Tokyo: An experimental study. *The American Economic Review*, 1991: 1068－1095.

［30］ Slonim R. , Roth A. E. Learning in high stakes ultimatum games: An experiment in the Slovak Republic. *Econometrica*, 1998, 66: 569－596.

［31］ Sutter M. , Kocher M. G. Age and the development of trust and reciprocity. Available at SSRN 480184, 2003.

［32］ 陈叶烽，叶航，汪丁丁. 超越经济人的社会偏好理论：一个基于实验经济学的综述. 南开经济研究，2012 (01): 63－100.

［33］ 陈叶烽. 社会偏好的检验：一个超越经济人的实验研究. 杭州：浙江大学，2010.

［34］ 陈叶烽. 亲社会性行为及其社会偏好的分解. 经济研究，2009，44 (12): 131－144.

［35］ 张元鹏，林大卫. 社会偏好、奖惩机制与公共品的有效供给——基于一种实验方法的研究. 南方经济，2015 (12): 26－39.

第4章 税收遵从之谜

世界上许多国家以税收作为筹集财政收入的主要方式，在税款的征收上，纳税人的遵从则至关重要。1972年，阿林厄姆（Allingham）和桑德莫（Sandmo）在《所得税逃税：一种理论分析》（Income Tax Evasion：A Theoretical Analysis）一文中，对偷逃税问题进行分析，建立A-S模型，认为税务机关的稽查率和罚款率对纳税人的逃税行为有重要影响。然而，后续一些学者的实证研究却发现，现实中的逃税水平比A-S模型预测的要低，这形成了税收遵从之谜。本章第一节首先阐述何为税收遵从；第二节介绍了描述税收遵从行为的经典模型，引出税收遵从之谜；第三节分析介绍除稽查率和罚款率外，其他可能影响人们税收遵从行为的因素。

第一节 税收遵从的基本概念

税收是大部分现代国家筹集财政收入的主要方式，以我国为例，2018年，我国税收收入达到156 401亿元，一般公共预算收入为183 352亿元[①]，税收收入在一般公共预算收入中占比达85.3%。与税收相伴相生的一个重要问题是税收遵从（tax com-

① 2018年财政收支情况．财政部网站，2019-1-23.

pliance）。从广义上看，税收遵从包括了纳税人层面的纳税遵从、政府层面的征税遵从和用税遵从，不过结合实际，最为关注和研究最多的是纳税遵从，所以税收遵从也往往可以等同于纳税遵从的概念。在此意义上，税收遵从可以理解为纳税人按照税法规定正确地履行纳税义务。纳税人在取得应税收入或发生应税行为时，会面临是否申报纳税和是否足额纳税的选择，所以纳税人是否有较好的税收遵从对政府税收收入的筹集至关重要，并进一步影响到政府提供公共物品、进行资源配置、实施宏观调控等职能的发挥。从理论上而言，根据税收遵从或不遵从行为发生的原因，可将税收遵从或不遵从行为分为若干类型，如表 4－1 所示。

表 4－1　税收遵从与不遵从行为类型

类型	简要内容	
税收遵从	防卫性遵从	由税法威慑力量所引起的遵从
	制度性遵从	在制度上消除纳税人违反税法的机会，如预缴制度
	自我服务性遵从	通常指税收筹划
	习惯性遵从	纳税人长期以来养成了遵从税法的习惯
	忠诚性遵从	纳税人认为自己有道德上的义务去支付其应纳税款，若在纳税方面进行欺骗会有犯罪的感觉
	代理性遵从	由会计师代理进行纳税申报
	懒惰性遵从	纳税人由于懒惰不愿全面学习复杂多变的税法，采取最简单的形式申报
税收不遵从	程序性不遵从	纳税人不知道什么时候该申报、填表，没有按程序纳税
	无知性不遵从	纳税人不了解复杂的法规，导致税款支付不足
	懒惰性不遵从	纳税人由于懒惰而没有合法记录经营开支所以不知道哪些所得应纳税
	自私性不遵从	通过财务上的安排有意偷税
	象征性不遵从	在税法中存在不公平，某些纳税人会公开抵制税款支付
	社会性不遵从	偷逃税被人们普遍赞同
	经纪性不遵从	由纳税人从税务代理人处得到错误信息引起
	习惯性不遵从	纳税人建立了固定申报模式，税法变动后依旧遵循该模式，导致不遵从

第二节　税收遵从的经典模型

一、A-S 模型

20 世纪 70 年代以前，关于税收遵从问题有一些零散的研究但并没有形成正式的理论，直到 Allingham 和 Sandmo（1972）在《所得税逃税：一种理论分析》[①] 一文中，以预期效用理论为框架，融入犯罪经济学以及不确定性经济学，建立了 A-S 模型，以理论和实证相结合的手段分析了偷逃税问题，成为公认最早的税收遵从度研究，自此，税收遵从度研究成为一个独立的研究范畴。

1. 模型的基本假设

理性人决策的基础是成本与收益的考量，A-S 模型认为，低报应税收入是纳税人逃税最主要的方式，很明显，低报收入在各国都属于违法行为，征收方会以一定的概率对纳税人的收入情况进行稽查，如果发现纳税人有低报收入的行为就会以高于税率的罚款率惩罚纳税人。因此，纳税人为了获得最高的预期收入，就会根据稽查率、惩罚率等因素决定自己的申报收入，把逃税收入视为风险收益，与原有资产进行组合。A-S 模型的建立有如下基本假设：

（1）纳税人不考虑道德以及社会舆论因素，换句话说，纳税人既不会考虑社会形象的损失，也不会因为逃税而产生负罪感，只以货币收入衡量自己的效用，货币收入越高，效用越大，但边际效用是递减的。

（2）纳税人对稽查率和罚款率有确切的认知，且稽查率是常数，罚款率大于税率，对于被发现以及逃税成功两种情况的收入可以事先精准计算。

（3）实行比例税率，且纳税人是风险厌恶者，逃税和稽查都不会给纳税人带来额外的成本。

（4）各时期决策相互独立，且纳税决策不干扰劳动供给决策。

（5）纳税人以期望收入估计自己的决策收益。

2. 模型分析

在 A-S 模型中，假设 W 为纳税人的实际收入，W 外生给定；税收按比例税率 θ 征收；纳税人选择申报的收入为 X，X 是这个模型中纳税人需要进行决策的变量；税务机关的稽查率为 p，也就是若纳税人申报收入与其实际收入不符，将有 p 的概率被税务机关发现；被发现后，纳税人需要就未申报的收入部分，即 $W-X$ 补交罚款，罚款率为 π，并且 π 高于税率 θ。则纳税人的最终收入有两种可能：

（1）逃税未被发现情况下的收入为：

$$W-\theta X \tag{4-1}$$

（2）逃税但被稽查发现情况下的收入为：

$$W-\theta X-\pi(W-X) \tag{4-2}$$

则纳税人的预期效用函数为：

$$E[U]=(1-p)U(W-\theta X)+pU[W-\theta X-\pi(W-X)] \tag{4-3}$$

① Allingham M. G., Sandmo A. Income tax evasion: A theoretical analysis. *Journal of Public Economics*, 1972, 1 (3-4): 323-338.

纳税人要选择申报多少收入 X，以使自己的预期效用 $E[U]$ 达到最大化。一阶条件为：

$$\frac{\partial E[U]}{\partial X}=\theta(p-1)U'(W-\theta X)+(\pi-\theta)pU'[W-\theta X-\pi(W-X)] \tag{4-4}$$

当 $\frac{\partial E[U]}{\partial X}=0$ 时，可以得出使纳税人预期效用最大化的条件，以及申报收入的最优解 X^*。

3. 模型的结论

(1) 纳税人申报的收入 X 与稽查率 p 呈正相关，也就是在其他条件不变的情况下，纳税人通过少申报收入来偷逃税被稽查到的概率越大，其申报的收入就越接近其真实收入水平。

(2) 纳税人申报的收入 X 与罚款率 π 也呈正相关，在其他条件不变的情况下，税务机关对纳税人偷逃税行为处罚力度越大，纳税人低报的收入就越少。

(3) 纳税人的真实收入 W 对其申报收入 X 的影响难以通过该模型判断，需要增加纳税人对风险的态度假设。

(4) 税率 θ 对纳税人申报收入 X 的影响也难以依据该模型做出一般性的确定，税率的变化会同时出现收入效应和替代效应，两个效应的作用力相反，无法通过模型判断谁大谁小。如果模型增加纳税人绝对风险回避度递增的假设，就可以得出税率 θ 与申报收入 X 呈反方向变化的结论。

二、税收遵从之谜

依据基于预期效用理论的 A-S 模型，我们可以将现实中的税务机关稽查率、税率和罚款率代入其中，计算出纳税人的税收遵从度，并与现实生活中纳税人的实际遵从度相比较。在 A-S 模型中，θ 为税率，π 为对逃税的罚款率，p 为稽查率。我们令 $W-\theta X$ 为 I_1，$W-\theta X-\pi(W-X)$ 为 I_2。假设纳税人效用函数的具体形式为 $I_i^{1-\varepsilon}/(1-\varepsilon)$①，其中，$\varepsilon$ 为纳税人的风险规避系数，函数下标 i 取值为 1 或 2，即表示纳税人收入的两种情形。同时假设税率 θ 为 0.4，逃税的罚款率 π 为 2，稽查率 p 为 0.2。将效用函数和各参数的值代入上述 A-S 模型中，可以得到：

当 $\varepsilon=1$ 时，纳税人的最优申报额将为 0；

当 $\varepsilon=3$ 时，纳税人的最优申报额占其真实收入的比例为 14%，即纳税人的税收遵从度为 14%；

当 $\varepsilon=5$ 时，纳税人的最优申报额占其真实收入的比例为 44%，即税收遵从度

① Bernasconi M. Tax evasion and orders of risk aversion. *Journal of Public Economics*, 1998, 67 (1): 123-134.

为 44%；

当 $\varepsilon=10$ 时，纳税人的最优申报额占其真实收入的比例为 71%，即税收遵从度为 71%。

若要纳税人的税收遵从度超过 90%，则需要 $\varepsilon>30$。可见，根据 A-S 模型的分析和预测，纳税人的税收遵从度很低，绝大多数人都会逃税。但事实上，美国的个人所得税征收中的各项参数值比上述假设的值还要小，平均税务稽查率小于 1%，对欺诈性偷逃税的罚款比例大约占偷逃税总额的 75%，对非欺诈性偷逃税的惩罚更轻。[①] 也就是，如果基于预期效用最大化的 A-S 模型适用的话，那么根据其计算出来的结果，逃税应该是一种十分普遍的现象。但现实是，各个经济社会中的税收遵从度远高于理论计算值，大规模的税收不遵从行为是很难看到的。如 Bernasconi（1998）对大多数国家进行实证分析，发现在大多数国家的财税体制下，纳税人偷逃税款的预期回报率为 75%～99%，远远大于 0，而根据 A-S 模型，只要纳税人逃税的预期回报为正，在追求效用最大化假设下，理性的纳税人总会选择低报收入进行逃税，这与现实中观察到的现象并不相符。Alm 等（1992）也发现，即使美国的税务稽查率和对逃税的罚款率都较低，大多数纳税人也会选择依法纳税。A-S 模型对纳税人偷逃税行为和税收遵从度的理论预测值与现实的偏离，尤其是其会过高预测纳税人的税收不遵从程度，形成了税收遵从之谜。

第三节　影响税收遵从的其他因素

根据 A-S 模型，要想提高纳税人的税收遵从度，减少偷逃税行为，税务机关就只有通过提高税务稽查率和对逃税的罚款率，才能增加纳税人不遵从的成本或减少纳税人不遵从的收益，但出于征税成本的考虑，提高稽查率会大大增加征税成本，税收作为筹集财政收入的主要手段，提高征税效率，也就是以较低的征管成本筹集到收入更为重要，因而为提高纳税人的税收遵从度而大幅提高税务机关稽查率和罚款率的选项也不太可行。另外，A-S 模型主要从经济学理论的角度分析纳税人的税收遵从行为，即理性纳税人如何在将税收纳入效用框架时实现自身效用最大化，而当稽查率和罚款率过高时，纳税人是否会有强征暴敛的感觉，导致纳税人的逆反心理，反而加剧税收不遵从？也就是说，税收遵从可能还受到许多非经济因素的影响。在阿林厄姆和桑德莫对纳税人偷逃税和税收不遵从做出开创性贡献及衍生税收遵从之谜后，很多学者开始研究非经济因素对税收遵从的影响。

例如，Trivedi 等（2003）在控制其他人口特征因素的条件下，通过实验室实验测试了道德推理、价值取向、风险偏好三个纳税人个人因素和是否存在稽查、税制公平、

① Alm J., McClelland G. H., Schulze W. D. Why do people pay taxes?. *Journal of Public Economics*, 1992, 48 (1): 21－38.

同行的申报行为三个情境因素对纳税人税收遵从的影响。协方差分析表明，所有这些因素都会显著且稳健地影响税收遵从行为。[①] Adams 和 Webley（2001）对影响增值税依法纳税的各项因素进行调查分析，发现与所得税税收遵从类似，公平和惩罚都是影响增值税纳税人税收遵从的重要因素。并且，不同增值税纳税人对增值税的看法不同，有的认为增值税是属于商户（自己）的，有的认为增值税是属于税务机关的，而这种不同心理看法也会对他们的遵从行为产生重要影响。[②] Kirchler 等（2003）提出，尽管在经济学的分析上逃税（tax evasion）和避税（tax avoidance）都是纳税人出于减少税收负担考虑，且最终都使税收收入减少，但这两个不同概念除了在法律上的区别之外，社会公众对二者的道德认知也不同。他们调查发现，许多人认为逃税是一个具有消极意义的概念，而避税是一个具有积极意义的概念，这种对税收概念不同的道德认知也是影响社会税收遵从行为的重要因素。[③] Chung 和 Trivedi（2003）认为与税务稽查和对低报收入进行罚款等威慑性措施相比，对纳税人进行友好劝说（friendly persuasion）可能是更具成本有效性的提高纳税人税收遵从度的方法。为实证探讨友好劝说对税收遵从行为的作用，并区分不同性别的效应，他们设计了一个 2（友好劝说组和控制组）×2（男性和女性）的完全析因实验，实验先要求友好劝说一组的参与人写出并读出他们会完全遵从的一系列理由，然后要求两组参与人说出他们的申报收入和缴纳的所得税。结果显示性别和是否友好劝说的相互作用对纳税人申报个人所得具有显著影响，并且在友好劝说组的女性申报的个人所得明显高于该组的男性。[④]

另外，情绪作为心理学的重要概念在受到认知科学日益重视的同时，也引起了税收遵从研究者们的注意。Murphy（2003，2005）进行的长期调查数据分析发现，一些纳税人为了减轻税收负担会少交税，但事实上他们也不清楚自己的行为是属于合法的税收筹划还是利用税法漏洞进行的违法逃税，这时，如果税务机关采取强迫或威慑手段以希望提高纳税人的税收遵从度，却可能导致纳税人对税务机关权力的合法性产生质疑，认为税务机关的处理不公平，从而适得其反，进一步对纳税人的税收遵从产生影响。[⑤] Cebula（2001）基于美国 1975—1997 年的实际数据，对影响总的所得税偷逃程度的因素进行了综合分析，发现所得税偷逃程度与公众对政府不满情绪的强烈程度呈显著的正

---

① Trivedi V. U., Shehata M., Lynn B. Impact of personal and situational factors on taxpayer compliance: An experimental analysis. *Journal of Business Ethics*, 2003, 47 (3): 175 - 197.

② Adams C., Webley P. Small business owners' attitudes on VAT compliance in the UK. *Journal of Economic Psychology*, 2001, 22 (2): 195 - 216.

③ Kirchler E., Maciejovsky B., Schneider F. Everyday representations of tax avoidance, tax evasion, and tax flight: Do legal differences matter?. *Journal of Economic Psychology*, 2003, 24 (4): 535 - 553.

④ Chung J., Trivedi V. U. The effect of friendly persuasion and gender on tax compliance behavior. *Journal of Business Ethics*, 2003, 47 (2): 133 - 145.

⑤ Murphy K. Procedural justice and tax compliance. *Australian Journal of Social Issues* (Australian Council of Social Service), 2003, 38 (3); Murphy K. Regulating more effectively: The relationship between procedural justice, legitimacy, and tax non-compliance. *Journal of Law and Society*, 2005, 32 (4): 562 - 589.

相关关系。[①] Feld 和 Frey（2007）认为税收遵从超越了传统的威慑理论模型（即 A-S 模型）中的分析，是一种心理税收契约，这个契约建立在纳税人与政府之间，而且心理情绪在两者间的互动中至关重要。纳税人向政府奉献税收收入，政府利用收入向纳税人提供公共物品，这种财政交换范式如果得到很好的坚持，纳税人会提高税收遵从度。而就算纳税人没有享受到与他们所交的税收收入对等的公共物品，只要他们认为政府的政治过程是公平、合法的，他们也会诚实地申报个人收入，按章纳税。另外，研究还发现，税务机关在税务稽查过程中，若对纳税人友好相待（friendly treatment），也有利于提高纳税人的税收遵从度。[②]

可见，纳税人的税收遵从除了经济因素外，还受到性别等自然属性、税收道德认知、税法的公平、税务机关的态度、心理情绪等诸多非经济因素的影响，下面进一步分类进行详细讨论。

一、税制因素

1. 税法公平性

税法对纳税人的纳税义务作出了规定，纳税人对税法的认同度会影响其是否愿意依照税法规定纳税，纳税人对税法的认同度在很大程度上取决于税法的公平性。税法公平性包括横向公平与纵向公平，横向公平是指对经济条件相同的纳税人应征收相同的税款，纵向公平则是指对经济条件不同的纳税人应根据其不同条件征收不同数额的税款，从而体现税法制定设计中的平等课征、量能负担的原则。随着纳税人法律知识和意识以及对公平性的要求提高，其对不公平性的容忍度也在下降。如果纳税人觉得税法有失公平且自己受到了不公平的待遇，纳税人对税法的认同度就会降低，进而遵守税法的意愿降低，税收遵从度也随之降低。并且，对税法公平性的认知和判断更多地体现在心理和情感因素上，即使纳税人没有充分的证据认为税法就是有失公平，当其认为自己受到了不公平待遇或听到负面消息时，都可能对税法公平性产生怀疑，而在情感的驱动下不按照税法规定纳税，产生偷逃税行为。

2. 税法合理性

除了税法的公平性，纳税人对税法合理性的判断也会影响其纳税决策，对税法合理性的考虑包括诸多方面，下面主要从税法的复杂程度、税负是否过重及税负结构是否合理三个方面进行分析。

（1）税法的复杂程度。

在传统经济学的分析框架中，对理性的纳税人而言，纳税决策也是一项需要权衡收

---

① Cebula R. J. Impact of income-detection technology and other factors on aggregate income tax evasion: The case of the United States. *PSL Quarterly Review*, 2001, 54 (219).

② Feld L. P., Frey B. S. Tax compliance as the result of a psychological tax contract: The role of incentives and responsive regulation. *Law & Policy*, 2007, 29 (1): 102 - 120.

益和成本的决策。从成本角度来看，税收是纳税人已获得的经济利益的流出，本身就是一项成本，而传统经济学也进一步考虑到了纳税人的税收遵从成本，即纳税人在缴纳税款过程中所需要付出的额外成本，侧重于可衡量或可估算的例如熟悉税法、填报纳税申报表的时间成本，寻找纳税代理人帮助其纳税所付出的经济成本等。不过，心理成本可能也是纳税人税收遵从成本的重要组成部分。如果税法设计过于复杂，一方面，纳税人可能无法看懂或理解税法，导致非自觉地少缴纳税款或不缴纳税款行为；或者纳税人需要付出更多的时间成本去读懂税法，花费更多精力填报纳税申报表，或者使用更多金钱寻找具有更高报税技术水平的代理机构报税，为权衡这项增加的税收遵从的经济成本，纳税人可能更多地寻求避税措施甚至逃税措施以维持自身收益。另一方面，税法复杂程度增加可能使纳税人出现厌烦情绪，如果没有适时的相匹配的纳税服务帮助纳税人报税，纳税人耐心理解税法而依法缴税的意愿会进一步降低，在税法设计的复杂程度增加时，这种心理成本可能会使纳税人更多地采取偷逃税行为，降低税收遵从度。

（2）税负是否过重。

税负是否过重对纳税人的偷逃税行为和税收遵从度的影响较好理解，税收具有的直接无偿性往往使纳税人认为税收是在法律义务强制下的经济利益净流出，因此若税收负担较重，即纳税人需上缴的税款占据其收入的相当部分，纳税人往往有较强动机进行偷逃税，以减轻税负。诸多历史实证研究和财政理论都表明，政府的财政支出规模呈不断扩大趋势，扩大的财政支出必然要求更多的税收收入予以支撑，但增加税收的政策往往会受到来自纳税人的强烈反对，尤其在多党制制度中，为争取选民选票、获得执政地位，政党往往避免采取增税政策甚至采取进一步减税政策以赢得选民支持，这也是美国等国财政赤字规模不断扩大的重要原因。不过，税负是否过重也不能简单地以所需缴纳的税收收入占全部收入的比重高低来衡量，还需看政府是否充分利用这笔税收收入为民众提供了相匹配的公共服务，如北欧高福利国家，尽管税收收入占比高，名义税负高，但包括纳税人在内的民众相应地享受到了高水平的福利等社会公共服务，所以并不会有不堪重负的感觉。此外，既往的一些理论认为税收是拔鹅毛的艺术，鹅毛肯定要拔，高水平的表现是既把鹅毛拔下来，又不让鹅叫唤，或者少叫唤。但随着纳税人对税收相关知识掌握水平的提高、对信息公开透明的要求提高，这种试图通过“拔鹅毛不让鹅叫”艺术隐性增加纳税人税负的方式可行性必然大大降低，甚至会使纳税人对税务机关形成负面印象，恶化纳税人与税务机关之间的关系，进一步影响纳税人税收遵从度的提高。

（3）税负结构是否合理。

即使一个纳税人需要缴纳的总税额一定，但因为纳税人对其不同收入或财产的看法不同，不同的税负结构也可能对纳税人的纳税决策产生影响。我们引入行为经济学中禀赋效应的概念和理论，来更好地说明不同税负结构对税收遵从度的可能影响。

①禀赋效应。

传统经济理论认为，人们为获得某商品愿意付出的价格和失去已经拥有的同样的商品所要求的补偿没有区别，即自己作为买者或卖者的身份不会影响自己对商品的价值评估，但禀赋效应理论否认了这一观点。禀赋效应（endowment effect）是指人们一旦拥有某样物品，那么他对该物品的价值评价就要比未拥有之前大大增加。个体不愿意放弃自己已经拥有的东西，所以当他打算卖掉他的东西时，要价会高于对完全同质物品的买价，也就是说，由于物品的所有权归属不同，个体处于买者或卖者的身份不同，其对于一个物品愿意支付的买价（willingness to pay，WTP）和愿意接受的卖价（willingness to accept，WTA）会产生差异。对禀赋效应产生的原因有很多解释，有的认为是损失厌恶，即在交易过程中损失给个体带来的感觉要比获得给个体带来的感觉更加强烈，因此，买卖双方的报价会产生较大差异；有的认为是安于现状偏差，即个体在决策时会保持过去或者当前选择的一种倾向，如果没有足够的利益导向，个体将不愿轻易改变现状。卡尼曼和塞勒在1990年做了一组实验，他们将实验对象随机分为数量相等的两组，向其中一组发放了咖啡杯，没有向另一组发放任何物品。然后要求拿到咖啡杯的一组说出他们愿意出售咖啡杯的最低价格，对于没有拿到咖啡杯的另一组，则要求他们说出愿意购买咖啡杯的最高价格。从理性人的角度出发，有咖啡杯一组报出的卖价与没有咖啡杯一组报出的买价之间应当没有较大的差异，但实验结果却显示，两组出价的差异很大，卖价的中值为5.79美元，而买价的中值为2.25美元，比率超过了2∶1，这表明禀赋效应是真实存在的。进一步地，禀赋效应发挥的程度也会不同。在上述实验中，如果咖啡杯是由亲人挚友赠送的，那么这个咖啡杯还具有一定的纪念意义，其出价将远远高于5.79美元，但如果咖啡杯只是咖啡杯商人手里的一个普通杯子，其出价又会低于5.79美元。因此，在确定禀赋效应存在的基础上，还需要进一步研究可能影响禀赋效应发挥程度的因素。如物品的用途、来源等属性不同，禀赋效应的强弱也不同。一般来说，物品的用途分为交易用途、使用用途、收藏用途，其禀赋效应发挥的程度相应地由弱至强依次递增，即在禀赋效应的发挥上，交易用途物品＜使用用途物品＜收藏用途物品。另外，物品获得的来源不同也会在很大程度上影响禀赋效应的强弱，如果把物品获得的来源分为偶然获得、继承获得、努力获得，其禀赋效应发挥程度的大小亦是由弱至强依次递增，即偶然获得＜继承获得＜努力获得。

②禀赋效应的启示。

根据前述禀赋效应的思想，正如实验中拿到咖啡杯的一组对自己拥有的咖啡杯赋予了更高的价值估计，人们对自己拥有的财产赋予的价值会高于其他人估计的价值，当财产所有人的财产面临损失时，其所要求补偿的利益会高于其他人的估计。对纳税人而言，上缴的税收是自己收入或财产的流出，也是一种财产损失，而纳税人对这部分本为自己所有的财产可能会要求高于征税方估计值的回报。由于禀赋效应的存在，纳税人因纳税而产生的效用损失绝不仅仅包括应纳税额所代表的货币损失，还包括前面所说愿意接受的卖价和愿意支付的买价（即WTA－WTP）的差额部分。而且如果纳税人对自身财产越重视，禀赋效应就越强，若得不到符合自身预期的回报，纳税人的税收遵从度可能因此而降低，征税难度也会越大。而随着产权意识等的提高，正如我们在历史进程及与之相伴的思想中看到的，纳税人对私有财产保护的意识也会越来越强。

另外，如前所述，物品由于来源、用途等的不同，会对禀赋效应强弱的发挥产生影响。类似地，财产也要区分不同性质，不同的财产面临损失时，拥有财产的个体的心理感受及所要求的补偿也有很大的差异。从用途看，个体对于用于交易的财产的禀赋效应较低。满足自身使用用途的财产可以进一步划分为个体用于基本生活的财产和用于奢侈类消费的财产，由于基本生活用途财产关乎满足个体的基本生存和生活需要，个体对其损失的厌恶会更强，禀赋效应也会更强，而奢侈用途的财产对个体而言不是生活必需品，个体的禀赋效应会较弱。收藏用途的财产可以划分为希望借其获得进一步收益的财产和出于感情或精神因素而收藏的财产，对用于满足个体收益性需求的财产可以视其为另一种交易用途的财产，个体的禀赋效应也与对待交易用途的财产类似，而寄托了纳税人感情或精神需求的财产对个体具有特别的意义，纳税人的禀赋效应会较高甚至很高。从财产来源看，偶然获得的财产像“天上掉馅饼”，个体对其的禀赋效应较低；继承所得的财产虽不是意外之财，但也并非个体花费很多精力和心血所获，禀赋效应应该也不会过高；而个体通过自身辛苦努力获得的财产，得到殊为不易，个体对其的禀赋效应也会较高。

考虑到禀赋效应，在税制设计过程中，也要考虑对不同性质财产征收适当税率，对禀赋效应较高的财产，适用低税率，对禀赋效应较低的财产则可以按较高的税率征收，使纳税人面临的税负结构更为合理，减少纳税人因禀赋效应的存在而对纳税产生的损失感和抵触情绪。具体来说，从纳税人所拥有的财产用途方面考虑，对交易用途的财产可以适用较高的税率；对使用用途的财产应进一步区分基本生活用途和奢侈用途，前者适用较低的税率，后者适用较高的税率；对收藏用途的财产也应区分收益性和精神性，前者是变相的交易用途，应适用较高的税率，后者因精神寄托而存在很高的禀赋效应，应适用低税率或是免税。从纳税人所拥有财产的来源考虑，偶然获得的财产，纳税人一般可以接受较高的税率，因其偶然性，提高税率不会对纳税人的决策产生影响，破坏税收中性；纳税人继承获得的财产，即使面对较高的税率，纳税人也不会产生过高的损失感，可以对其进行征税，甚至是重税，这样还有利于缩小代际财富传递形成的不平等，促进社会成员起点公平，并鼓励勤劳致富的社会风气；对纳税人付出大量努力获得的财产，纳税人在取得过程中会经历相对痛苦的时期，对这部分财产看得很重，应当适用较低的税率。

税法的设计要兼顾效率与公平，这部分以禀赋效应理论的视角对税法设计进行分析，是不违背效率以及公平原则的，充分考虑禀赋效应的存在甚至有利于公平的实现，扩充公平原则的内容。在效率上，税收要筹集足够的财政收入，在总税负一定的情况下，合理地安排税收分布，可以降低纳税人因纳税而损失的总效用，进而增强纳税意愿，提高税收遵从度。在公平上，禀赋效应越高，说明纳税人对这部分财产看得越重，我们知道，纳税人对倾向于满足基本生活需求的财产看得很重，而对于满足基本需求以外的财产看得相对较轻。对于前者，以财产来源为例，一般通过努力获得的财产对应的纳税人多是收入较低的阶层，对努力获得的财产征低税恰恰照顾了这个人群，调节了收入分配，促进了公平。

二、税收征管因素

税收征管是税收收入取得过程中至关重要的环节，它直接关系到如何将纳税人的一部分收入作为税收集中到政府手中，以及如何有效地将税收筹集上来。合理的税收征管策略可以在很大程度上促进税款的征缴，科学有效的税收征管途径或方法也有利于提高税收遵从度。对于纳税人来说，税收首先意味着要将一部分收入交给政府，换言之，纳税人第一时间面临的是损失。所有的行为人都是厌恶损失的，出于规避损失的动机，纳税人倾向于偷逃税，且损失感越强，偷逃税的可能性越大。因此，提高纳税人税收遵从度的重要抓手是要降低纳税人缴纳税款时的损失感。如何降低纳税人的损失感呢？一种方法是提高补偿，即政府通过提高税收使用效率，反映公众需要，合理安排财政支出，提供高水平高质量的公共服务，使纳税人认为缴纳的税款有所值。另外，损失感主要是纳税人除了税收所代表的自身经济利益流出之外的内心感受，因而另一种方法则是可以通过合理的征管设计，减轻纳税人在缴纳税款过程中的负面心理感受。在税收征管方面，我们从税收宣传、激励制度和预缴制度三个方面进行分析，看看税收征管可能如何影响纳税人的税收遵从度。科学的税收宣传方式以及有效的激励制度可以让纳税人觉得自己的损失得到一定程度的弥补，预缴制度可以改变纳税人判断损失收益的参照点，削弱损失本身的感觉。按照这样的思路，这部分用行为经济学理论从税收宣传、激励制度和预缴制度三个方面分析讨论影响税收遵从度的因素，找到提高税收遵从度的方法。

1. 税收宣传

在传统的税收理论和目前的大部分教科书中，税收都被论述为具有强制性、无偿性和固定性三个特征，税收被解释为国家凭借其政治权力强制性向公民征收以参与社会分配、取得财政收入的手段，这种思想也已经根深蒂固于人们的意识当中。这种观点本身的意图在于强调公民应尽的纳税义务，但在现实生活中却使公民产生了纳税只是必需的义务履行而没有享有相应权利的错觉，导致人们倾向于仅仅将税收当成一种损失。从宏观的角度看，政府向公民征税的同时，也向社会提供公共物品，换句话说，税收是有偿的，或只是具有直接无偿性的特征。因此，政府在征税的过程中，应当突出税收的有偿性，而不是无偿性。在税收宣传中，若过分地强调税收的无偿性会强化纳税人认为需要承担的义务，而掩盖或淡化了纳税人事实上在享受公共物品时获得的缴纳税款的利益补偿，致使纳税人错误地认为自己的利益遭到了侵犯和不公平待遇，潜意识地产生对税收的抵触情绪，结果，税收宣传不仅没有增加纳税人履行纳税义务的“心甘情愿”，反而可能加剧纳税人对税收的不理解和不遵从行为。

行为经济学中的框架效应（framing effects）理论对税收宣传具有很强的借鉴意义，可以为税收宣传的实际工作提供有益的指导。框架效应，又称文字表述效应，是指对一个客观上或本质上相同的问题，由于具体表述的不同，会导致人们做出不同的决策判断。例如，一种物品的单价是 1 000 元，运输费是 100 元，可以进行两种不同的表述：一种表述是“该物品单价 1 000 元，运输费 100 元”，一种表述是“该物品单价 1 100 元，可以送货上门，无须送货上门可退款 100 元”。从理性人的角度看，两种定价方式没有实质性差异，但在现实生活中，消费者往往对第二种表述有更多的好感而更愿意购买该商品，所以商家在宣传该商品时，采用第二种表述会更为成功。在税收领域也是如此，税收宣传中的表述在很大程度上会影响纳税人对税收的认知和判断。在西方发达国家，公民纳税意愿和自觉度较高，很大程度上也是因为纳税人对税收有偿的认识更为全面和深入，他们将自己向政府缴纳的税款与享有的由政府提供的公共物品和服务挂钩，甚至将税收当成是公共物品的价格，而民众在公共领域参与度的提高，民主意识的增强又能进一步加强这种思维倾向。当纳税人明确了解了自己所缴纳税款的用途、使用方向时，也就对缴纳税款所带来的回报有更直接的认识，也会更加自愿、自觉地缴纳税款，提高税收遵从度。

专栏 4-1

澳大利亚向纳税人发感谢信

很多国家的公民纳税后并不会像在商场消费一样得到收据。但 2013 年 9 月 25 日，据澳大利亚新闻报道，新上任的澳大利亚财政部长乔·霍基（Joe Hockey）提出要对此作出改革。他最先下达的命令之一，就是要求澳大利亚税务局从第二年起给纳税人寄去一份个人化的详细收据，感谢纳税人所缴纳的税款，并详细列明他们所缴纳的税款被用到了哪里。这张收据单将列明每位纳税人所缴纳的税款中有多少被花到了社会福利、卫生医疗、教育和其他领域上。政府的总债务水平也将被列示出来，并被平均到每一位纳税人身上。“澳大利亚政府感谢您纳税。”这张收据将会这样写。

资料来源：澳财长要求政府收税后应向纳税人致“感谢信”. 环球网，2013-9-25.

2. 税收征管过程中的激励制度

运用经济学的分析方法，我们知道物质激励会直接提高个体的效用，从而对个体的相应决策和行为起到鼓励作用。而根据行为经济学的理论，纳税人作为社会的一员，不仅仅追求经济利益，也注重社会认同感等精神需求的满足。政府在税收征管过程中，为提高税收遵从度，除了采取惩罚偷逃税行为等威慑性的措施，正向激励也很重要，应做到赏罚分明。正向激励可以是物质激励，也可以是精神激励。物质激励可以根据直接给予对象分为两种，一种是针对纳税人的，一种是针对消费者的。前者是政府给予纳税人的直接补偿，即可以对坚持依法足额纳税的纳税人给予一定物质奖励，纳税人会将其当作收益看待，为了不失去这份属于自己的收益，纳税人在下一次纳税决策时会倾向于继续足额申报。后者是政府为促使消费者代为监督纳税人而给予的一种奖励，例如有奖发票，当这种激励较为常见时，消费者会将其当成自己的收益，消费者对商家不给发票的行为变得更为敏感，从而会促进纳税人的税收遵从行为。当政府给予依法纳税的纳税人精神激励时，会促进纳税人精神需求的满足，这种满足感可以在很大程度上补偿纳税人因纳税而产生的损失，使得损失感降低，进而提高其税收遵从度。

3. 税收预缴制度

税收预缴制度是税收征管的一种方式，是指纳税人预先缴纳一定数额的税款，到期核定税款后，再行结算，办理多退少补手续。为了更好地说明税收预缴制度对税收遵从的影响，这部分首先介绍行为经济学中的前景理论，其次基于前景理论解释预缴制度对纳税人纳税决策从而对税收遵从度的影响。

前景理论（prospect theory）是行为经济学中较为成熟的理论，有着自成体系的理论框架。前景理论的核心思想是认为个体的决策过程主要是由价值函数（value function）和决策权重函数（decision weighting function）共同决定，这也是其与预期效用理论的主要区别。根据预期效用理论，经济主体的效用水平取决于其获得的最终财富水平，然而，在前景理论提出的价值函数中，经济主体的效用水平取决于财富的变化量，是根据参照点来确定收益和损失的。价值函数如图 4-1 所示，在参照点处的经济主体的价值函数值为 0，当经济主体获得的财富值大于该参照点时对经济主体来说就是收益，反之，当其财富值小于参照点时，对经济主体来说就意味着损失，损失还是收益依赖于经济主体对参照点的选择。

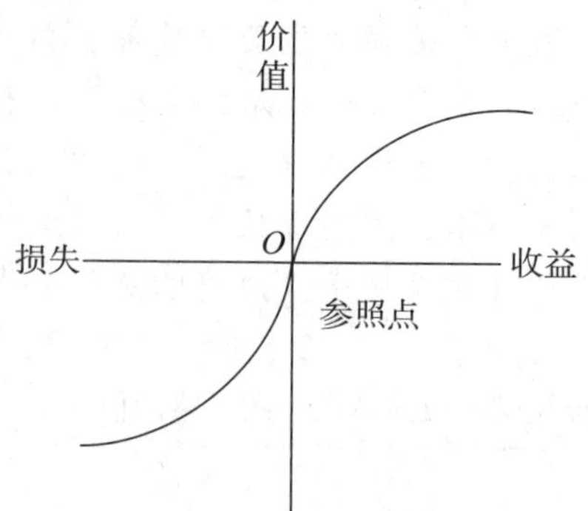

图 4-1　前景理论提出的价值函数

卡尼曼（Kahneman）认为，价值函数有以下三个主要特征：第一，价值函数取决于决策主体主观感觉到的损失与收益，而不是客观的损失与收益；第二，价值函数的形状呈现个体差异性，但多数表现为特殊的 S 形，价值函数曲线在参照点的上方是凹的，表明经济主体在收益区间是风险厌恶的，在参照点的下方是凸的，表明经济主体在损失区间是风险偏好的；第三，损失区间的曲线相比收益区间的曲线而言更加陡峭，在向两端发展时，效用函数的曲线趋于平坦，表明经济主体的敏感度递减。整体图像在 O 处有一个拐点，在拐点附近，损失区间的曲线要比收益部分的曲线陡峭，表明对于经济主体来说，一定数量的损失带来的负效用要高于同等收益带来的正效用，这就是所谓的损失厌恶。此外，根据预期效用理论，经济主体面对未来发生的各种可能情况，会以各种可能结果发生的客观概率在决策中赋予其不同的权重。然而，在前景理论的决策权重函数中，经济主体在决策时会对各种可能发生的客观情况进行主观判断，形成因人而异的决策权重函数，也就是说，经济主体以主观的权重函数而非客观概率估计未来值进行决策。并且，经济主体倾向于低估大概率事件和高估小概率事件，大概率事件被赋予的决策权重往往低于其客观概率值，而小概率事件往往被赋予高于其客观概率的决策权重。

概括而言，前景理论有三个基本理论观点。一是损失厌恶，即人们对损失比对收益更敏感。财富损失使经济主体产生的痛苦与等量财富增加使其产生的快乐不相等，且前者大于后者。比如现实中我们可以观察到，人们丢失 100 元产生的痛苦程度要比捡到 100 元产生的快乐程度高很多。第二个理论观点是参照依赖，即经济主体获得和损失的感觉不是根据绝对的收益和损失而定的，而是相对于经济主体主观上的参照点而言的。例如，一只股票 900 元时买入，1 000 元时卖掉，之后该股票跌至 800 元，这时的收益不是简单的 100 元（＝1 000－900），经济主体会产生这样的感觉：“还好卖掉了，不然要亏 100 元，现在赚了 100 元，我的决策让我赚了 200 元。”此时，其收益的参照点不是 900 元，而是 800 元。三是确定性效应，经济主体在面对收益前景时更加倾向于风险厌恶，在面对损失前景时更倾向于风险偏好，即经济主体对获取收益的前景要求更高的确定性。相关实验显示，若让实验参与人在下述两种可能的结果中进行选择，一种是以 80％的概率获得 4 000 元，另一种是以 100％的概率获得 3 000 元。根据参与人拥有理性经济人的预期效用理论，前一种情况下决策者的预期收益为 3 200 元（＝4 000×80％），比后一种情况下可以获得的预期收益 3 000 元（＝3 000×100％）高，因此理性的决策者应该会选择 A。但是实验结果正好相反，大多数实验参与人选择了第二种情况。若选项变为“以 80％的概率损失 4 000 元”和“以 100％的概率损失 3 000 元”时，参与人则更多选择接受前一种情况。这表明人们在面对收益时的风险厌恶和面对损失时的风险偏好的不同态度。

根据前景理论，纳税人在缴纳税款时的感受并不是完全依照客观真实的收益或损失评判产生的，而是反映出参照依赖，并且在与参照点比较时，纳税人对损失的厌恶感要强于得到同等数额收益的获得感。根据众多研究，在税收预缴制度中，纳税人预先缴纳的税款数额对纳税人而言是一个十分重要的心理参照点，在到期核算时，如果核定的应缴税额高于预缴额，即需要进一步补缴税款时，纳税人会将其视为损失，如果核定的应缴税额低于预缴额，即纳税人可以获得部分退税时，会将其视为一笔收益。并且，纳税人在面临损失时是风险偏好的，当进行年度核算时，需要补税会增加纳税人的不满情绪，并可能使纳税人冒更大风险进行偷逃税行为。因此，在税收征管的预缴制度设计中，可以适度增加纳税人需要预缴的税额，使纳税人在年度核算时处于可获得退税的“收益”状态，从而增加纳税人的获得感并提高纳税人的税收遵从度。

专栏 4-2

北京市地税局加强零申报纳税人管理

为进一步激发社会主义市场经济活力，近年来我国不断改革商事制度，取消原先关于公司注册资本、出资额等硬性规定，降低市场准入门槛，转“重审批轻监管”为“轻审批重监管”。此举给税务部门带来的直接影响是税务登记户数猛增，从而产生大量的零申报户，北京市也不例外。通常来讲，零申报纳税人根据产生原因不同可分为以下类型：企业建设期零申报、周期性生产零申报、经营困难零申报、经营免税业务零申报、偷税漏税零申报以及其他非正常零申报。商事制度改革不同程度地增加了北京市各类零申报纳税人的数量，尤其以企业建设期零申报为主，大大降低了纳税人的“有税申报率”。为此税务部门绞尽脑汁，加强对相关纳税人的约谈和纳税评估，但效果不尽人意。在这种情况下，税务部门发现纳税人网上申报率已经达到95%以上。为了有效利用“互联网+”这一新生事物，2015 年 3 月 25 日，北京市地税局发布《加强零申报纳税人管理工作方案》，规定自 3 月 1 日起对零申报纳税人在网上申报环节开展逐月递进式个性化纳税提示。北京市地方税务申报系统向零申报纳税人增加了“警告和提醒”模块，而且“重要的事情讲三遍”，纳税人要“确认”三次，将纳税人偷逃税的风险和可能面临的处罚、对纳税人正常经营可能产生的负面影响充分揭示给纳税人。税务系统提示信息为：“您已连续三个月在北京市地税局进行了无税申报。针对长期零申报情况，我局将通过采取社会公示、税务约谈、日常检查和税务稽查等措施，加大管理力度。对于涉税违法行为，我局将依法处理。请您认真核实本月申报信息。”让税务部门感到意外的是，这一模块的添加竟然收到了明显效果：数据显示，截至 2015 年 4 月底，连续 3 个月进行无税申报的纳税人中有 5.5 万户转为有税申报，共计税款 5.1 亿元，有税申报率由 41.7%升至 62.9%，增长 21.2%，2015 年全年增收超过 100 亿元。

资料来源：白彦锋，郝晓婧. 行为财政学视角下提升税收遵从的路径选择——基于 B 市地税加强零申报纳税人管理的案例分析. 税收经济研究，2018，23（02）：29-37.

三、社会因素

这里的社会因素包括社会税收文化氛围、纳税人道德感知以及公民对政府的满意程度三个方面，在纳税人进行纳税决策时，会有意识或无意识地受这些因素影响，进而影响纳税人的税收遵从度。

1. 税收文化氛围

根据传统经济学的理论基础，经济主体在做决策时是理性的，仅会基于自身面临的客观条件做出选择，而不会受其他人决策的影响。但在现实生活中，我们常观察到，决策主体的决策不仅会受到他人影响，而且往往有模仿或追随其他人的倾向，尤其在面临不确定问题的时候，这种模仿迹象更为明显，这种现象被称为羊群效应。一些心理学的实验已证实了社会中羊群效应的存在。纳税人在履行纳税义务时，申报多少应税收入等决策都是在一定的社会环境中做出的，难免也会受到社会群体中的其他个体决策的影响，源于他人的认知、判断和信息会对纳税人产生重要影响，因此，社会的文化氛围特别是税收文化氛围可能是社会税收遵从度的重要影响因素。比如，如果税收文化将偷逃税视作违背法律的可耻行为，因而大部分纳税人都不愿意偷逃税，则社会税收遵从度会更高，而如果社会群体中有个体进行偷逃税，但并没有受到社会的批判，甚至在较极端的情况下，因为其从偷逃税行为中使自身收入增加而获得了羡慕或钦佩的目光，则可能诱发更多纳税人追随其行为，采取偷逃税的纳税策略。

2. 纳税人道德感知

道德感知反映了人们内心认同的行为准则，也反映了人们对自己设定的道德标准，当自身行为不符合这一准则或标准时，人们会产生负罪感、痛苦等负面感受，只有当自身行为符合道德感知时，人们才会有较自在、坦然的心态，若做出了具有较高道德水准的行为时，人们还会因此产生内心的满足感和对自我的认同感。在纳税人的纳税决策中，道德因素的影响也不可忽视。如果纳税人认同税收的必要性，或因为逃税违背了税法规定从而产生负罪感，那么其更可能在内心道德标准约束下减少或不采取逃税行为。不过值得一提的是，社会舆论可能会对违法的偷逃税行为进行谴责，而使偷逃税的纳税人的信用或声誉受损，从而给纳税人带来痛苦感受等负面效用，但这与纳税人因为觉得偷逃税行为不符合自己内心的道德行为准则而产生的负罪感还不大相同。前者是纳税人因为违背了社会规范或社会大众认同的行为准则，而受到的一种社会惩罚，后者则可以认为是一种自觉性，是纳税人自己认为如果采取偷逃税行为可能会对他人利益和国家利益产生损害，违背了自己应有的行为和形象，而自我内生的负罪感。从此区别上理解，如果纳税人有偷逃税行为，即使自己并未认为有何不妥，也可能由于社会不认可而遭到惩罚；也有可能是纳税人的偷逃税行为虽然未被任何人发现，但其出于自身道德认知产生的负罪感，进行了一种自我惩罚。所以，即使没有强调依法足额纳税的社会税收文化氛围，但纳税人在自我的内心道德约束下，也可能主动依法纳税，提高税收遵从度。

3. 公民对政府的满意程度

在现代国家，随着公民民主和自主意识的增强，政府与公民之间不是统治和被统治的关系，而是一种契约关系，这种观念得到了越来越广泛的认同。在契约关系下，政府和公民在法律上就应是平等的关系，双方都有按契约享有的权利，也必须履行契约规定的义务，双方的权利义务相对应，并在很大程度上建立在相互信任的基础上，只有双方都自觉、依法地行使权利、履行义务，政府和公民间的契约关系才能良好地维系。这种契约关系从财政方面看，主要体现为纳税人有向政府缴纳税款的义务，并有享有政府提供的公共物品和服务的权利；相对应地，政府可以依法采取税收形式从纳税人手中筹集必要的收入，但也必须向纳税人提供对等数量和质量的公共物品和服务。因此，政府是否依法履行好自己提供公共物品的义务，以及政府执政过程中形成的信用或声望都可能影响纳税人决策，即是否要依法缴纳税款，以维系和政府间的契约关系，也就是说，纳税人对政府的满意程度会影响其纳税决策，更通俗地说，纳税人对政府好坏的判断是影响其纳税决策的重要因素。如果纳税人对政府提供的公共物品和服务的数量或质量不满意，则会认为自己缴纳的税款没有被很好地使用，那么纳税人的纳税意愿就会降低。另外，如果政府在执政过程中存在腐败、暗箱操作等行为，会让纳税人对政府的评价大打折扣，对政府的信誉度和认同度下降，从而使纳税人倾向于采取违背契约的方式对政府实行惩罚，这种违背契约可能就表现为减少缴纳税款甚至不缴纳税款。因此，政府在希望提高纳税人税收遵从度时，除了采取强化稽查、增加罚款等强制性措施外，也可以从自身出发，提高税收使用效率、努力提供高水平高质量的公共服务，树立良好的政府形象、提升政府信誉，以“打动”纳税人，提高纳税人自觉纳税的主动性和意愿；更进一步来说，若纳税人是出于对政府不满才采取降低税收遵从度的行为，这时政府采取提高税务稽查率和罚款率的方法甚至可能适得其反，会加剧纳税人对政府的不满情绪，形成恶性循环。

本章习题

一、名词解释

税收遵从　税收遵从之谜　禀赋效应　前景理论

二、简答题

1. 简要概述 A-S 模型的基本思想，并回答何为税收遵从之谜。
2. 简要论述影响税收遵从的非经济因素。
3. 查阅资料，思考还有哪些因素可能影响现实中纳税人的税收遵从度。

本章参考文献

[1] Adams C., Webley P. Small business owners' attitudes on VAT compliance in the UK. *Journal of Economic Psychology*, 2001, 22 (2): 195-216.

[2] Allingham M. G., Sandmo A. Income tax evasion: A theoretical analysis. *Journal of Public Economics*, 1972, 1 (3-4): 323-338.

[3] Alm J., McClelland G. H., Schulze W. D. Why do people pay taxes?. *Journal of Public Economics*, 1992, 48 (1): 21-38.

[4] Bernasconi M. Tax evasion and orders of risk aversion. *Journal of Public Economics*, 1998, 67 (1): 123-134.

[5] Cebula R. J. Impact of income-detection technology and other factors on aggregate income tax evasion: The case of the United States. *PSL Quarterly Review*, 2001, 54 (219).

[6] Chung J., Trivedi V. U. The effect of friendly persuasion and gender on tax compliance behavior. *Journal of Business Ethics*, 2003, 47 (2): 133-145.

［7］ Feld L. P.，Frey B. S. Tax compliance as the result of a psychological tax contract：The role of incentives and responsive regulation. *Law & Policy*，2007，29（1）：102－120.

［8］ Kirchler E.，Maciejovsky B.，Schneider F. Everyday representations of tax avoidance，tax evasion，and tax flight：Do legal differences matter?. *Journal of Economic Psychology*，2003，24（4）：535－553.

［9］ Murphy K. Procedural justice and tax compliance. *Australian Journal of Social Issues*（Australian Council of Social Service），2003，38（3）.

［10］ Murphy K. Regulating more effectively：The relationship between procedural justice，legitimacy，and tax non-compliance. *Journal of Law and Society*，2005，32（4）：562－589.

［11］ Trivedi V. U.，Shehata M.，Lynn B. Impact of personal and situational factors on taxpayer compliance：An experimental analysis. *Journal of Business Ethics*，2003，47（3）：175－197.

［12］ 白彦锋，郝晓婧. 行为财政学视角下提升税收遵从的路径选择——基于B市地税加强零申报纳税人管理的案例分析. 税收经济研究，2018，23（02）：29－37.

［13］ 李永强. 税收遵从度研究. 合肥：安徽财经大学，2017.

［14］ 刘华，黄熠琳，张天敏. 前景理论及其个人纳税遵从研究概述. 国外社会科学，2010（03）：94－99.

［15］ 刘华，阳尧，刘芳. 税收遵从理论研究评述. 经济学动态，2009（08）：116－120.

［16］ 刘华，阳尧，邱伊莎. 国外纳税遵从研究动态. 涉外税务，2008（12）：33－36.

［17］ 倪祥平. 我国台湾地区发票给奖制度及完善当前我国有奖发票制度的思考. 纳税，2017（27）：107－108.

［18］ 谢婧雅. 个人所得税税收公平与纳税遵从. 天津：天津财经大学，2016.

［19］ 许评. 基于有限理性的个人纳税人遵从决策研究. 武汉：华中科技大学，2007.

［20］ 周业安，王一子. 正在转型的公共经济学——基于行为公共经济学视角的讨论. 教学与研究，2017（01）：73－81.

第5章 财政幻觉

20世纪初，意大利财政学家普维亚尼（Puviani）提出了财政幻觉理论。他认为为了减少纳税人对于税收的反抗和抵触，课税者总是要尽力创造财政幻觉，使纳税人觉得所承受的负担比实际上的负担要轻。制造财政幻觉的主要办法之一，就是在个人不能实际了解谁最后支付的情况下，即在不知道税收归宿的情况下课税。普维亚尼的理论精髓就在于，课税者通过税制安排，有意模糊纳税人的税负，减轻纳税人的抗拒之心。这是统治者为获得服从、减少反抗实行的统治术。这种制度选择，本来就不是民主财政的选择模式，课税者把纳税人当成税收制度的纯粹服从者、被动的接受者，而不是参与公共事务、决定公共事务的积极行动的国家主人。通过本章的学习，我们将了解到什么是财政幻觉，以及在现代，财政幻觉是如何影响国家的公共政策乃至每个人的日常生活的，进而我们可以更为深刻地认识到人类在经济生活中理性的有限性。

第一节　财政幻觉与其成因

一、什么是财政幻觉

财政幻觉是指现有财政税收制度使得纳税人在财政选择过程

中产生幻觉，或使他们认为所要缴纳的税收低于他们的负担，或使公共物品的受益者认为政府所提供的公共物品的价值高于实际价值。

二、财政幻觉出现的原因

1. 税收和支出分离导致的财政幻觉

按照社会契约论，同一般的商品交易不同，尽管税收也被认为是提供公共物品的对价，但是税款缴纳人与公共物品受益人的不对称性以及时空上的分割性使得税收和财政支出在一定程度上是割裂的。无论是政府还是公民，都存在强烈的增加支出的倾向，但支出的增加会受到收入的制约；政府与公民不同的是，其收入预算和支出预算常常由不同的部门决定，并且政府可以通过发行公债或货币来满足支出增长的需要。

2. 间接的支付结构和复杂的税制导致的财政幻觉

相对于直接税，间接税的税收负担更不易被察觉，因为间接税（主要是流转税）往往并入因而隐藏于产品价格中，因此个人可能不了解所支付的税款额，在某些情形下甚至不知道税收的存在。

一般而言，在间接税开征初期，私人产品价格因税收而提高时，对购买者的影响最为明显，但当一种税已存在一段时间时，纳税人就会慢慢感觉不到其存在，此时财政幻觉就更为完全了。通常直接税下的税收意识要比间接税下的税收意识更强。这里，直接税和间接税与传统意义上的定义有所不同，是根据是否容易为纳税人所直接察觉进行划分。根据这一思路，往往将企业所得税归入不易察觉的税收（间接税）的范畴。因为企业所得税的税收归宿具有很大的不确定性，最终纳税人往往看不清公共物品的实际成本。

此外，弹性的税制结构比非弹性的税制结构更有助于政府税收规模增长。因为税收弹性程度越高，在不提高税率或增加税种的情况下，政府因国民经济增长或通货膨胀所获得的税收就越多，而纳税人并没有意识到其可支配收入的潜在损失，因其真实可支配收入仍在继续增长，从而纳税人对政府支出增加的反抗较少。而且，税制结构越复杂，税收负担就越难判断，纳税人就越不易感觉到公共物品和服务的真实成本。相对于过于依赖单一来源的税收体系，在存在多种收入来源的税收体系下，财政幻觉会更强烈，个人低估政府提供的公共物品和服务的税收价格的可能性也就越大。

这里我们特别要指出的是，近年来一直有学者和人大代表在我国竭力推动零售商品价格在面向终端消费者时分别列示价格与税款。这种做法在国外如美国和日本已经稀松平常，但是我国长久以来一直延续的是价税合一的传统。从财政幻觉的角度来看，这种将价格隐含在税收中的做法相较于分别列示不含税价和税款的标价方法大大提升了财政幻觉，使得纳税人低估了自己获得的公共物品的代价。因此，将增值税从商品价格剥离，或许能够在一定程度上缓解公共支出不断膨胀的压力，应当成为接下来流转税改革的重点。

专栏 5-1

为何我国要提高所得税在全部税收收入中的比重

尽管自"营改增"以来，增值税减税一直"在路上"，但是以增值税为主的间接税仍然占据了我国全部税收收入的"半壁江山"。在以间接税为主的税制结构下，人们在消费活动中缴纳的税款远远超过了通过所得税缴纳的税款。但是，所得税的微小修改，如个人所得税的免征额问题往往能引起人们的广泛讨论，而各种商品税的改革却未引起什么注意。原因就是所得税是直接税，税收归宿清清楚楚，而商品税是间接税，绝大多数人根本不知道这些税收的实际归宿，甚至不知道自己负担了税收。在间接税下实际负担了税收的人们，还以为没有纳税，有人因此以为占了公家的便宜而沾沾自喜，而有人则为没有给国家提供税收却享受公共服务而心怀愧疚。财政幻觉的客观影响，就是造成纳税人对于自己的实际税负不知情、不了解，在蒙昧迷茫之中缴纳了税款。这自然有利于减少征收的阻力，降低征收成本。

3. 税收征收方式导致的财政幻觉

有时候，尽管向纳税人征收的是相同数量的税款，不同的征收方式给人带来的主观感受却会完全不同。

例如，个人所得税的征收是采用源泉扣缴还是申报纳税方式，影响着个人对税收负担大小的评价。试比较以下两种说法：

"我们已经从你的收入中扣除 100 元的税，余下 500 元供你支配。"

"你获得收入 600 元，但是其中 100 元将被扣除作为税款上交。"

心理学中的框架效应①理论可以较好地解释人们对上述两种情形产生的完全不同的主观感受。框架效应，是指对一个客观上相同问题的不同描述导致人们对其做出不同的决策判断，且以肯定或否定的方式做出一种选择对后来的选择产生一定影响。在上例中，在获得收入——通常被人们视为好消息——的同时告诉人们一个坏消息——收入中的一部分被政府取走了，在一个大的好消息和一个较小的坏消息同时被告知的情况下，坏消息的痛苦将被好消息冲淡，政府获得税收的阻力自然会比较小；相对地，如果把较大的好消息和较小的坏消息分开告知纳税人，即每月先发工资，再让纳税人自行报税，那么由于坏消息失去了参照系，给纳税人带来的痛苦度将会急剧上升。

专栏 5-2

是年底一次汇总纳税还是按月纳税

按照框架效应理论，经历多次小的坏消息似乎比经历一次大的坏消息更让人难以

① 有关框架效应的详细论述，可以参见本书第 4 章。

接受。如果这种观点在税收领域也成立，那么政府如果想降低纳税人的痛苦指数，似乎应该采取年底汇总一次纳税的策略，而不是按月纳税。但是，一方面政府要尽可能保证财政收入的连续性；另一方面，由于绝大多数纳税人的收入也是按月获得的，如果在某一个月份一次性缴纳大量的税款，甚至有可能大于纳税人当月的收入，那么纳税人的不满情绪很可能“失控”。所以政府往往还是选择采取让纳税人每个月经历一个较小的坏消息，从而能够与其收入——好消息——形成参照。这也是在我国有学者提出未来开征房产税时，按月平均征收可能比每年一次征收阻力更小的原因。

4. 中央和地方间的转移支付制度造成的财政幻觉

在处理中央与地方的财政关系时，中央保持财权财力上的绝对优势，是当今世界绝大多数国家普遍采取的方法。地方财力不足则由中央转移支付予以弥补。相对于财政收入的财权财力结构，绝大多数国家财政支出的安排则是以地方为主。课税权和支出权的分离会模糊当地纳税人对地方提供的公共物品和服务的实际税收成本的感觉。接受补助方往往会认为来自上级政府的补助是由其他地区的居民纳税人部分支付的，而没有意识到接受方反过来也要对其他地区支付部分补助，接受的补助要由对提供补助方同等价值的税收支付来补偿。

因此，补助对公共物品的地方需求具有收入效应和价格效应，会导致对地方提供的公共物品和服务成本的低估，对其需求也相应增加，结果是地方公共部门的规模比在财政独立情形下更大。

专栏5-3

日本的地方交付税制度造成的财政幻觉

在单一制国家，特别是中央集权程度比较高的国家，转移支付制度给地方造成的财政幻觉往往更为明显。在二战后的很长一段时间内，尽管日本宪法中规定地方政府具有自治权，但近七成的财力都掌握在中央政府手中，且日本转移支付制度体系法制化程度相对较高，因此也被形象地称为“三分自治”。中央对地方政府转移支付中最重要的一部分就是地方交付税：日本的消费税可以分为国税和地方税，地方税完全归地方所有，而国税中有一个法定比例要交付给地方政府，这一部分被称为地方交付税。在这种制度下，某个地方的居民很容易就会认为，对于地方政府提供的全部公共物品而言，自身的负担仅仅是地方政府预算支出减去中央对当地政府的转移支付。这种情况也可以被称为一种特殊的信息不对称，即过于复杂的财政制度不可能为绝大多数专长并不在此的纳税人所理解，进而在这种错误理解的驱动下产生了过剩的公共需求。为了解决这一难题，自20世纪末日本启动了多轮改革，核心目标就是增强地方政府的财政自决权，但是由于其基石——地方交付税制度并未被撼动，所以至今，日本地方政府财政体系仍称不上健全，很多地方的预算支出仍然在以很快的速度逐年攀升。

第二节　财政幻觉的影响

财政幻觉导致人们对自己所承担的公共物品和服务的税收价格以及从公共物品和服务的提供中所获得的收益产生错误评价，因而影响着人们对公共预算方案的选择。

一、公债发行、李嘉图等价定理与财政幻觉

1. 公债发行与李嘉图等价定理

李嘉图等价定理认为，征税和发行公债在逻辑上是相同的。其核心思想在于：公债不是净财富，政府无论是以税收形式，还是以公债形式取得财政收入，对于人们经济选择的影响是一样的。如果当期政府决定对每个人减少现行税收，由此造成的财政收入的减少，通过向每个人发行相当于减少税收价值的政府债券的形式来弥补，以保证政府支出规模不会发生变化。在减税后下一期，为偿付公债本息，政府必须向每个人增课相当于上一期减税额加期间利息的税收。

因此，面对税负在时间上的调整，纳税人会用增加储蓄的方式来应付下一期增加的税收。例如纳税人完全可以将政府因减税而发行的债券到期后的本息和作为应付政府为偿付公债本息而增课税收的支出。在这种情况下，公债无非是延迟的税收。即在具有完全理性的消费者眼中，公债和税收是等价的。

2. 非理性人与财政幻觉

李嘉图等价定理成立的重要前提条件之一就是人都是理性的，然而事实往往相反，大量经济学家从不同角度说明，人类在经济活动中的种种非理性行为将会导致李嘉图等价定理不可能成立。

（1）莫迪利亚尼（Modiligani）提出，人们并不关心生命以外的事情，即人们不会关心自己的下一代的税收负担，不会考虑代际负担不均衡的问题。曼昆（Mankiw）也认为，人们所具有的是普遍的利己主义行为动机。举债导致将来税收的增加会落在下一代人身上，代表一种财富的转移，从下一代人向当代人的转移。

（2）曼昆认为，人是短视的。债务融资的减税效应将导致人们误以为永久收入增加（其实并没有增加），从而导致其增加消费。

（3）借债约束。李嘉图等价定理的赞成者认为，消费不仅取决于当前收入，更重要的是取决于永久收入（包括当前收入和预期收入）。因此，债务融资的减税会增加当前收入，但永久收入不变，从而消费不变。这种观点也被称为永久收入假说。而曼昆认为，永久收入假说是靠不住的，因为某些消费者面临着借债约束，无法顾及永久收入问题。对这样的消费者，当前收入具有重要意义，是当前收入而不是永久收入决定其消

费。债务融资的减税增加当前收入，从而增加消费。

上述纳税人的非理性最终都会导致对公共物品的过度需求。无论出于何种想法，一旦人们开始认为，政府债务并不由或者不完全由自身负担时，纳税人就会认为自己为财政所做出的贡献将会远远少于政府为自身提供的公共物品，因此就产生了对公共物品的过度需求。在代议制民主下，纳税人的过度需求最终往往会反映在预算上。由俭入奢易，由奢入俭难。已经增加的公共物品往往很难被削减，最终会导致一个国家的债务风险。在本章第三节的实证案例上，我们将通过一个实证研究证明这一点。

二、选举、政策评价与财政幻觉

1. 纳税人对政府和公共政策的主观评价

在代议制民主下，个人对政策的决策和评价，与集体或多数人对政策的决策和评价是割裂的。集体的规模越大，每个人的观点在决策中发挥的作用就越小。而市场经济的效率性正取决于每个人拥有的信息的数量与质量，因此，每一个市场参与人都会在获取市场信息方面进行大量的投入。比如，对于想买车的人来说，其拥有的有关各种车辆的知识和信息越多，能够获得的效用也就越高。而对于公共财政而言，由于上述投票、选举和代议制度导致了决策的割裂，个人拥有的知识和信息对最终决策的结果影响微乎其微。这也就导致了每一个纳税人或是选民，几乎没有动机去主动获取有关于公共物品的知识和信息，而是完全依赖于政党或政府向其提供对自身而言成本较低的信息。这种现象也被称为理性的政治无知（rational political ignorance）。

正是由于这种理性的政治无知存在，政府或政党刻意向选民制造财政幻觉的机会大大增加。在多党制中，这种利用政治无知的现象更为突出。例如，预算是以公开透明和可理解为最基本的原则，然而无论在哪个国家，未经过专业训练的纳税人都不可能很好地理解预算的内容。虽然形式上有关预算的大部分内容和知识都是可获取的，但是如果把时间成本考虑在内，所谓的透明与可理解只不过是形骸罢了。

2. 政策评价与选举的财政幻觉模型分析

现在我们用数学模型结合图像的形式对财政幻觉加以考察。如图 5-1 所示，纵轴代表政府提供的公共物品的实际价值，用字母 N 表示。横轴则代表纳税人付出的代价——主要表现形式为税收，用字母 A 来表示。N 和 A 各自都有一个主观的感知系数，分别用 ε 和 η 表示。在收支均衡的情况下，纳税人付出的税款应当与政府提供的公共物品价值相等，即 $N=A$。而对于纳税人主观的心理感受而言，其心理平衡的状态达成的条件则是：

$$\varepsilon N=\eta A \qquad (5-1)$$

45°角射线 OR 则代表客观的均衡水平。而如果同时纳税人主观上认为也是均衡的，则必须要满足条件：

$$\varepsilon=\eta \tag{5-2}$$

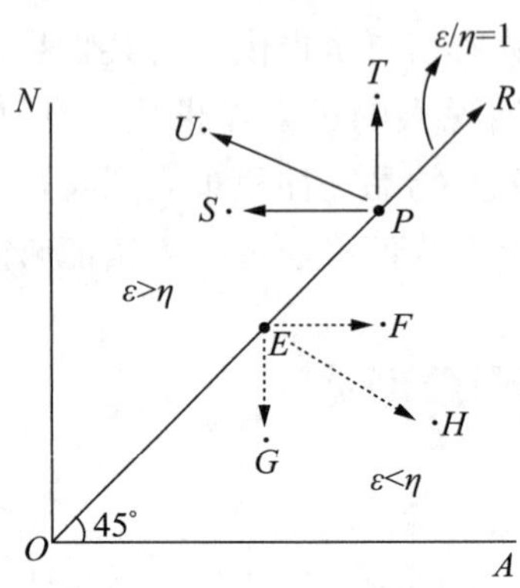

图 5-1　财政幻觉模型示意图

现在假设初始状态为射线 OR 上的 P 点，但如果某纳税人主观上过低评价了自身的税负，即 $\eta<1$，而客观评价了公共物品的价值，即 $\varepsilon=1$，则该纳税人所处的就是图中 S 点的位置；同样地，如果另一个纳税人客观地评价了自身的税负，但过高地评价了政府提供的公共物品的价值，那么该纳税人将处于图中 T 点的位置。更为一般地，只要纳税人对自身负担的感知系数小于对公共物品价值的感知系数，即 $\varepsilon>\eta$，则其所处的位置一定是射线 OR 上方的某个点，如 U 点。我们称射线 OR 上方的区域为乐观幻觉区。

相反地，如果纳税人过高评价了自身的税负（如 F 点），或者过低评价了政府所提供的公共物品的价值（如 G 点），只要其对公共物品价值的感知系数小于对自身负担的感知系数，即 $\varepsilon<\eta$，其必然处于射线 OR 下方的某一点（如 H 点）。类似地，我们称射线 OR 下方的区域为悲观幻觉区。当然，落入悲观幻觉区的纳税人并不一定仅存在悲观幻觉，落入乐观幻觉区的纳税人也并不一定仅存在乐观幻觉。例如某纳税人可能同时存在过高评价自身税负的悲观幻觉和过高评价政府提供的公共物品的乐观幻觉，此时两种幻觉会相互抵消，最终总体上是落入悲观幻觉区还是乐观幻觉区取决于两个主观感觉系数的大小。当然也可能存在两种幻觉完全抵消，最终评价的结果刚好是客观准确的情况（落在射线 OR 上，但 $\varepsilon=\eta\neq1$）。

现在在图 5-2 上考虑全体纳税人的分布情况。总体上的悲观幻觉将会导致纳税人反对当前的税收政策或财政支出政策，而总体上的乐观幻觉将会导致纳税人对当前的税收政策及财政支出政策的支持。支持和反对的程度取决于纳税人在图中所处的位置距离射线 OR 的远近程度。

如果在政党竞争的框架下考察这个问题，利用好财政幻觉就成为每个政党最重要的战略问题。在投票最大化的假定前提下，每个政党都会令自己的政策组合位于射线 OR

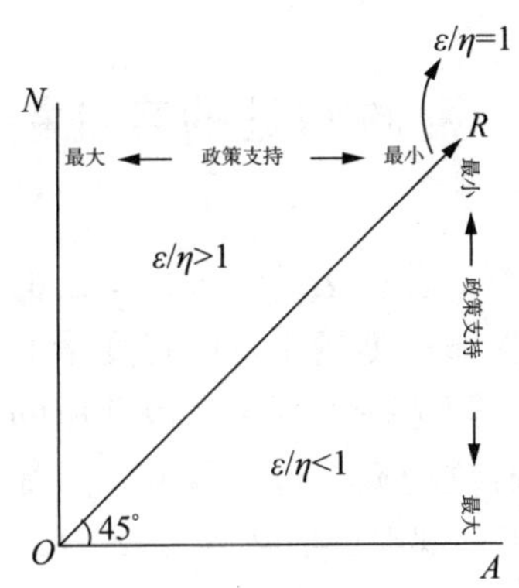

图 5-2 全体纳税人的财政幻觉

上方，并尽可能贴近纵轴，且引导纳税人认为本政党竞争对手的政策位于 OR 线的下方，并且贴近横轴。

令 E 为纳税人的收入水平，则 $E-\eta A$ 即为纳税人感知到的可支配收入。则对于纳税人，主观上的效用函数为：

$$U=U[(E-\eta A),\ \varepsilon N] \tag{5-3}$$

对于以投票最大化为目的的政党来说，为了让自身获得最多的选票（用字母 S 表示），必然会采取行动制造对自身政策主张的乐观幻觉（I_0^{Reg}）以及不利于竞争对手政策主张的悲观幻觉（I_P^{Opp}）（见图 5-3），最终这个政党获取的选票数为：

$$S=S[(E-\eta A),\ \varepsilon N,\ I_0^{Reg},\ I_P^{Opp}] \tag{5-4}$$

如果某个政党能够获得有关 η、A、ε、N 四个变量的全部信息，而纳税人仅仅了解主观上的 ηA 和 εN 两个数字，那么此时由于信息不对称，即理性的政治无知导致的财政幻觉将有可能会被最大化。

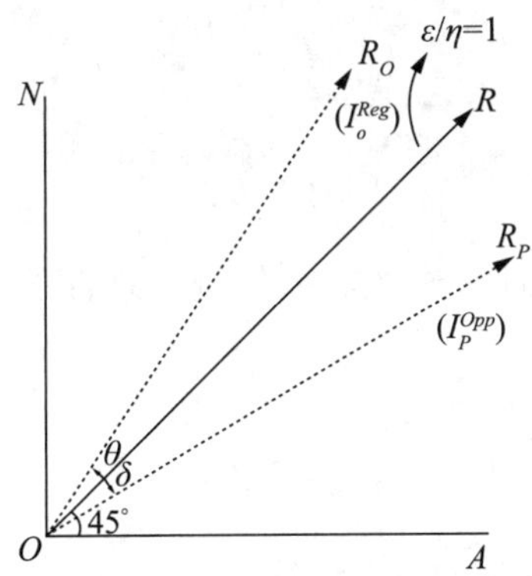

图 5-3 政党竞争背景下的财政幻觉问题

第三节　财政幻觉的实证检验案例

由于所谓财政幻觉是人们的主观想法导致公共支出的增加，在公共支出的数据不难得到的同时，人们主观上的感受却很难量化，解释变量的选择并不容易。英国诺丁汉大学学者根据美国学者的有关研究，选择了两个可以获取的宏观数据。其一是间接税占全部税收收入的比重，作为衡量财政幻觉的自变量，将其命名为税收可视度（visibility of tax，记为 V）；其二是政府当年全部财政收入占全部财政支出的比重，从反面反映了财政赤字的大小，命名为赤字幻觉（deficit illusion，记为 D），并运用传统的 OLS 回归方法，测算财政支出与财政幻觉之间的关系。模型所采用的 OLS 线性表达式为：

$$\ln G=\ln a+\alpha\ln Y+\beta\ln Pr+\phi\ln N+\delta_1\ln D+\delta_2\ln V+u \tag{5-5}$$

在这个回归模型中，G 代表政府支出，其自然对数值 $\ln G$ 作为被解释变量。Y 代表国内生产总值即 GDP，Pr 代表相对物价水平，N 表示人口。财政赤字的扩张将会导致纳税者过低评价自身的税负，要求更多的公共物品。

如果上述假说成立，那么 δ_1 应当为负值，而 δ_2 应当为正值，并且在一定显著性水平下具有统计意义。研究者选取了英国 1980—2000 年间的相关数据，完成了上述回归，结果如下：

$$\ln G=0.81\ln Y-0.58\ln Pr+1.65\ln N-0.44\ln D+1.67\ln V \tag{5-6}$$

p 值（0.000）（0.599）　（0.096）　（0.064）　（0.000）

从结果中可以看出，实证检验基本能够支持上述有关财政幻觉的猜想。δ_1、δ_2 分别为－0.44 和＋1.67，且分别在 10%、1%的显著性水平下是具有统计学意义的。这基本印证了我们的猜想，证明了财政幻觉确实存在并且会在一定程度上导致政府支出扩张。[①]

本章习题

一、名词解释

财政幻觉　李嘉图等价定理　永久收入假说　理性的政治无知

二、简答题

1. 财政幻觉的主要成因有哪些？
2. 在间接税和直接税中，哪个更容易导致财政幻觉？为什么？

---

① 有关模型推导、构建和实验数据的详细说明，请参见 Gemmell Norman，Morrissey Oliver，Pinar Abuzer. Fiscal illusion and the demand for government expenditures in the UK. *European Journal of Political Economy*, Elsevier，1999（11）：687－704.

3. 为什么李嘉图等价定理被认为是不现实的？财政幻觉对公债发行量有怎样的影响？

4. 简述财政幻觉是如何影响政党在选举中的行为的。

5. 假设存在某个纳税人（选民），每个月实际以各种形式向政府缴纳了 100 元的税款，假定不存在税收和公债以外的筹措财政资金的方式。

（1）假定增值税的税率为 13%，不存在其他间接税。该纳税人这个月一共购买了 113 元的商品（含税价）。假定该纳税人完全认知不到间接税的存在，求该纳税人对税负的认知系数。

（2）假定该纳税人由于没有子女，自身也没有生病，未退休，暂时无法从养老保险和医疗保险中获取利益。因此其感知到的公共物品价值仅仅是实际价值的 70%。在（1）的情况下，该纳税人存在乐观幻觉还是悲观幻觉？为什么？

（3）假定现在政府宣布，将会增加一趟从纳税人住所直达其单位的班车，这使纳税人对公共物品价值的感知系数增加到了 110%，但是要对每名纳税人增加 21.8 元其能够完全感知到的个人所得税。那么在（1）的条件下，这名纳税人会支持这项政策，还是反对这项政策？为什么？

（4）如果该届政府的反对党要攻击（3）中的政策，有可能采取哪些策略？

参考文献

［1］Gemmell Norman，Morrissey Oliver，Pinar Abuzer. Fiscal illusion and the demand for government expenditures in the UK. *European Journal of Political Economy*，Elsevier，1999（11）：687－704.

［2］董志勇. 行为经济学原理. 北京：北京大学出版社，2005：86.

［3］（日）宮本佳寿子. 地方交付税の財政錯覚に関する検証. 三田学会雑誌，2001（02）：317－388

［4］（日）山之内光躬. 財政過程における錯覚の問題. 早稲田社会科学研究，1981（12）：143－163

［5］周业安，王一子. 正在转型的公共经济学——基于行为公共经济学视角的讨论. 教学与研究，2017（01）：73－81.

第二部分

行为财政学的理论基础

市场失灵的原因和后果都取决于个人的行为选择，需要政府的干预和介入，但政府采取何种政策手段应对这种结果，会影响个人对政策的接受程度。因此，财政学学科不能忽视对个人行为选择、个人偏好的研究，运用行为财政学的研究方法进行政策评估和政策分析将会帮助我们进一步模拟个人行为选择，判断政策的优劣性。传统财政学弥补了对市场失灵问题的解释，然而，现实生活中也存在很多传统财政学无法解释的经济现象，例如本书第一部分所提到的财政幻觉和税收遵从之谜。

心理学和行为科学的引入能够在很大程度上解决传统财政学难以解决的问题，本书第二部分将详细介绍行为财政学的两大学科基础、基本理论、研究方法和行为经济学的政策应用方法。第 6 章从心理学和行为经济学的一些基础理论入手，运用案例分析引导学生学习行为财政学的两大学科基础；第 7 章将具体阐述行为财政学的理论框架和研究内容，并引导学生学习学术界关于行为财政学的研究进展；第 8 章主要介绍行为财政学的基本研究方法——实验经济学，实验法是行为财政学获得一手数据、掌握一手资料的基础，是我们评估具体财政政策的基础；第 9 章结合行为财政学基本理论，利用他国案例阐述将行为经济学运用在政策领域的具体方法。

第6章 行为财政学的学科基础：心理学和行为经济学

人们一般是如何做决策的呢？每个人的偏好有什么不同呢？这些问题指引着经济学家进一步认识社会、认识人类行为。财政学也不例外，市场失灵本身所产生的原因和后果都取决于个人的行为选择，例如，当某项人类经济活动存在污染环境的负外部性时，通常是由于价格未能反映这类外部成本，以及市场的失败定价所共同导致的，这时就需要政府的干预和介入；但政府采取何种政策手段应对这种结果，会影响个人对政策的接受程度。因此，财政学学科不能忽视对个人行为选择、个人偏好的研究。而在传统的财政学学科中，通常认为个人偏好和行为选择是已知的，即假设个人是理性的，或者说是自私的，通常都会追求自身效用最大化，其偏好在一生中都是稳定且明确的。但现实中的人往往会出于一种非理性的选择而违背了效用最大化原则。尽管财政学是为了尽量纠正个人的行为偏差以促使社会整体效用的最大化，但传统经济学的假设仍然是财政学的一大特征。

然而现实情况是，很多不符合传统经济学基本假设的行为反而是人们进行选择和决策的原则，而这一点也越来越多地反映到了政策的制定和执行中。心理学和行为科学认为，人类行为普遍存在着某种选择偏好，行为经济学也将这一点引入经济学学科中，在对原有假设提出质疑的基础上，观察人类行为偏差对市场和政策制定的影响，并且在一定程度上通过实验和模拟来预测人类的行为选择，以改变传统的分析方法。在学习如何将行为科学和心理学应用于公共财政领域之前，我们有必要学习心理学和行为经济学的基本理论和研究方法等。本章的学习重点是与行为财政学有关的两大学科，通过案例分析了解心理学和行为经济学理论。

第一节　心理学科学概述

在心理学发展的最初阶段，哲学为心理学提供了必要的理论框架和思想引导，却不能为心理学的发展提供必要的实证方法和研究基础。没有实证基础的心理学只能作为哲学的一部分而存在，成为哲学的附庸。若要成为一门独立的科学，必须不断融合和汲取自然科学的研究方法，在经验事实的基础上通过观察和实验了解人类社会。至19世纪中期，天文学、解剖学、生物学和物理学等多门自然科学已获得巨大发展，这些科学的共同特点是采用系统的观察法和实验法。由于采用观察和实验的方法，这些科学巩固了自己的地位，获得了巨大成功。这些成功使得一些心理学家意识到，若要使心理学摆脱哲学的束缚而成为一门独立的科学，必须把观察和实验的方法引入心理学，把心理学建成一门实验科学。

心理学科学诞生于1879年，德国心理学家冯特（Wundt）在莱比锡大学建立了心理学实验室。其实，心理学是很早就出现的，但心理学科学的历史较为短暂。一般而言，科学都要求有明显准确的事实作为研究的基础，而通过实验的方法一般而言就可以获得这种可以检验的、明确的事实依据。因此，只有将心理学建立在可供观测和进行科学实验、可供检验和分析的经验事实的基础上，心理学才能够作为一门科学，并获得较长期的充分发展。

一、心理学科学的特点

作为一门科学，心理学与其他科学有着一些共同点，比如观察的规律是可以检验的，必须采用科学的研究方法探究经验事实背后的心理原因和行为影响等。但同时，心理学也有自身的特点：

1. 研究范围

在研究范围上，心理学作为实证科学只将研究焦点聚焦于利用现有的研究方法可以研究探讨的问题。“为了能够在学术科学上有所进展，心理学的研究必须限定问题和研究范围，把目前无法取得一致的问题放在之后研究，而在那些人人都能观察到并进行检验的世界里勇往直前（皮亚杰和文彬，1999）。”[①] 显然，当科学方法和技术获得突破时，可供研究的范围就会被重新定义，心理学家能够研究的范围就会进一步扩大。

① 皮亚杰，文彬. 人文科学认识论. 北京：中央编译出版社，1999.

2. 研究对象

不同于一般的自然科学的研究对象是整个客观世界，心理学的研究对象是人类，而人类有着自身的特殊性：人类的主观能动性要求心理学要想研究人类活动和心理行为，必须得到被试者的合作，人类作为有意识的、有心理的有机体，其行为和心理状态会对研究结果产生很大影响；出于人类的社会属性，人类的社会特征会干扰实验的结果；人类心理是不断发展和改变的，这种动态的研究对象也为心理学的研究增加了难度；作为一个单独的个体，人类心理会随着研究个体的不同而改变，因此单纯的统计方法可能不能完全适用于人类群体中的每个个体；科学实验的验证方法要求我们能将每一个变量分离出来，而人类的心理变量总是与各种复杂的因素相互关联，因而使得分离变量变成一项无比困难的工作，影响最终研究结果的准确性，以人为对象的研究会使得对变量的精确操纵存在很大难题；人类的社会关系比较复杂，人类整体运行的规律遵循特定的伦理关系，因此研究人类心理会涉及复杂的伦理问题；人类的心理和意识本身难以被直接观测到，只有通过外界客观条件和因素的刺激，根据人类的行为表现来探究人类的心理状态，这就增加了心理学家理清研究逻辑的复杂性，有很多时候心理状态的复杂性和变量的难以剥离，会导致在心理学建立可检验和进一步证伪的理论存在较大的困难；最后，心理学的研究对象和研究者都是人类，这种人对人的研究不仅会有主观性，也会因为主客体之间的复杂关系存在某种相互作用和相互影响（董奇，2004；辛自强，2014）。[①] 如同冯特很早就预见的，心理学研究人类的经验，是唯一一门需要“经验的主体”的科学。

3. 研究变量

与其他自然科学研究类似，心理学科学每次通常会选择一个或较少几个研究变量，观测变量的变化和相互影响。但不同的是，大多数时候心理学的研究很难将变量进一步分离，而实证科学则要求变量是清晰明确的，不能将过多变量同时引入实验，否则就会使实际研究结果不清晰，且因受到其他因素的干扰而与预期研究结果存在较大差距。

二、心理学科学的研究任务——预测和控制人类行为

除了描述和解释人类心理和行为外，心理学科学有一项重要的任务，就是预测和控制人类的行为。可以说，心理学科学研究的最终目标就是通过预测控制人类心理和行为，趋利避害，提升人类社会整体效用水平和满足感。

1. 预测人类行为

经济学也告诉我们，不确定性会影响人类的行为选择。心理学科学的主要任务之一就是预测某个事件的未来发展趋势或发生的可能性。一般自然科学告诉我们，如果我们

① 董奇. 心理与教育研究方法. 北京：北京师范大学出版社，2004；辛自强. 经济心理学经典与前沿实验. 北京：北京师范大学出版社，2014.

知道某件事情过去发展变化的规律和原因，那么就有可能预测其未来发展和变化的方向。心理学科学预测人类心理和行为的变化，而预测的方法往往是通过实验进行统计学分析，预测事件发生的概率和未来的变化方向，之所以不能完全准确地预测出未来人类行为的变化，与其研究内容的复杂性和研究特征的特殊性密切相关。

2. 控制行为发展

通常而言，人类的心理和行为变化是很难被控制的，很多时候也是朝着人们不愿意看到的方向发展变化，因此，心理学家通常会在分析人类行为，并进一步预测的基础上，趋利避害，控制某些外在条件对人类心理和行为的影响。具体来说，就是在已有的心理学研究依据的基础上，控制和改变某些现象发生的条件或引导某些事件的走向，使人类心理能够朝着预期的方向发展，以促进人类社会的良好运行。

三、心理学科学的研究原则

1. 客观性原则与科学性原则

客观性原则基本上是所有自然科学的研究原则。规律本身具有客观性，是不以人类意志为转移的，这就要求科学研究要实事求是、求真务实。然而心理学科学的研究过程是一个主体与客体、人与人相互作用的过程，很容易由于研究者和研究对象的主观化的理解和行为造成研究结论的偏差。即使研究者有着务实的工作态度，也会因某些已有的或固化的观念使得研究结果被误解扭曲，得到与客观实际不相符的结论。科学性原则要求研究者在研究过程中要采取科学的研究方法解释、分析和预测研究对象的心理活动和行为变化，而不是主观臆断，凭借经验猜想。因此，如何在心理学科学的研究中贯彻客观性和科学性原则是每一个研究者首先需要思考的问题。

2. 系统性原则与发展性原则

哲学原理告诉我们，事物之间都是普遍联系的，有着一定的系统性和整体性，因此，理解心理学问题的本质需要从整个事物的宏观系统进行分析，厘清彼此之间的联系。可以通过对系统整体结构、系统与系统之间的关系、系统关系的演变和发展对研究对象的心理和行为进行分析（辛自强，2014）。在研究过程中，要考虑层次性和递进关系，每一个层次的研究都是相互关联并逐渐递进的，在整个系统中共同发挥作用。

发展性原则则是说，系统本身不是一成不变的，而是会随着时间和外界客观条件的变化而发生改变，因此要坚持一种动态的、发展的眼光看待问题。比如人类心理的发展通常有两个层次，首先，由于具有社会属性，人类心理会作为一个种系进行演化；其次，人类群体中的每个人作为一个个体，其个人的心理特性和品质也会处于不断的演化和发展过程中。因此在研究的过程中，要在系统的基础上考虑时间要素，研究人类心理的动态演化过程，分析其改变和发展。

3. 伦理性原则

基于研究对象的特殊性，心理学科学还必须遵守伦理性原则。每个人都有自己的权

利和尊严，因此，心理学科学的每次研究都必须尊重和理解研究对象个体的行为选择，并以提升研究对象的生活质量和生存价值为宗旨，至少要保护研究对象的知情权、隐私权和自由退出权等。研究过程和研究内容不应该违反人类道德和违背个体生活的文化环境中的伦理原则。即便被试对象不是人类而是某种动物，也要尽量保护动物，减少伤害行为，一些动物保护组织通常都强烈反对以动物为被试对象而对动物造成严重伤害的研究行为。伦理性原则作为心理学研究的特殊原则，在研究过程和内容的设计上都应该得到重视和关注。

除此之外，心理学科学研究还需要遵循教育性、有效性、理论和实际相结合的原则等等。

四、心理学科学的研究方法

1. 实验法

如前文所述，心理学成为一门科学的标志就是实验室的建立和实验法的应用，实验法是心理学最主要的研究方法之一。简单而言，实验法是指为了明确各变量之间的因果关系和相关性，在控制其他变量的前提下对研究变量进行观察的方法。一般情况下，实验法需要遵循以下基本逻辑：为了研究自变量对因变量的影响状况，研究者会同时控制某些干扰变量和无关变量，使得个体自身变量不会受到异质性变化的影响，在实验中始终保持恒定不变的水平，在此前提下操纵自变量的变化，观测其对因变量的影响。这种控制某些干扰变量和无关变量的方法能够在一定程度上减少自变量因外界干扰对因变量所产生的不准确的影响，有助于提升实验结果的精确性。

一般而言，心理学科学的实验包括三组成分，自变量和因变量、实验前测设计和后测设计、实验组和对照组。

（1）自变量和因变量。自变量指的是可以由研究者人为操纵并能够改变，从而影响因变量的发展变化的刺激性条件。因变量一般指的是反应变量，指由自变量造成的心理和行为的变化。自变量多为一种“二分变量”，用来反映某种条件的有无或程度大小，因变量是由一定的步骤改变自变量而引起的，通常需要观测，从而体现自变量的影响程度或造成的效果。

（2）实验前测设计和后测设计。前测设计指的是在实验处理前对被试者的特征进行测量。后测设计是指对研究对象施加某种刺激或实验条件后，重新对被试者的特征进行测量。通过这种前后两次测量结果的差异就能得到自变量的改变对因变量的影响。然而在进行实验前后测设计时很有可能引入某种除了自变量之外的其他干扰变量，干扰变量的存在不仅会使得因变量的作用程度发生变化，还会削弱自变量对因变量解释程度的唯一性，必须对其进行控制和排除。

（3）实验组和对照组。消除干扰因素的一大方法就是设置实验组和对照组。一般要求实验组和对照组是尽可能相似的“双胞胎”，即两组得分相同，然后对实验组施加某种自变量的影响而不对对照组施加这种影响，观测实验组和对照组在后测设计时的差异，就能够发现自变量对因变量的影响程度。然而心理学的实验有时候更为复杂，如果作为对照组的被试者观察到研究人员的意图时，可能会出现某些行为的变化，而这种变化通常不是由自变量引起的。这就需要在实验的设计上考虑到这一点。

2. 调查法

调查法的适用范围一般比较广，而且能够较快地收集资料，效率较高；同时，调查法也有一定局限性，因为调查法通常是用于分析被试者能够自己意识到并回答的问题，对于某些被试者难以自我意识或无法通过问卷和量表反映出来的问题，调查法通常不适用。一般而言，调查研究分为三大类型，即现状调查、关系调查和发展变化调查。其主要形式则包括量表法和问卷法。顾名思义，前者的基本工具是量表，后者的基本工具是问卷。

量表法是一种通过一套标准化的试题或项目，利用量表研究个人心理行为特点的方法，通过比较被试者的测试结果与常规模板的差异，对被试者的心理发展水平和特点进行诊断评估。量表法常被用于资料的收集、建立和检验假说以及实验分组，是进行调查的一种重要方法。

问卷法是一种通过设计严格的问卷题目，以书面形式向被试者收集数据资料的方法。一般而言，问卷被分为结构式问卷和非结构式问卷，前者是采用固定答案形式的封闭式问题，研究对象只需要进行选择即可，这种方法回答简单方便，数据资料也便于收集；后者则是一种开放的形式，需要被试者就某一问题进行回答，没有固定的答案，因此也会得到更加丰富的信息。一般情况下，心理学实验会将两者综合使用。

3. 观察法

观察法是心理学研究中使用历史最长、最为基本的一种方法，它的适用范围较为广泛，因为要求条件较低，观察法适用于广泛的研究对象，也更容易实施。心理学的研究有一些特殊性，有时候我们无法对被试者的心理现象进行操纵，在无法进行实验控制的情况下，观察法是很好的选择。另外，观察法要求在研究对象是自然、真实的条件下收集资料，所以更容易保证研究的真实有效。心理学要求对被试者的观察内容应该既包含人的行为方面，也要包含人的物质方面。在人的行为方面，需要观察个体的语言行为和非语言行为，人与人之间的行为匹配，以及人际交往空间和互动方式；在物质方面，则要观察人的档案资料、背景、行为活动的痕迹、衣物饰品等等。

观察法包含五种基本类型，即直接观察和间接观察；自然观察和实验观察；参与观察和非参与观察；结构化观察和非结构化观察；系统观察、取样观察和评定观察。

（1）直接观察和间接观察，二者的区别主要在于是否通过中介。直接观察是指研究者不借助外物直接观察研究对象的行为或心理；间接观察是指研究者通过某种仪器设备观察研究对象的行为或心理。

（2）自然观察和实验观察，二者的主要区别是研究对象是否受到控制。当研究对象在其原本存在的某种自然背景下生存活动时，就是自然观察；当研究对象被放置于某种被操纵或改变的条件下生存活动时，通过观察某种条件的变化对研究对象行为的影响，就是实验观察。

（3）参与观察和非参与观察，二者的区别主要在于是否有研究者的参与。参与观察要求研究人员参与研究对象的日常行为活动，以全面搜集更加细致的信息。非参与观察要求研究人员不参与、不干涉研究对象的自然行为状态，从旁观者的角度进行观察。

（4）结构化观察和非结构化观察，二者的区别主要在于是否有明确的形式和结构。结构化观察需要设计统一明确的观察内容和条目，非结构化观察没有这一要求，从而更加具有灵活性。

（5）系统观察、取样观察和评定观察，三者的区别在于观察内容的连续性和完整性不同。系统观察是对研究对象的心理和行为进行长期连续的观察记录；取样观察只要求根据某些标准选取部分特定心理和行为进行观察和记录；评定观察则要求在这一基础上利用评定表对性质和数量进行评定。

4. *访谈法*

访谈法是心理学科学研究的一种常用方法，是一种通过研究人员和研究对象的交谈搜集信息资料的方法。虽然我们在日常生活中都会进行交流访谈，但作为一种科学方法，访谈法有着自身严格的方法论要求和明确的访谈目的，也能够由访谈者控制整个谈话的进程，与日常谈话有根本性的不同。相较于其他的研究方法，访谈法也有着自身的特殊性和适用范围，访谈法一般都能够揭示更深刻的信息，也更加具有灵活性。

访谈法一般包含三种基本类型，即结构性访谈与非结构性访谈，个体访谈与集体访谈，直接访谈与间接访谈。

（1）结构性访谈与非结构性访谈，二者的区别在于访谈法的控制程度和标准化程度不同。结构性访谈是按照统一的要求所设计的访谈，其标准化程度更高，因此被称为标准化访谈，一般情况下，所有研究对象都需要接受相同的访谈过程。非结构性访谈是一种自然广泛的非标准化访谈，对于研究的标准化程度要求较低。

（2）个体访谈与集体访谈，二者的区别在于访谈发生的背景是单人受访还是集体受访。在个体访谈的背景下，研究员和研究对象更容易交流沟通，也更容易掌控谈话进程。集体访谈则适用于对群体的心理和行为进行研究，研究员可以在这一过程中观测到群体中的每个个体对某一事件的不同看法和态度。另外，集体访谈还包含座谈会这种特殊的形式，需要研究员与研究对象之间以及研究对象之间彼此充分交流，表达观点和心理状态。

（3）直接访谈与间接访谈，二者的区别在于是否选择某种媒介或手段。直接访谈是研究员与研究对象面对面进行交流互动，间接访谈则是二者通过某种中介工具如电话等进行交流互动。相对于直接访谈，间接访谈中的受访者可能更容易表达出真实的心理活动，但同时也会因为环境限制导致信息量受限，难以获得非语言信息。

第二节　行为经济学：经济学中的心理学科学

20世纪50年代后，一些经济学家开始系统地研究心理学的一些理论和研究方法对经济学的影响，但这一领域一直未受到正统经济学领域的重视，直到1978年，赫伯特·西蒙（Herbert Simon）的有限理性假设下的决策科学获得了当年的诺贝尔经济学奖，早期行为经济学才由此诞生，并慢慢受到更多经济学家的关注。本章主要介绍现代行为经济学的基本理论和经典的研究案例。

一、行为经济学的相关理论

我们主要介绍与行为财政学有关的几种行为经济学基本理论。

1. 参照系理论——锚定心理和框架效应

锚定心理是参照系理论的一大延伸，指的是人类总是具有一种天性，倾向于将一件事情作为自己做决策的依据，无论该事情是否与所做的决策有关系，简单来说，就是具有一种参照依赖性。同时，Kaheman和Tversky（1979）指出，被人们用来当作参照系的往往是那些显著的、难忘的证据，并且人们通常都会过于重视这些依据从而歪曲事实，导致出现选择性偏差或认知偏差。①“一朝被蛇咬，十年怕井绳”，这句话实际上就是锚定心理的一个体现。锚定心理不仅会影响人们的偏好，还有可能让每个个体产生一种“心理账户”，即在不同情形下，同一个体对同一事物可能会区别对待，比如同样的一笔钱，若是通过彩票中奖获得，人们可能选择随意花掉，而通过努力工作获得则会能省就省。从心理学的角度来看，锚定心理解释了人类在进行选择判断时的一种趋势，为参照系理论提供了一种心理基础，也改变了传统经济学中人们所认为的进行选择的价值判断标准：将劳动价值论中抽象的价值“锚定”在具体的价值这一参照系上，通过锚定点和取值点之间的位置差异来衡量对价值的判断。

框架效应则是参照系理论的另一扩展，即在不确定的情况下，个人的行为选择既与不同选择方案的预期效果有关，也与所选择的方案的未来方向有关，也就是同一种选择如果采用不同的表达方法，会影响个人的行为选择。我们举一个彩票销售中的框架效应实验，同样花十元钱购买彩票，其规则有如下两种表达方式：（1）购买者有5%的概率获得990元，也有95%的概率失去10元；（2）只需要花费10元就有5%的概率获得1 000元的大奖，或者有95%的概率什么也得不到。这两种规则的结果是相同的，只是表达方式不同，大多数人更愿意选择第二种彩票，这是因为第一种规则将10元钱当作一

① Kahneman D., Tversky A. Prospect theory: Analysis of decision under risk. *Econometric: Journal of the Econometric Society*, 1979, 47 (2): 263-291.

种损失，而第二种规则将 10 元钱当作获得 1 000 元所要花费的成本，相对于损失而言，人们更愿意选择成本。这也与“破财免灾”这句俗语相似，人们将钱财看作是免去灾难的一种成本而非自己的损失。其实这也是人们利用框架效应来寻求一种心理安慰。通过这个例子可以看出，框架效应其实就是同一种方案用不同的表达方式表示会影响个人的行为选择，这主要是通过改变人们心理账户的参照点来影响人们的行为选择。

2. 前景理论

不同于一般的期望效用理论，前景理论更加关注个人的实际行为，通过比较期望预期进行行为选择。这里的期望预期 E(p) 就是可能获得的收益值 v_i 和个人认为该收益发生的概率 w_i 乘积之和（董志勇，2006）。① 当满足式（6-1）时，个人会选择行为 p，不选择行为 q：

$$\sum \pi(p_i)v(w_i) > \sum \pi(q_i)v(w_i) \tag{6-1}$$

行为经济学家卡尼曼（Kaheman）认为，一般而言，决策具有两个阶段，决策者最终感兴趣的是效用相对于某一参照点的变化，因此决策者为了确定一个参照点通常都会“设计”一个问题并确定其“后果”，超过参照点会认为该行为是盈利的，否则视为亏损。另外，不同于期望效用理论，前景理论假设价值函数呈现 S 形，即可能会产生损失，图 6-1 中横轴 O 点左边是损失，O 点右边是收益。在 O 点附近，少量损失比少量收益的曲线更加陡峭。

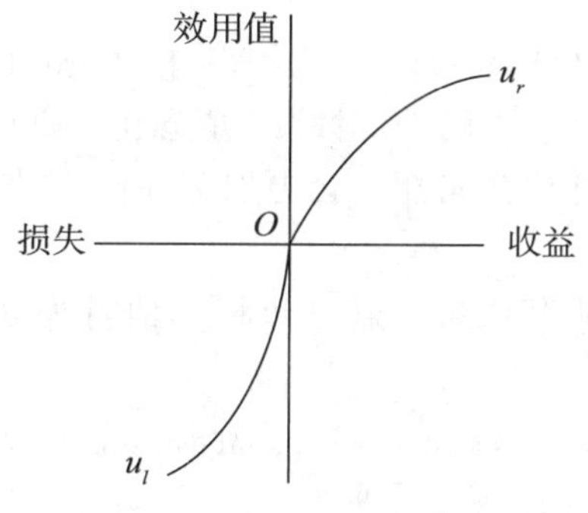

图 6-1 前景理论图示

3. 互惠理论

传统经济学的一个著名假设是人是理性的，即存在一个较长期的趋向把人视为完全利己的。因而在经济学对个体行为以及由其加总的社会现象的解释中，人的行为往往被描述为以自身利益最大化为目标，并会采取各种方式实现自己的目的。然而，现实中许多人的行为偏离了纯粹的自利而采取一种互惠的方式。与其字面意思稍有不同的是，行为经济学中的互惠意味着，即使没有物质利益激励的预期，人们也会对友好的行为做出

① 董志勇. 行为经济学原理. 北京：北京大学出版社，2006.

反应，并表现得比理性人模型中预测的更为友善（反之，人们对不友好行为的回应也会更为无情）。简而言之，互惠就是投桃报李，并可区分为报答友善行为的积极互惠和报复不友善行为的消极互惠。从本质上看，互惠也有别于利他主义。利他主义是一种无条件友好的表现形式，即向他人做出利他行为并不以他人向自己表现利他行为为前提。

众多社会互动的实例可以印证积极互惠的存在。例如，Tidd 和 Lochard（1978）[①]的研究表明，微笑的服务员得到的小费比表现冷漠的服务员多得多；Cialdini（1993）[②]指出，对很多人来说，当他们从微笑的导购员手里接受试用品之后，很难拒绝真正的购买，甚至即使他们本身并不是很喜欢这种商品。以信任博弈[③]为代表的众多行为经济学实验发现，在一次性互动情形中，采取积极互惠行为的被试者比例相当高，为40%～60%（Fehr and Falk，1999[④]；Abbink et al.，2000[⑤]）。同样的研究也发现20%～30%的被试者是完全自利的，而不会表现出互惠行为。从数量上看，互惠型个体和自利型个体都是无法忽视的，因为"绝大多数人都是自利与利他的混合体"（唐俊，2012）[⑥]。

对此，互惠理论对个人行为激励提供了一种制度主义的指导：以税收遵从为例，当互惠型个体和自利型个体进行互动时，制度环境的细节和机会成本的存在决定了哪一方将会主导总体结果。在理性人模型中，由于搭便车会带来巨大的收益，人们会选择对要求按规定缴税的政策宣传鼓励不予回应，并想方设法尽力合理避税，或者违法偷逃税，即不参与按规定缴税这一社会合作。然而，当人们在这种情况下有机会惩罚[⑦]搭便车者时，互惠型个体将起到主导作用，并提升整个社会的税收遵从度。

4. *利他行为理论*

从字面上看，利他行为（altruism）就是有利于他人的行为，"它要求人们在短时间内做出个人利益的牺牲，以产生正的外部性"（董志勇，2006）[⑧]。现实社会有很多证据表明，人类个体往往具有一种社会属性，会更加关注他人的结果和利益，而不仅仅狭隘地追求自身利益最大化。

行为经济学借鉴社会学研究成果，进一步将利他行为划分为亲缘利他、纯粹利他、

---

① Tidd K. L, Lochard J. S. Monetary significance of the affiliative smile: A case for reciprocal altruism. *Bulletin of the Psychonomic Society*, 1978, 11 (6): 344-346.

② Cialdini Robert B. Influence: The psychology of persuasion. *Quill Quarterly Journal of Economics*, 1993, 117: 817-869.

③ 一类典型的信任博弈设计为：提议者从实验人员手中得到一笔钱 x，然后将其中一定数额（$0\sim x$）分给回应者。实验人员将分给回应者的钱数翻三倍。若记最初分给回应者的钱数为 y，则回应者将得到 $3y$。然后回应者可以自愿返还给提议者一定数额（$0\sim 3y$）。

④ Fehr E., Falk A. Wage rigidity in a competitive incomplete contract market. *Journal of Political Economy*, 1999, 107 (1): 106-134.

⑤ Abbink K., Irlenbusch B., Renner E. The moonlighting game. *Journal of Economic Behavior & Organization*, 2000, 42 (2): 265-277.

⑥ 唐俊. 互惠行为动态模型分析. 中央财经大学学报，2012（7）：80-85.

⑦ 此处所指的惩罚是一个相对的概念，即如不参与无偿献血者会面临更高昂的用血费用以及较低等级的优先供血权利的惩罚。

⑧ 董志勇. 行为经济学原理. 北京：北京大学出版社，2006：86.

互惠利他。亲缘利他（kin altruism）就是为有血缘关系的亲属提供帮助，例如父母子女、兄弟姐妹之间的相互扶助。这种利他行为并不带有明显的功利色彩，一般只能借助生物学中的种群整体利己行为和基因遗传频率最大化等分析视角加以解释。纯粹利他（pure altruism）是指不追求个人回报的利他行为。这一概念体现在日常生活中，就是通常所说的道德。与此相关的一个概念是不纯粹的利他（impure altruism），即为获得因利他行为而产生的满足，而采取的利他行为。互惠利他（reciprocal altruism）是指没有血缘关系的个体为了回报而相互提供帮助。行为经济学利用传统经济学的边际效用递减规律对其进行了解释：利他者和获利者互换时，同样数量的资源会产生更大的边际效用。对个体的互惠利他行为的理解，还可以参考期权的概念，即出于对日后得到回报、获得更大收益的预期。这种期权式的利他行为面临很大的机会主义风险，因而必然存在于一种较为长期的合作关系之中。

我们将利他主义扩展到公共财政领域，一个典型的例子就是收入的再分配（redistribution）。一方面，在个人行为上，利他主义者会通过自愿对慈善机构的捐赠来实现收入的再分配，而政府为了鼓励这一行为，通常会制定一些税收减免等优惠政策；另一方面，有实验表明，某些利他主义者会倾向于自发地对公共物品的供给提供捐赠，比如组建学校等。[①]

5. *内在动机理论*

针对某个行为的物质奖励的增加将会带来该行为更多的发生和更好的表现，这是一个在经济学研究和日常生活中被广泛接受的观点，并已进一步体现在传统经济学“产出的效用与投入正相关”的基本假设之中。由此，还可以推导得出如下结论：某个行动的物质奖励和行动强度之间存在单调关系。然而，无论是在行为经济学实验还是在现实生活中，两者的真实关系并不总是单调递增的。内在动机理论（intrinsic motivation）认为，行为本身具有独立于任何奖励的激励效果。奖励（尤其是物质奖励）可能会替代内在动机，使得总体激励的效果下降，并导致行为本身被减弱。例如，当人们采取某个行为是为了回报先前得到的帮助时，如果对该行为支付物质奖励，那么行动者的动机可能会变成为了获得物质奖励，而不再是出于互惠的考虑。由于出自互惠的行为激励被破坏了，行为结果也将不尽如人意。

Gneezy 和 Rustichini（2000）[②] 通过募捐实验验证了内在动机理论：180 名协助开展慈善募捐的学生被随机指派到 3 个实验组中，在其他实验条件得到良好控制的前提下，第一组的学生不会获得额外的奖励，第二组和第三组分别获得募捐收入的 1%和

---

① Thomas R. Palfrey, Jefferey E. Prisbrey. Anomalous behavior in public goods experiments: How much and why?. *American Economic Review*, 1997, 87 (5): 829-46; Eric J. Brunner. Free riders or easy riders? An examination of the voluntary provision of public radio. *Public Choice*, 1998, 97 (4): 587-604; Eric Brunner, Jon Sonstelie. School finance reform and voluntary fiscal federalism. *Journal of Public Economics*, 2003, 87 (9-10): 2157-85.

② Gneezy Uri, Rustichini Aldo. Pay enough or don't pay at all. *Quarterly Journal of Economics*, 2000, 115 (3): 791-810.

10%（外部资金支付）作为奖励。三组募集金额的平均值分别为 238.67、153.67、219.33——物质奖励并没有让被试者付出更多的募捐努力。实验结果表明，当存在奖励时，奖励和行为表现之间具有正相关性，但也存在物质奖励的引入反而使得行为表现变差的情形。

6. 偏好理论——禀赋效应和模糊厌恶

禀赋效应是前景理论的重要推论之一。禀赋效应描述的是，如果人们愿意支付一定数量的金钱获得某物，也愿意接受一定数量的金钱放弃被赠予的同一物品，那么为获得某物支付的金钱数量会远比放弃同一物品需获得的金钱数量低。如图 6-2 所示，根据禀赋效应，某一行为人拥有物品 r，失去物品 r 会被看成是一种损失，物品所有者通常会对其效用进行一定的评估，即效用值为 u_{r0}；现在假设一种情况，存在一种物品 l，获得该物品对该行为人来说能够得到效用值 u_{l0}，但必须放弃效用值为 u_{r0} 的物品 r。对于一个正常的行为人来说，他通常会考虑放弃这种禀赋换来的物质奖励以及由帮助他人带来的精神满足，当 $u_{r0}<u_{l0}$ 时，他将愿意交换。

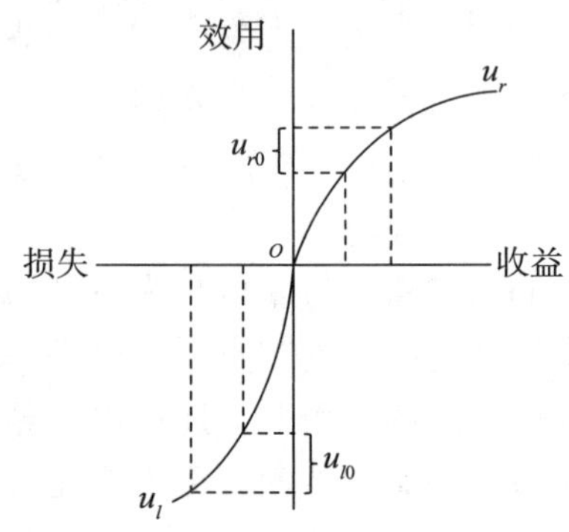

图 6-2　禀赋效应图示

模糊厌恶则是指人们的一种倾向：即使可能产生效用损失，也宁可选择概率确定的事件而非存在模糊性的事件，在这种情况下，等量的损失比等量的获得对人们的影响更大。以无偿献血为例，对于献血者而言，如果不参与献血，在短期内可以确定不会额外付出时间等成本，而在长期内患病需血等风险是“遥遥无期”的；如果参与献血，其献出的血液、花费的时间、献血过程中的疼痛、可能的健康损害等成本以及免费用血等未来收益都是不确定的。

二、行为经济学的基本案例分析

1. 行为经济学信任博弈实验案例分析

（1）背景简介。

信任是人与人之间交往的基础，也是达成合作的重要基石，在人们决策时起到重要的助推作用。社会学家卢曼（Luhmann）认为信任减少了社会复杂性，使得社会中人们

的交往建立在一个简单而又可信赖的基础上，除此之外，大部分学者认为信任其实是一种冒险行为，即信任是存在一定风险的。[①] Williamson（1993）将信任视为一种基于收益风险的计算行为，当预期对方会采取合作行为时，便采取信任策略。[②] 行为经济学家 Fehr（2009）认为信任是在约束承诺缺乏的情况下，人们自愿地将自己的权益交给别人处置同时希望获得其回报的行为。[③] Mayer 等（1995）将风险态度因素纳入信任模型，如果信任程度超过感知风险的阈值，表示信任者愿意就此承担风险。[④] Ben-Ner 和 Putterman（2001）将信任看作是一种赌博行为，认为高风险厌恶会降低信任程度。[⑤] Cook 和 Cooper（2003）认为是否采取信任策略和序贯囚徒困境下的决策相似，信任者采取投资决策时面临对方背叛的风险。[⑥]

（2）案例分析。

“二鸟在林，不如一鸟在手”，在确定的收益和赌一把之间，多数人会选择确定的好处，即所谓“见好就收，落袋为安”。白捡的 100 元所带来的快乐，难以抵消丢失 100 元所带来的痛苦，我们称这种主观感受为损失规避。这也就是人们在获得框架下是风险规避的，在损失框架下是风险偏好的。

专栏 6-1

信任博弈实验案例简介

目前测度人们的信任程度与风险厌恶水平的方法主要有实验和问卷两种，其中测度信任程度的实验方法是进行信任博弈实验，测度风险态度的实验方法主要有彩票对选择实验和风险博弈实验两种，其中彩票对选择实验以 Holt 和 Laury（2002）[⑦] 的方法为代表，风险博弈实验则与信任博弈实验类似。

1. 信任博弈实验

在信任博弈实验中的一个经典问题就是囚徒困境（详见表 6-1），假设两个共同犯罪的囚徒甲、乙被关入同一所监狱，若只有一人信任对方，不愿意揭露对方的犯罪行为，则会产生−10 单位效用，另一人选择坦白对方罪行则会产生 0 单位效用；若两人

① Luhmann N. *Trust and Power*. Chichester：John Wiley & Sons Ltd，1979：16-27.

② Williamson O. Calculativeness，trust，and economic organization. *Journal of Law and Economics*，1993，36（1）：453-486.

③ Fehr E. On the economics and biology of trust. *Journal of the European Economic Association*，2009，7（23）：235-266.

④ Mayer R.，Davis J.，Schoorman F. An integrative model of organizational trust. *The Academy of Management Review*，1995，20（3）：709-734.

⑤ Ben-Ner A.，Putterman L. Trusting and trustworthiness. *Boston University Law Review*，2001，81：523-551.

⑥ Cook S.，Cooper M. Experimental studies of cooperation，trust，and social exchange. //Ostrom E.，Walker J. *Trust and Reciprocity*. New York：Russell Sage，2003. 209-244.

⑦ Holt C. A.，Laury S. K. Risk aversion and incentive effects. *American Economic Review*，2002，92（5）：1644-1655.

都信任对方并不会互相揭露彼此的行为，则每人产生6单位效用；若两人都不相信对方，分别坦白了罪行，则每人产生−6单位效用。当囚徒甲、乙二人为理性人时，俩人都从私人利益出发，考虑成本与效用，采取机会主义行为，希望别人被判刑而自己能够逃脱，最优的结果（6，6）并未出现，却代之以（−6，−6）的结果。

表6-1 囚徒困境的信任博弈实验

囚徒甲 囚徒乙	揭露	不揭露
揭露	（−6，−6）	（0，−10）
不揭露	（−10，0）	（6，6）

2. 彩票对选择实验

彩票对选择实验以Holt和Laury（2002）的方法为代表，该实验共设10对彩票，每对彩票包括A、B两个选项。相对于A，B被称为安全选项。风险偏好者将从第一对彩票开始一直选择A，风险厌恶者会一直选择安全选项B，Holt和Laury（2002）将选择转折点处于第四个之前的人定义为风险偏好者，转折点处于第五或者第六的定义为风险中性者，转折点位于第七个之后的定义为风险厌恶者。前景理论认为人们在获得框架下是风险规避的，在损失框架下是风险偏好的，因此，李建标和李朝阳（2013）[①] 将彩票对选择实验分别置于获得和损失两种框架下进行研究分析（详见表6-2、表6-3）。

表6-2 获得框架下彩票对收益分布

彩票序号	A	B	你的选择
1	50%的概率获得200，50%的概率获得0	100%的概率获得50	A□B□
2	50%的概率获得200，50%的概率获得0	100%的概率获得60	A□B□
3	50%的概率获得200，50%的概率获得0	100%的概率获得70	A□B□
4	50%的概率获得200，50%的概率获得0	100%的概率获得80	A□B□
5	50%的概率获得200，50%的概率获得0	100%的概率获得90	A□B□
6	50%的概率获得200，50%的概率获得0	100%的概率获得100	A□B□
7	50%的概率获得200，50%的概率获得0	100%的概率获得110	A□B□
8	50%的概率获得200，50%的概率获得0	100%的概率获得120	A□B□

① 李建标，李朝阳. 信任的信念基础——实验经济学的检验. 管理科学，2013，26（002）：62-71.

续前表

彩票序号	A	B	你的选择
9	50%的概率获得 200，50%的概率获得 0	100%的概率获得 130	A□B□
10	50%的概率获得 200，50%的概率获得 0	100%的概率获得 140	A□B□

表 6-3　损失框架下彩票对收益分布

彩票序号	A	B	你的选择
1	50%的概率损失 500，50%的概率获得 300	50%的概率获得 50，50%的概率获得 0	A□B□
2	50%的概率损失 450，50%的概率获得 300	50%的概率获得 50，50%的概率获得 0	A□B□
3	50%的概率损失 400，50%的概率获得 300	50%的概率获得 50，50%的概率获得 0	A□B□
4	50%的概率损失 350，50%的概率获得 300	50%的概率获得 50，50%的概率获得 0	A□B□
5	50%的概率损失 300，50%的概率获得 300	50%的概率获得 50，50%的概率获得 0	A□B□
6	50%的概率损失 250，50%的概率获得 300	50%的概率获得 50，50%的概率获得 0	A□B□
7	50%的概率损失 200，50%的概率获得 300	50%的概率获得 50，50%的概率获得 0	A□B□
8	50%的概率损失 150，50%的概率获得 300	50%的概率获得 50，50%的概率获得 0	A□B□
9	50%的概率损失 100，50%的概率获得 300	50%的概率获得 50，50%的概率获得 0	A□B□
10	50%的概率损失 50，50%的概率获得 300	50%的概率获得 50，50%的概率获得 0	A□B□

表 6-2 和表 6-3 中每个彩票对包括 A 和 B 两种彩票，被试者依次从这些彩票对中做出选择。在表 6-2 中，B 彩票被称为相对于 A 彩票的安全彩票。风险偏好者将会从第一个彩票对开始一直选择 A，风险规避者会一直选择安全彩票 B，而风险中性者将在第 6 个彩票对以后选择 B，因为从第 6 个彩票对开始，B 的期望收益大于 A 的期望收益。随着 B 彩票期望收益的不断提高，被试者选择 B 的可能性也越来越大。在表 6-3 中，B 彩票依然是安全彩票，风险偏好者依然从第一个彩票对开始一直选择 A，风险规避者也会一直选择安全彩票 B，不过风险中性者会从第 6 个彩票开始选择 A，因为此时 A 彩票的期望收益要大于 B 彩票。

2. 行为经济学公平互惠实验案例分析

(1) 背景简介。

传统经济学理论分析和逻辑推演的基本出发点是理性人假设，即经济行为主体是追求自身利益最大化的理性人。理性人假设包括：①自利假设，即经济行为主体的行为动机是追求自身利益；②理性假设，即经济行为主体的行为目标是追求自身利益的最大化；③公共利益是个人利益最大化的自然结果。然而，这一假定并不完全符合现实。心理学实验表明，现实中的个人行为并不完全取决于追逐个人利益的动机，还会受到追求内在社会偏好的影响。行为经济学认为，理性人假设具有非现实性和不可检验性，人类行为所追求的并不完全是自身利益的最大化，人们还关注公平、互惠的社会偏好等许多其他方面，同时还关注人的认知、需要和情绪对经济行为的影响。人类行为既有理性的一面，也有非理性的一面；既有自利的一面，也有利他的一面。《道德情操论》中，亚当·斯密基于人性本善的假设，把源于人的同情心的利他主义情操视为人类道德行为的普遍基础和动机，亚当·斯密指出："无论人们认为某人怎样自私，这个人的天赋中总是明显地存在着这样一些本性，这些本性使他关心别人的命运，把别人的幸福看成是自己的事情，虽然他除了看到别人的幸福而感到高兴以外，一无所得。"[①]Thaler (1999) 认为，人类是有限自利的，人类的生活经验和社会实践表明，利他主义、社会意识以及追求公正的品质和观念是广泛存在的，否则无法解释现实中大量存在的非物质动机或非经济动机。[②] 随着实验经济学的发展，特别是诸如最后通牒博弈、礼物交换博弈、公共物品博弈及信任博弈等可控实验博弈的发展，研究发现绝大部分被试者显示出了非公平规避、互惠等社会偏好。这表明，现实中的个人行为不仅受到追逐个人利益的动机所引导，而且受到包括对于公平的追求在内的社会偏好的影响。

(2) 案例分析。

公平互惠理论在生活中的案例很多。比如，某知名大学校友，由于自己是贫困生，毕业时未还清贷款，学校便把他的毕业证、学位证、英语四六级证书的原件全部扣押了，导致他在找工作时错失了很多好的机会。多年后，该校友成立了自己的公司，在商业上获得了巨大的成功，却未能说服自己重新接受母校。直到多年后，该校友才放下心结，在母校成立了奖学金，以此来回馈母校曾经的培育之恩。该校友感恩母校对于他的培育而设立奖学金，便是公平互惠理论的典型特征，即你对我友好，我便对你有所回报。而社会中的人们往往会受到公平互惠偏好的影响，从而追求产生互惠的行为，进而在经济关系中形成合作关系，这种合作关系会进一步增进社会福利，并减少社会矛盾和冲突，由此促进社会和谐。

---

① 亚当·斯密. 道德情操论. 北京：商务印书馆，1998.

② Thaler R. Mental accounting and consumer choice. *Marketing Science*, 1999, (3).

专栏 6-2

公平互惠理论实验案例简介

按照行为经济学的观点，公平互惠偏好是一种条件合作行为倾向，关键在于对对方意图的信念或判断，对善意的行为进行回报，而对恶意的行为进行惩罚。Rabin（1993）所建立的博弈分析模型是对于公平互惠理论的经典研究，他在 Geanakoplos, Pearce 和 Stacchetti（1989）心理博弈模型的基础上，构造了一个引入公平偏好的博弈论体系。① 其关键性的工作是，通过对"公平"加以严密定义来改造传统博弈论中的支付函数，从而得到除传统博弈论中的纳什均衡之外的新的均衡，即公平均衡。这项研究还发现了许多合作性均衡，但并不要求传统博弈论中的无限次重复博弈或者信息不对称条件，这种结果对利他行为与合作现象的解释是强有力的。他的一个独特贡献是把公平定义为："当别人对你友善时你也对别人友善，当别人对你不友善时你也对别人不友善"，并且对这种概念给予明确的规定，即"如果你在损失自己效用的情况下增进别人的效用，就被定义为你对别人友善；如果你在损失自己效用的情况下损害别人的利益，就被定义为你对别人不友善"。心理学的诸多实验表明，人的行为在许多情形下是遵循这种公平规则的，特别是在按照这种规则作出反应所可能造成的潜在物质利益损失不太大的情况下更是如此。在给出公平的定义之后，Rabin（1993）以双人博弈为例，构造了一个善意函数来测度一个参与人对另一个参与人的友善程度，并由此构造参与人的效用函数，对其进行效用最大化分析。②

在 Rabin（1993）模型中，参与人的期望效用函数依赖于下列三个变量：①他自己所选择的策略；②他的信念中对方所选择的策略；③他的信念中对方认为他所选择的策略。在参与人 i 相信参与人 j 所选择的策略为 b_j 的情况下，令 $\pi_j^h(b_j)$ 为帕累托有效下参与人 j 可能得到的最高收益，$\pi_j^l(b_j)$ 为帕累托有效下参与人 j 可能得到的最低收益，那么，对于参与人 j 来说，参与人 i 所采取的策略组合给他带来的公平收益为：

$$\pi_j^e(b_j)=\frac{1}{2}[\pi_j^h(b_j)+\pi_j^l(b_j)] \tag{6-2}$$

再令 $\pi_j^{min}(b_j)$ 为参与人 j 可能得到的最低收益，则参与人 i 对参与人 j 的友善函数为：

$$f_i(a_i,b_j)=\frac{\pi_j(b_j,a_i)-\pi_j^e(b_j)}{\pi_j^h(b_j)-\pi_j^{min}(b_j)} \tag{6-3}$$

① Rabin M. Incorporating fairness into game theory and economics. *The American Economic Review*, 1993, 83(5): 1281-1302; Geanakoplos John, Pearce David, Stacchetti Ennio. Psychological games and sequential rationality. *Games and Economic Behavior*, 1989, 1: 60-79.

② Rabin M. Incorporating fairness into game theory and economics. *The American Economic Review*, 1993, 83(5): 1281-1302.

若 $\pi_j^h(b_j)-\pi_j^{min}(b_j)=0$，则 $f_i(a_i,b_j)=0$。

善意函数衡量了参与人 i 对参与人 j 的友善程度。另外，用函数 $\widetilde{f}_j$（b_j，c_i）表示参与人 i 认为的参与人 j 对参与人 i 的友善程度。因此，有：

$$\widetilde{f}_j(b_j,c_i)=\frac{\pi_i(c_i,b_j)-\pi_i^e(c_i)}{\pi_i^h(c_i)-\pi_i^{min}(c_i)} \tag{6-4}$$

若 $\pi_i^h(c_i)-\pi_i^{min}(c_i)=0$，则 $\widetilde{f}_j(b_j,c_i)=0$。

因为善意函数是标准化的，所以，$f_i(a_i,b_j)$ 和 $\widetilde{f}_j(b_j,c_i)$ 必定位于区间 $\left[-1,\ \frac{1}{2}\right]$上。根据以上讨论，可以得出参与人 i 的效用函数：

$$U(a_i,b_j,c_i)=\pi_i(a_i,b_j)+\widetilde{f}_j(b_j,c_i)[1+f_i(a_i,b_j)] \tag{6-5}$$

通过分析这个效用函数可以看出：

①若 $\widetilde{f}_j(b_j,c_i)<0$，即参与人 i 认为参与人 j 对他是不友善的，则参与人 i 的效用最大化策略为 $f_i(a_i,b_j)<0$，即以怨报怨。

②若 $\widetilde{f}_j(b_j,c_i)>0$，即参与人 i 认为参与人 j 对他是友善的，则参与人 i 的效用最大化策略为 $f_i(a_i,b_j)>0$，即以德报德。

③当 $\pi_i(a_i,b_j)$ 较大时，$\widetilde{f}_j(b_j,c_i)[1+f_i(a_i,b_j)]$在效用函数中的权重较小。这说明当物质回报较高时，人们对公平的关心会有所减少。

3. 行为经济学框架效应案例分析

(1) 背景简介。

框架效应的概念由 Tversky 和 Kahneman（1986）首次提出。[①] 框架效应是指一个问题由两种在逻辑意义上相似的说法却导致不同的决策判断。心理学研究表明人在面临收益时是风险规避的，在面临损失时是风险偏好的，所以相同的决策结果表述为损失或者收益会改变人们的风险决策偏好。经济决策的理论历来认为，人从根本上来说是理性动物。然而，人类在许多方面有非理性的特征。在所谓的框架效应下，以肯定或否定的方式做出一种选择对后来的选择具有戏剧性的影响。研究者发现来自决策系统中的情绪偏好的整合是框架效应产生的潜在原因。

针对影响人们决策普遍存在的框架效应，学者们提出许多不同的理论解释，最具代表性的有以下几种理论。

① Amos Tversky, Daniel Kahneman. Rational choice and the framing of decisions. *The Journal of Business*, 1986.

①前景理论。

1979年，特沃斯基（Tversky）和卡尼曼（Kahneman）提出前景理论，他们认为大众的风险决策取决于某种框架下的参照点，如果结果看起来是收益函数，决策者会倾向于规避风险；反之则会偏向风险选择。前景理论对于诠释风险框架效应有较好的效果，亦是影响力最为广泛的理论。

②认知理论。

认知理论关注决策者衡量得失的认知过程，主要是认知-损失平衡理论，Payne等（1993）认为前景理论忽略了认知计算的代价，如果每一次决策都需要占用大量的认知资源是不符合认知特点的。因此，决策者通常针对不同特点的决策事件，会习惯性地采用相应策略，从而减少认知资源的占用。①

③动机理论。

动机理论将情绪加入其中进行解释，认为框架效应是缓解压力的结果。在不同的决策阶段，预期情绪、即时情绪会影响决策的判断。当决策者产生负向预期时，会自然地诱发大脑岛叶的激活，促使决策者规避风险，倾向保守；而正向预期会诱发伏隔核的激活，使决策者偏向风险决策。

④认知平衡情绪理论。

冈萨雷斯（Gonzalez）提出的认知平衡情绪理论，结合了认知与动机理论，认为框架效应是选项期望价值与该选项带来的情绪价值间平衡计算的结果。② 也就是，选项加工占用认知资源较多或是该选项让决策者产生不愉快感，则该选项都不会被选中。

（2）案例分析。

有个吝啬鬼不小心掉进河里，好心人趴在岸边喊道："快把手给我，我把你拉上来!"但这吝啬鬼就是不肯伸出自己的手。好心人开始很纳闷，后来突然醒悟，冲着快要下沉的吝啬鬼大喊："我把手给你，你快抓住我!"吝啬鬼一下就抓住了这个好心人的手。这种由于不一样的表达导致不一样结果的现象称为框架效应。

专栏6-3

框架效应实验案例简介

1. 框架效应下的选择实验

框架效应下，不同的表达方式会产生不同的结果。在实验中，选取一组实验者做选择题进行试验（McNeil et al.，1982）③，题目和结果如表6-4所示：

---

① Payne J. W.，Bettman J. R.，et al. The adaptive decision maker. Cambridge University Press，1993.

② 张银玲，苗丹民，罗正学，刘旭锋，齐建林. 正负信息框架下人格特征对决策的影响作用. 医学争鸣，2006，27（4），363-366.

③ McNeil B. J.，Pauker S. G.，Sox H. C. Jr.，Tverskey A. On the elicitation of preferences for alternative therapies. *New England Journal of Medicine*，1982，306：1259-1262.

表 6－4 框架效应下的选择实验

选择项（表述为收益）	被选比例	选择项（表述为损失）	被选比例
A. 100 人做普通手术，90 人存活，一年后 68 人健康，5 年后 34 人健康	82%	A. 100 人做普通手术，10 人死亡，一年后 32 人死亡，5 年后 66 人死亡	56%
B. 100 人做放射治疗，全部存活，一年后，77 人健康，5 年后 23 人健康	18%	B. 100 人做放射治疗，无人死亡，一年后 23 人死亡，5 年后 77 人死亡	44%

在案例中，我们看到不同的表达方式导致了明显不同的选择结构。对于两种同样的选择，运用不同的表达方式，结果出现了很大的差异。

2. 框架效应与捐助行为

在不同类别的公益广告中，文字信息都是必不可少的。框架效应作为影响人们认知、判断的信息描述，运用在公益广告中会对受众决策产生不同的影响，尤其在框架效应的描述中强调收益或者损失、风险确定与否、积极消极的后果，与受众内在动机符合时，受众的信息注意以及捐助决策将会出现差异。

同时，高自我效能个体与低自我效能个体对于框架效应的反应不同。高自我效能个体在不同目标框架下的捐助意向存在显著差异，高自我效能个体在获得框架下具有较高的捐助意愿，而低自我效能个体在不同目标框架效应下没有显著差别。高自我效能被试者愿意提供更多的捐助，这可能与高自我效能个体共情水平更高有关，考虑到受众群体的需要，高自我效能个体愿意给予更多的帮助。

4. 行为经济学参照效应案例分析

(1) 背景简介。

参照效应的概念，最早来源于前景理论、同比-对比理论（assimilation contrast theory）和自适应水平理论（adaptation level theory），其中前景理论对参照效应理论的形成影响最大。Kahneman 和 Tversky（1979）[①] 在前景理论中指出，决策者感受到的获得和损失是基于某一参照点而言，并不是真实获得和损失，从而为参照价格奠定了理论基础。简单来说，参照效应是指人们的偏好是不稳定的，不同的启发式往往产生不同的决策偏好。人们在不同的参照系下对事件的认知和行为选择也会出现很大的偏差。一般人对一个决策结果的评价，是通过计算该结果相对于某一参照点的变化完成的。人们关注的往往不是最终的结果，而是最终结果与参照点之间的差额。一种结果可以看成是得，也可以看成是失，这取决于参照点的不同。非理性的得失感受往往会对人们的理性

① Kahneman D.，Tversky A. Prospect theory：Analysis of decision under risk. *Econometric*：*Journal of the Econometric Society*，1979，47（2）：263－291.

决策产生很大影响。

（2）案例分析。

除一元“巨奖”案例外，另外还有一个与税收有关的案例：英国前首相卡梅伦（Cameron）曾成功通过给纳税人的催税通知单上列明“你的邻居已经纳税”，从而有效地提高了税款的征收率。这也是参照效应的很好体现。

专栏6-4

参照效应案例分析

1. 参照依赖与自身选择策略

一些科学家曾做过这样一组实验，他们对当地城市的出租车公司招聘情况进行调查，以填表的形式询问对于报名成为出租车司机的人们在下面两种工资环境下的选择（详见表6-5）。①

表6-5 参照依赖与自身选择实验

备选项	比例
A、其他同事一年的收入为10万元的情况下，你一年的收入为9万元。	26%
B、其他同事一年的收入为7万元的情况下，你一年的收入为8万元。	74%

这项调查的结果出乎大多数人的意料，其中74%的人选择后者。如果我们仔细分析上述两个选择，会发现从应聘者年收入的绝对量来看A要比B多1万元，但为什么会有多数人选择B呢？从A选项的表述上看，人们认为大家都做着同样的工作，但报酬不同，这样应聘者无形之中就把10万元作为一个出租车司机工资的参照标准，在这种情况下，他们会感到不公平和妒忌，为此而感到不满。然而，B选项恰恰与A选项相反。在B选项中，应聘者会将大多数司机的工资标准定为7万元，而自身8万元的年收入无疑比其他同行更高，这样的选择让人很自然就产生一种自豪与优越感。

2. 参照依赖与广告效果

广告语一：世界上每4秒就有1人因吸烟而死亡，时间有限，珍惜每一秒时间，不点一支烟。

广告语二：每年全球粮食的1/3被浪费，每年浪费量达13亿吨，你的挥霍，正伴随着别人的饥饿。

当仔细阅读完上述两条公益广告语时，大多数人都会有很深的感触。第一则广告语给予人们的普遍感受是原来吸烟对健康的影响是如此之大，它几乎时时刻刻威胁着

① Amos Tversky, Daniel Kahneman. Rational choice and the framing of decisions. *The Journal of Bussiness*, 1986.

我们的生命，吸烟比我们想象的更危险。而第二则广告语让人们感受到我们每天不经意之间浪费的粮食如此之多，如果把浪费的粮食节约下来，竟然可以养活数以万计的人。第一则广告的设计者故意将因吸烟导致的死亡人数的时间以秒来计量，让人看到后立刻会产生紧张感，如果把标语改为每天因吸烟而死亡的人数为 21 600 人，虽然换算下来死亡速率是相等的，但是观看者的直接感受则截然不同，因为人们通常会认为世界上每天“离去”的人这么多，这一点又算什么呢（人们普遍都抱有侥幸心理，认为坏事不会发生在自己身上）。

第二则公益广告使用了同样的技巧，它在表达方式上使用“全球”和“年”的字眼，说明广告的设计者故意将浪费粮食的范围和时间加大加长，以“全球”和“年”作为参照，这样使观看者就摆脱了平时以“家庭”和“天”为单位的参照标准，使人们感受其中的巨大反差。两则广告的设计者使用了同样的手法，影响了观看者对其参照标准的选定，最终两条广告都产生了意想不到的效果。

本章习题

一、名词解释

锚定心理　框架效应　前景理论　公平互惠理论　利他行为　亲缘利他　纯粹利他　互惠利他　内在动机理论　禀赋效应　模糊厌恶

二、简答题

1. 心理学科学的基本特点有哪些？心理学家一般基于什么原则进行心理学科学研究呢？
2. 简要描述心理学科学的基本研究任务。
3. 简要介绍心理学科学的四类研究方法。
4. 举例分析锚定心理和框架效应。
5. 举例分析我们在现实生活中的利他行为理论，并说明其与传统理性人行为的不同之处。

本章参考文献

[1] Abbink K., Irlenbusch B., Renner E. The moonlighting game. *Journal of Economic Behavior & Organization*, 2000, 42 (2): 265 - 277.

[2] Amos Tversky, Daniel Kahneman. Rational choice and the framing of decisions. *The Journal of Business*, 1986.

[3] Ben-Ner A., Putterman L. Trusting and trustworthiness. *Boston University Law Review*, 2001, 81: 523 - 551.

[4] Cialdini, Robert B. Influence: The psychology of persuasion. *Quill Quarterly Journal of Economics*, 1993, 117: 817 - 869.

[5] C. L. Foote. Policymaking Insights from Behavioral Economics. Federal Reserve Bank of Boston, 2009.

[6] Cook S., Cooper M. Experimental studies of cooperation, trust, and social exchange. //Ostrom E., Walker J. *Trust and Reciprocity*. New York: Russell Sage, 2003. 209-244.

[7] Congdon W. J., Kling J. R., Mullainathan S. *Policy and Choice: Public Finance through the Lens of Behavioral Economics*. Brookings Institution Press, 2011: 17-40.

[8] Fang H., Silverman D. Distinguishing between cognitive biases. *Behavioral Public Finance*, 2006: 47-81.

[9] Eric J. Brunner. Free riders or easy riders? An examination of the voluntary provision of public radio. *Public Choice*, 1998, 97 (4): 587604.

[10] Eric Brunner, Jon Sonstelie. School finance reform and voluntary fiscal federalism. *Journal of Public Economics*, 2003, 87 (9-10): 2157-85.

[11] Fehr E. On the economics and biology of trust. *Journal of the European Economic Association*, 2009, 7 (23): 235-266.

[12] Fehr E., Falk A. Wage rigidity in a competitive incomplete contract market. *Journal of Political Economy*, 1999, 107 (1): 106-134.

[13] Gabaix X. Behavioral inattention. NBER Working Papers, 2017.

[14] Gneezy Uri, Aldo Rustichini. Pay enough or don't pay at all. *Quarterly Journal of Economics*, 2000, 115 (3): 791-810.

[15] Goeree J. K., Holt C. A., Laury S. K. Altruism and noisy behavior in one-shot public goods experiments. *Virginia Economics Online Papers*, 1999, 83: 257-278.

[16] Holt C. A., Laury S. K. Risk aversion and incentive effects. *American Economic Review*, 2002, 92 (5): 1644-1655.

[17] Kahneman D., Knetsch J. L., Thaler R. H. Experimental tests of the endowment effect and the Coase theorem. *Journal of Political Economy*, 1990, 98 (6): 1325-1348.

[18] Loewenstein George, Small Deborah, Strnad Jeff. Statistical, identifiable and iconic victims and perpetrators. *Social Science Electronic Publishing*, 2005.

[19] Luhmann N. *Trust and Power*. Chichester: John Wiley & Sons Ltd, 1979: 16-27.

[20] Mayer R., Davis J., Schoorman F. An integrative model of organizational trust. *The Academy of Management Review*, 1995, 20 (3): 709-734.

[21] McCaffery & Slemrod (ed.). *Behavioral Public Finance*. New York:

Russell Sage Foundation Press，2006.

[22] Rabin M. Incorporating fairness into game theory and economics. *The American Economic Review*，1993，83（5）：1281－1302.

[23] Tversky A.，Shafir E. The disjunction effect in choice under uncertainty. *Psychological Science*，2010，3（5）：305－309.

[24] Tidd K. L.，Lockard J. S. Monetary significance of the affiliative smile：A case for reciprocal altruism. *Bulletin of the Psychonomic Society*，1978，11（6）：344－346.

[25] Thomas R. Palfrey，Jefferey E. Prisbrey. Anomalous behavior in public goods experiments：How much and why?. *American Economic Review*，1997，87（5）：829－46.

[26] Thaler R. Mental accounting and consumer choice. *Marketing Science*，1999，(3).

[27] Williamson O. Calculativeness，trust，and economic organization. *Journal of Law and Economics*，1993，36（1）：453－486.

[28] 董志勇. 行为经济学原理. 北京：北京大学出版社，2006.

[29] 唐俊. 互惠行为动态模型分析. 中央财经大学学报，2012（7）：80－85.

[30] 亚当·斯密. 道德情操论. 北京：商务印书馆，1998.

[31] 张银玲，苗丹民，罗正学，刘旭锋，齐建林. 正负信息框架下人格特征对决策的影响作用. 医学争鸣，2006，27（4），363－366.

第7章 行为财政学的基本理论

行为经济学的出现是对传统社会科学领域的扩展，它基于某些现实条件的基本限制，通过一系列的实证检验对理性假设发起了挑战，也对消费者主权原则提出了质疑。如今，行为经济学也被扩展到了更多的经济学科领域，比如金融学和财政学等。作为经济学科的一大分支，传统财政学的规范性研究建立在两个基本假设上。第一，个体在明确效用函数的基础上，会按照最大化个人收益的原则进行行为选择，我们称之为个体理性假设，这是财政学的核心假设；第二，评估一项社会政策的基础应该是社会成员的福利总和，这是财政政策规范性和有效性的核心假设，我们称之为消费者主权原则。[①] 在 2004 年，经济学家斯莱姆罗德（Slemrod）和麦卡弗里（McCaffery）首次提出了行为财政学这一概念，将行为经济学的研究方法应用到了财政学领域，并对其基本的研究框架和研究内容进行了分析说明。但是，行为财政学的出现也受到了无政府主义和传统财政学的挑战，怀疑论者仍在质疑将行为经济学应用到财政学领域的可能性。

那么，行为经济学是否可以与传统财政学实现较好的结合呢？如果说行为经济学是以在实际经验中可被验证的，关于个体在真实环境中进行的思考、选择、决策和行动作为基础，那么在

① McCaffery E. J., Slemrod J. B. Toward an agenda for behavioral public finance. *Social Science Electronic Publishing*, 2004, 4 (133): 511-540.

现实生活中实现一国财政政策的基本目标就需要考虑到个人的行为选择。这并非意味着废除掉传统的公共财政政策的决策方式和基本假设，或背离了消费者主权原则。2006年，经济学家麦卡弗里和斯莱姆罗德在学术论文中详细介绍了行为财政学的基本研究内容、研究框架以及研究应用。本章的学习重点如下：结合 McCaffery 和 Slemrod (2006) 的文章《走向行为财政学议程》(Toward an Agenda for Behavioral Public Finance)，学习行为财政学的基本分析框架和理论知识，掌握行为经济学在财政学领域的应用，阅读并了解目前学术界对于行为财政学的争议和讨论。其中，行为财政学的分析框架包括三大要素，即形式要素、时间要素和遵从要素；理论知识主要涉及三类研究问题，即财政机制的基本形式、跨期选择问题和税收遵从模型。

第一节　行为财政学的基本分析框架

不同于传统财政学，行为财政学有着自身独特的分析框架，麦卡弗里和斯莱姆罗德将心理学和行为科学的研究内容和方法引入财政学领域，从形式要素、时间要素和遵从要素三个方面构建了行为财政学的分析框架（见图 7-1）。

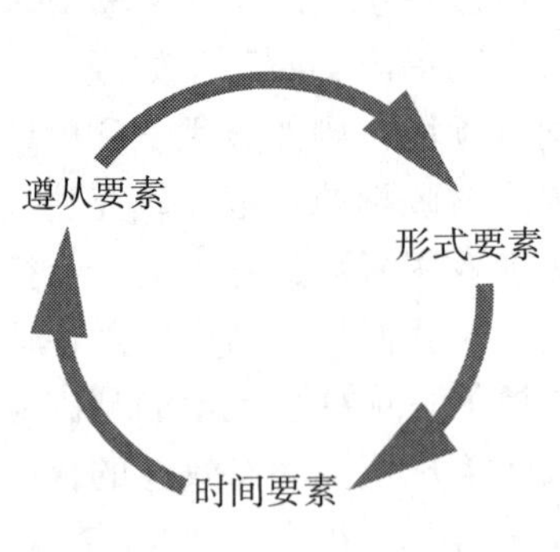

形式要素：相同的内容如果用不同的形式表现出来，可能会导致不同的结果。

时间要素：人们的时间偏好不具有一致性，通常表现为贴现率随时间呈递减趋势。

遵从要素：政府在设计财政制度时，必须要考虑纳税人的态度，即遵从或不遵从。

图 7-1　行为财政学的分析框架

一、形式要素

1. *形式要素的基本概念内涵*

形式要素（form matters）是行为财政学的核心要素之一。与传统的理性假设相反，现实生活中存在各种非理性选择的可替代情况，这种行为选择和决策集本身往往会从根本上影响事件的最终结果。并且，由于具体的描述形式不同，个人的选择性偏差会改变，这会导致个人的最终决策结果产生变化。这种由表达形式不同引起的行为偏好的不

同就是形式要素，即某一事物内在实质的外在表现；与形式要素相对的则是内容要素，即某一事物的内在实质。行为财政学的研究焦点之一就是这类可能违反理性假设的行为，即由表达形式不同导致的公众行为偏好对公共财政问题有何影响。

框架效应是行为财政学形式要素的一个典型案例。**框架效应**（framing effect）是指个体对一系列不变事实的表述特征的反应，与财政学领域相关的框架效应是指，相同的财政内容，如果利用不同的表达方式表现出来会产生不同的结果。比如财政学中的指标效应（metric effect），即纳税人的反应往往取决于税收制度的度量单位。例如，有研究表明，对于相同的税收制度，如果将税收以百分比形式而非美元的形式表达，能够获得更多的税收收入（McCaffrey and Baron，2003）。[①] 其他类似例子包括惩罚厌恶，即人们更倾向于选择与惩罚性表述相反的政策，即奖励性的政策措施。比如近年来我国提出的二孩政策，同样是为提高生育率的措施，若表述为鼓励生育，给予生育奖励，就会得到更多支持，若表述为对无子女父母的惩罚制度，就会遭到更多的反对。这种不同的表述方式产生的结果是不同的，由于框架效应的操纵和税收规避心理的影响，当面临相同数额的支出时，大多数人更喜欢接受费用支出，而不是税收支出，如使用费等（McCaffery and Baron，2003；Schelling，1978；Eckel，Grossman and Johnston，2005）。[②] 比如在我国 2019 年社会保障费的改革中由国家税务局统一征收社会保障费，这是社会保障费逐步向社会保障税过渡的一个必经阶段，但受到了多数民众的抵触。现有证据表明，受民众支持的政府会或多或少地察觉并使用这一特性来回应民众选择。

在第 6 章，我们介绍了行为经济学的一些基本理论，如禀赋效应、模糊厌恶和参照系理论等。实证检验表明，被试者的不同反应取决于他们对现状的态度，以禀赋效应为例，这是政府制定违约措施的一个重要参考依据（Sunstein and Thaler，2003）[③]，也解释了为什么大多数民众更喜欢完全的隐性税收制度或者更加透明的税收制度（McCaffery and Baron，2003）[④]。在财政学中，禀赋效应可能会导致公共物品具有“黏性”，例如社会保障福利政策落实到位后，一旦受到损失，民众将反应强烈，而不会过多考虑他们未能获得同等数量和质量的商品（McCaffery and Slemrod，2006）。

行为财政学形式要素的另一个典型案例是**隔离效应**（isolation effect）。每个人在进行选择判断时都会依据个人独特的心理账户（mental accounts），并没有将类似的事物

---

① McCaffery E. J.，Baron J. The humpty dumpty blues：Disaggregation bias in the evaluation of tax systems. *Social Science Electronic Publishing*，2003，91（2）：230－242.

② McCaffery E. J.，Baron J. The humpty dumpty blues：Disaggregation bias in the evaluation of tax systems. *Social Science Electronic Publishing*，2003，91（2）：230－242；Schelling T. C. Egonomics，or the art of self-management. *American Economic Review*，1978，68（2）：290－294；Eckel C. C.，Grossman P. J.，Johnston R. M. An experimental test of the crowding out hypothesis. *Journal of Economic Behavior & Organization*，2005，89（8）：1543－1560.

③ Sunstein Cass M.，Thaler Richard H. Libertarian paternalism is not an oxymoron. *University of Chicago Law Review*，2003，70（4）：1159－202.

④ McCaffery E. J.，Baron J. Heuristics and biases in thinking about tax. *Social Science Electronic Publishing*，2003，96（1）：434－443.

整合为一个类别（Thaler，1999）[1]，也就是说，人们通常倾向于将不同来源的财富（即来源形式不同的财富）归于不同的心理账户。尽管理性假设认为，用于购买商品的同等数额的金钱是可以互相替代的，但现实是，个人通常会对来源不同的财富进行不同用途的分配，比如彩票中奖获得的意外之财，通常不会被人们用于日常生活需求中，多数消费者会选择一次性使用这笔意外之财，而不再以追求效用最大化的理性原则为依据。扩展到财政学领域，这种效应通常与禀赋效应相结合发挥作用，具体表现主要包括：

（1）新古典福利经济学的相关定理表明，商品或服务是否由政府公开提供，应该由标准福利最大化原则决定。假设特定的商品或服务由私人供给更加有效，那么这意味着如果政府停止公共供给，而转变为私人供给，社会总福利应该增加，这样符合帕累托最优。但是隔离效应表明，如果政府无法整合税收和支出决策，利用税收的变化来弥补削减某项支出的损失，就无法解决私有化带来的政府支出不足的问题，从而影响公平和效率。

（2）财政幻觉表明，多种负担较小的税种可能会比数额上负担相同的某个大税种给个人带来更多的总税负，这种负担不是数量上的，更多地体现在心理上。

（3）特定的财政收入会持续流向某些特定的公共用途，即存在财政支出的路径依赖性，因此若想改变资金分配通常是比较困难的。

（4）在实际操作中，在缴纳个人所得税时，个人通常很难记住自己的工资结构，隔离效应的存在使得个人难以在短期内接受个人所得税的变化，例如个人所得税税率中新增的负所得税税率，这似乎是一个难以被理解的问题（McCaffery and Baron，2003）。[2]

总之，形式要素在财政收入和支出，以及财政政策制定中具有重要的指导意义，政府可以通过多种手段来减轻人们的抵触心理，比如改变描述方式以及分解或合并税种，而隔离效应也为将专有资金按照用途划分到不同的心理账户奠定了心理基础。

2. 形式要素的负面影响

McCaffery 和 Slemrod（2006）指出，行为财政学存在某些明显违反理性假设的情况，而形式要素也会对政府财政产生负面的影响，麦卡弗里和斯莱姆罗德为我们指出形式要素至少具有三个方面的消极作用：

（1）如果政府过于重视政治活动的形式而非实质，政府官员就会花费大量的物质成本和时间成本用于修饰政治活动的形式，因此更善于包装的政府官员将会在仕途上更具有优势。

（2）框架效应的存在使得公共财政具有不稳定性，不同的形式对于每个个体而言具有不同甚至完全相反的影响，因此不同的表达会引发偏好逆转。当新的政府官员进入政治舞台并设定新的框架时，公众舆论也会发生变化。

（3）如果更具有吸引力的财政形式并非能够最大化社会福利的形式，社会真实财富

---

① Thaler R. H. Mental accounting matters. *Journal of Behavioral Decision Making*, 1999, 12 (3): 183-206.

② McCaffery E. J., Baron J. The humpty dumpty blues: Disaggregation bias in the evaluation of tax systems. *Social Science Electronic Publishing*, 2003, 91 (2): 230-242.

必定无法达到帕累托最优，政府官员可能会选择效率低下的税收或支出计划来取悦民众，例如隐性税种。

形式要素容易产生以上消极影响主要有两个原因。首先，现代经济学普遍认为个人是追求自身效用最大化的。行为经济学家 Gary Becker（1983）曾构造一种分析模型，在这种模型下，政府官员会通过减税或补贴的方式给予某些特殊集团奖励，但这一方式却遭到了其余纳税者的反对。① 该模型认为，在理想状态下，具有效率的特殊利益集团得到税收优惠或财政补贴的奖励时，社会福利会达到最大化，市场呈现均衡状态。但现实状况是，相同负担的税负因其表现形式的不同，会影响到民众心理账户的变化，民众会对一部分税负更加厌恶但是比较容易接受另一部分实际负担相同的税负，然而无论何种形式的税负都会对市场上商品和服务的价格产生影响。如果政府官员单纯从社会福利最大化的角度出发，选择更易被民众接受的税负形式，就会在不改变税收收入的前提下，提高市场效率和社会福利总和。

其次，政策制定者作为普通大众的一员，本身具有不同的选择性偏差。学者 List（2003，2004）指出，有大量证据表明，私有制下完全竞争市场更容易克服这种偏差，这是因为会有新的参与人频繁地进入或退出市场。② 完全竞争市场主要是以财富为基准，客观地衡量效率的高低，因此，在个人认知上处于不利地位的人会在市场上也处于不利地位。相比之下，在第三方市场主体——政府介入市场后，公共部门的成功在很大程度上取决于政策制定者的表达方式，即形式。成功的政策制定者本身就可能拥有与普通选民相同类型的认知偏差，而反过来说，具有这种认知偏差的政府官员更易与民众交流沟通，得到选民的支持，即存在“盲人领路”。行为财政学认为，如果没有得到专业的训练，政府官员的认知偏差会进一步导致民众的认知偏差，这也是形式要素的缺陷。

行为财政学的核心议题之一是个人认知偏差的存在影响了民众对税收和其他财政机制的行为反应。在对税收和其他财政决策改革的影响进行分析时，政策制定者应采用哪些符合实际的假设进行分析呢？Eckel，Grossman 和 Johnston（2005）曾设计实验研究政府税收的挤出效应，如果所得税制度不允许慈善捐助享受税收优惠，纳税者会减少他们的慈善捐款，但这是在不存在“标签化个人”的现象下才会发生的。③ 行为财政学表明，我们需要构建合理的行为模型才能更好地解释财政问题。总之，财政学领域的各类经济主体可以有不同的偏好特征，如政策制定者、公民和纳税者都可以对同一财政内容持有不同的态度和见解。形式要素告诉我们，如果无法处理好这些不同偏好特征之间的关系就会使得财政决策面临很大的问题，因此它们互相之间必须进行多维度的互动博

---

① Becker G. S. A theory of competition among pressure groups for political influence. *Quarterly Journal of Economics*，1983，98（3）：371 - 400.

② List J. A. Does market experience eliminate market anomalies?. *Quarterly Journal of Economics*，2003，118（1）：41 - 71；List J. A. Neoclassical theory versus prospect theory：Evidence from the marketplace. *Econometrica*，2004，72（2）：615 - 625.

③ Eckel C. C.，Grossman P. J.，Johnston R. M. An experimental test of the crowding out hypothesis. *Journal of Economic Behavior & Organization*，2005，89（8）：1543 - 1560.

弈，通过这种博弈构造一种以不同行为特征为基础的财政内容分析模型，选择更加合适的表现形式，并进行更进一步的实验检验。行为财政学的形式要素要求我们必须对不同的表现形式做出最基本的判断，利用实验经济学构造出用于分析财政现象的基本模型是重要的分析方法，我们会在接下来的第 8 章中对实验经济学进行更进一步的分析。

3. 解决方案

我们已经得知，认知偏差既可能来源于普通民众，也可能来源于政策制定者，因此，如何才能设计一种特殊的、能够脱离这种偏差影响的政策，从而避免由此产生的财政学领域内的次优选择呢？例如，通常情况下，个人会偏好于选择隐性税收而非直接施加在自身身上的税收负担，这主要是由于对自身承担的损失的厌恶，因此相较于个人所得税，企业所得税会更具有持续性和普及性，这些企业所得税会将财富资源从私人手中转移出来重新分配，而个人并不会直接获得这部分收益，因此会忽视自己受到的财富损失（McCaffery，1994；McCaffery and Baron，2003）。[①] 有学者认为，这种偏差造成的影响不仅会体现在经济上，也会被进一步扩展到政治上，也就是说，隐性税收不是简单地取代了其他一些透明度更高的税种，而是使政府这只“看得见的手”权力更大（Hines and Thaler，1995；Becker and Mulligan，2003）。[②] 这会牺牲社会的真实财富和福利水平，而好的财政政策理应避免这种不必要的损失。McCaffery 和 Slemrod（2006）提供了三种克服形式要素消极影响的方案：

第一种方案是引导公民更好地认识财政政策，通过普及教育提高民众素养，这一点也是实施财政政策的基础。然而普通大众通常经验不足，也无法较快理解政策措施，这种效率低下的现象很难在短时间内改变，因此普及教育也是具有很大挑战性的，需要花费大量的财政资源和时间成本来完成。

第二种方案是依靠公共财政领域的套利机制减少非理性认知偏差的影响。套利机制（arbitrage mechanisms）是金融学领域的专业术语，传统金融学认为，竞争是市场的本质，即使有多数非理性的投资者出现在金融市场上，他们倾向于高买低卖，但只要有至少一个理性的投资者活跃在金融市场上，就能够抵消掉市场上非理性投资者的认知偏差并进行合理的证券估值。但行为金融学认为，套利存在很多局限，购买低估资产出售高估资产并不能保证获利，风险的存在也会使套利者重新审视自己的投资行为，正如凯恩斯所说，“市场可以维持比你承受时间更长的非理性”（Barberis and Thaler，2003）。[③]

---

① McCaffery E. J. The uneasy case for wealth transfer taxation. *The Yale Law Journal*, 1994, 104 (2): 283-365; McCaffery E. J., Baron J. Heuristics and biases in thinking about tax. *Social Science Electronic Publishing*, 2003, 96 (1): 434-443.

② Hines J. R., Thaler R. H. The flypaper effect. *Journal of Economic Perspectives*, 1995, 9: 217-226; Becker Gary S., Casey B. Mulligan. Deadweight costs and the size of government. *Journal of Law and Economics*, 2003, 46 (2): 293-340.

③ Barberis N., Thaler R. Chapter 18 A survey of behavioral finance. //Constantinides G. M., Harris M., Stulz R. M. *Handbook of the Economics of Finance*. Amsterdam: Elsevier Science Publishers, 2003, 1 (03): 1053-1128.

虽然在财政学领域没有这种套利机制，但也有类似的机制，即政府官员的委托-代理（principal-agent）模式。实际上，财政学问题可以定义为对非市场性经济活动的研究（McCaffery and Slemrod，2006）。金融市场中的套利机制是一种私人收益，这种收益是给予私人投资者的收益，而财政学领域中的套利则是一种公共收益，这种收益是对公众有利的收益（McCaffery and Baron，2003）。[①] 举例来说，在金融市场上，理性的投资者可以从与其他非理性投资者的交易中获取利润，即使存在套利风险也还是有很大可能获得利润的；但在财政学领域中，那些旨在揭露某类税收幻觉的政府官员并不能保证个人或团体从这种行为中受益，也就是说，公共部门的套利行为不仅供不应求，而且会面临更大的风险，也进一步增加了公共财政的风险。

第三种方案是使行政过程透明化、规范化，减少行政偏差。个人认知偏差和政治的复杂性会使得民众希望能够参与和干涉行政过程，约束政府官员的行政行为。行为经济学家 Noll 和 Krier（1990）认为，有证据表明，过于迅速的判断会比冷静分析的判断更加非理性化，更容易扭曲有效率的市场。[②] 在财政学领域，由于财政收支存在路径依赖的特征，为平衡预算修正案和规范税收规则，政策制定者会为新的支出计划筹集新的收入来源，或削减具体的财政支出计划以抵消减税的影响，这样会产生一些比较好的效果，即如果政策制定者在行政过程中将所有信息公开透明化，就会减少隔离效应的影响，做出更加理性化的政策判断。

个体认知偏差的存在使得行为经济学更符合现实经济背景，这也是行为财政学形式要素能发挥作用的原因。形式要素是公共财政领域必不可少的分析要素之一，但形式要素的缺陷也会造成政策制定者很多的非理性决策。而通过教育、套利激励以及规范化行政过程中的各项环节能够较好地避免形式要素的缺陷，减少财政决策的失误。

二、时间要素

形式要素所涉及的问题主要与个人选择性偏差相关，这种认知偏差的存在使得传统的理性假设受到经济学家的质疑。政府官员对某项政策的表现形式不同会使财政政策的结果存在差异，也会增加公共部门的风险。而时间要素（time matters）与个人跨期选择的偏好相关，是由于时间不一致性（time inconsistency）和个人自我控制差异（self-control differences）造成的。

1. 时间要素的基本概念内涵

消费者主权原则认为，大多数人似乎都有跨期选择的偏好，这种偏好是真实存在的非一致性偏好。真实市场上的消费者往往表现得好像缺乏自我控制的能力，倾向于选择

---

① McCaffery E. J.，Baron J. Heuristics and biases in thinking about tax. *Social Science Electronic Publishing*，2003，96（1）：434－443.

② Noll R. G.，Krier J. E. Some implications of cognitive psychology for risk regulation. *The Journal of Legal Studies*，1990，19（S2）：747－779.

具有短期利益但长期成本较高的行为。有相当多的证据表明，许多人会错误地预测自己的未来偏好，选择在较早期进行较多的消费。Laibson（1997）构造了一种双曲线模型用来描述跨期选择的时间不一致性[①]，在这个模型中，连续未来期间之间的贴现率是恒定的，但远小于下一期间和当前期间之间的贴现率，这样会产生一种持续的时间偏好（Phelps and Pollak，1968[②]；O'Donoghue and Rabin，1999）。这种现象对积极和规范的财政政策制定方面都有潜在的深远影响。这种偏好对个人行为的影响在某种程度上取决于人们是否能意识到其中的变化，一旦下一个时期到来，他们将再次面对新一轮的当前时期和未来时期。如果一个人足够理性，意识到他在未来可能会改变选择，那么他现在就可以做出相对应的决定，特别是，追求一种限制未来选择的自我约束机制可能是必要的。

这种贴现率不同的跨期选择模型对个人的储蓄和退休决策有重要的影响，人们通常会倾向于在年轻时将收入用于消费而非储蓄，这样容易导致在退休后储蓄不足、无法维持生活，即存在近视偏好。这种近视偏好是政府实施社会保障等强制性储蓄制度的理由，也是某些特定制度的设计依据，如企业以年金形式支付的福利。在当前的社会制度和经济形势下，这似乎已经成为一种默认规则。学者 O'Donoghue 和 Rabin（1999）认为具有时间偏好的个体会倾向于选择延迟退休，并建议企业对默认的投资选择和财务决策施加最后期限，以提防家长制作风，这样对非理性的人来说有较低的试错成本，对于完全理性的人则无较大的影响。[③] Thaler 和 Benartzi（2004）也认为默认的社会规则可以对员工的储蓄行为产生较大的影响。[④]

2. 时间不一致性与社会保障等问题

时间不一致性的普遍存在引发了财政学对社会保障和医疗保险问题的广泛探讨，这类政策在抵消非理性消费者的即期非理性消费行为的同时，也给政府财政带来了一些不利的影响，比如未来负债会对当前政府财政造成不良影响（Jackson，2003）。[⑤] 行为经济学家 Barro（1974）认为，从严格的理性选择和理性预期的角度分析，当前的民众能够解释社会存在的所有已知的未来负债[⑥]，但这只是一种理想状态，现实中的民众很可能无法解释这些未来负债。那么，是否能够建立一种机制使得这种未来负债更加凸显？是否能够在消费者主权原则的基础上分析这一问题以及个人行为选择？如何协调当前消

① Laibson D. Golden eggs and hyperbolic discounting. *Quarterly Journal of Economics*, 1997, 112 (2): 443-477.

② Phelps E. S., Pollak R. A. On second-best national saving and game-equilibrium growth. *The Review of Economic Studies*, 1968, 35 (2): 185-199.

③ O'Donoghue T., Rabin M. Doing it now or later. *American Economic Review*, 1999, 89 (1): 103-124.

④ Benartzi S., Thaler R. H. Save more tomorrow: Using behavioral economics to increase employee saving. *Social Science Electronic Publishing*, 2004.

⑤ Jackson H. E. Accounting for social security and its reform. *Social Science Electronic Publishing*, 2003, 41 (1): 59-159.

⑥ Barro Robert J. Are government bonds net wealth?. *Journal of Political Economy*, 1974, 82 (6): 1095-1117.

费和未来消费之间的关系呢？当人们具有近视偏好和享乐主义时，在未来遇到巨额负债时应该怎样面对？财政学提出依靠财政政策来缓解这种非理性所带来的问题，行为财政学又进一步提出透明化财政政策制定过程，减少家长制的过程和步骤，如果时间不一致性与隔离效应有关，就可以依靠构建个人心理账户来减轻这类问题。

3. 罪恶税

罪恶税（sin taxes）最初是美国总统奥巴马（Obama）为了对抗肥胖问题，对可乐等含糖分高的汽水饮料额外征收的税。英国和瑞典都对烟、酒征收过罪恶税。有些国家将烟酒消费等行为称为罪恶消费。2008 年，英国政府就打算向烟、酒、塑料袋使用者征收所谓的罪恶税，其中把酒税税率调高至比通货膨胀率高 6%。在近期的研究中，有学者将跨期选择模型应用于研究成瘾性和有害性的商品销售，即人们对此类商品的过去消费会提升该商品当前对其的吸引力，因此，此类商品的未来成本将会大于其当前成本。Becker 和 Murphy（1988）研究了购买这类商品的消费者是具有理性和前瞻性的假设情况下个人的消费行为。① 在此基础上放松该假设，即消费者对这种类型商品也具有时间不一致的跨期偏好，无法克服这些偏好所暗示的自我控制问题。这样政府就有一个征收罪恶税的理由，能够在一定程度上预防人们在当前消费时忽视未来的高成本而选择具有一定危害的行为。假设政策目标是基于公众长期偏好，而非追求政策效用的最大化，最优的罪恶税可以通过标准最优税收计算方法求得。比如，在 Jonathan Gruber 和 Botond Köszegi（2001）的研究中，他们估计出了每包卷烟的最优税收至少为 1 美元，而且可能比 1 美元高得多。② 此外，当对有害成瘾物品征税时，其效用或福利净损失要比非成瘾物品低得多，因为如果这些商品的价格较高，消费者会付出更多的自我控制成本。实际上，学者 Gruber 和 Köszegi（2001）认为，扩大研究的范围会发现，征收罪恶税会使购买此类商品的消费者具有更大的净收益。③

比如，我们以香烟税为例，对香烟税进行的福利分析是行为财政学中时间要素分析框架的一个典型例证。传统的福利经济学追求个人效用最大化，并试图最大限度地满足个人偏好，但以此为目的所制定的基本政策似乎无法与实际生活中的某些政策目标相匹配。当人们具有时间偏好时，享乐主义会鼓励人们选择当前的非理性消费，而希望自己在未来是理性的、能够自我控制的，但这一愿望显然是很难达成的。当政策制定者了解公众意图，知道民众倾向于当前消费香烟后，如果不制定政策减少这种非理性消费，就很可能会在未来需要花费更大成本来帮助他们戒烟。

在传统财政学中，大多数学者担心对抽烟、喝酒等不良的饮食生活习惯征收高额税费会扭曲横向公平和纵向公平。Gruber 和 Köszegi（2001）的研究将人群分为高收入人群和低收入人群，认为低收入人群依靠香烟获得的收入份额是高收入人群的 8 倍，但将

---

① Becker G. S., Murphy K. M. A theory of rational addiction. *Journal of Political Economy*, 1988, 96 (4): 675－700.

②③ Gruber J., Köszegi B. Is addiction "rational"? Theory and evidence. *The Quarterly Journal of Economics*, 2001, 116 (4): 1261－1303.

研究焦点转移到消费时，发现这一比例会变为 4 倍。[①] Gruber 和 Köszegi（2001）进一步将自我控制问题引入模型时，发现税收提高了吸烟者自身的福利，并削弱了香烟税的显著性。不过这项研究只能表明研究自我控制和跨期选择偏好的紧迫性。Sunstein 和 Thaler（2003）在研究家长制的社会结构时提出，默认规则的合理设置可以使公众受益而不会伤害到任何人，他们认为对一些非理性消费者总要不可避免地征收税费，这样可以准确地使某些特定人群受益。[②]

三、遵从要素

财政学的另一个核心问题是关于纳税的问题。公民为什么要纳税？政府如何让公民自觉纳税，并防止不纳税行为呢？也就是说，公民责任是否能战胜个人自身利益呢？行为财政学的第三个研究焦点是关于纳税问题，即遵从要素（compliance matters）。

1. 对 A-S 模型的质疑

理性假设下的行为选择是很容易解释的，因为在这种情况下，个人从政府公共服务中获得利益通常是不会受到自我控制和约束的。在传统分析中，纯粹追求自身利益的个人不会自愿为社会公共利益做出贡献，除非政府制定的惩罚措施十分严厉，使得纳税这一举动看似明智。然而有学者在结合数据进一步研究后认为，A-S 模型存在缺陷。考虑到稽查率和罚款率，测算出的逃税人数似乎比实际逃税的人数更多。[③] 这表明现实社会所发生的真实逃税情况要远远超过理性模型的分析框架力所能及的范围，也就是说效用函数等完全理性模型无法解释现实生活中的一部分逃税现象，但是将行为经济学的研究方法应用于财政学问题的研究，能很好地解决一部分问题。

也有许多研究表明，搭便车现象确实很普遍，但这种行为也是根据具体情况有所区别。政治经济学家 Ostrom（2000）[④] 针对公共选择理论进行了进一步说明：“公共物品的贡献率会受到各种因素的影响，比如利他主义等。而这些因素作为印证理论的证据，容易被反复验证。”公共物品的自愿供给行为是利他主义的典型代表。然而，这种行为在多大程度上受到利他主义等因素的影响需要进一步验证。“现实中会有人们偏好将自己的个人价值放在实现与他们自身利益无关的他人的福祉上，也就是互惠的利他主义，在这种偏好下，他的利益取决于其他人的行为选择，以及选择动机和意图。”当然这些行为中的任何一种都是理性的，虽然这一建立在利他主义和互惠主义之上的事实依据仍

---

① Gruber J.，Köszegi B. Is addiction “rational”? Theory and evidence. *The Quarterly Journal of Economics*，2001，116（4）：1261－1303.

② Sunstein Cass M.，Richard H. Thaler. Libertarian paternalism is not an oxymoron. *University of Chicago Law Review*，2003，70（4）：1159－202.

③ Fisman R. J.，Wei S. J. Tax rates and tax evasion：Evidence from missing imports in china. C. E. P. R. Discussion Papers，2004.

④ Ostrom E. Collective action and the evolution of social norms. *Journal of Economic Perspectives*，2000，6（4）：235－252.

然有待进一步证明。也就是说，A-S模型无法完全解释真实社会中的实际逃税行为，而行为财政学的遵从要素则对这一模型进行了扩展，利用行为经济学的研究方法进行了更合乎现实的研究。

2. 遵从要素的基本概念内涵

遵从要素一般强调纳税人的税收遵从度。与形式要素的个人认知偏差所造成的社会公平和效率的扭曲相比，遵从要素似乎位列其次，并且其严重程度也不如时间不一致性带来的选择偏误。① 尽管如此，理解并提升公民税收遵从度仍然十分重要。事实上，政府提升税收管理水平所耗费的成本要低于纳税人自愿遵从的成本，因此加强征管比税收遵从的应用更加广泛。Christopher Clague（1993）提到过“一个规则遵从程度很低的社会无法……拥有一个有利于经济进步的制度网络”②。理性选择为我们提供了一个简单的遵从规范，但这一规范不足以概括解释现实社会所有的行为选择。行为财政学帮助我们将财政学领域一系列广泛且具有差异的挑战和问题纳入到一个标准的分析框架，即个人的遵从行为最好通过被强制性执法制度所约束的理性自利行为来解释。

财政学的研究内容显示，在财政收支和财政政策的研究和规划中均涉及至少两方的利益，即政府和纳税人。在设计政策制度时，政府通常不会忽视纳税人的态度和行为，纳税人是否遵从某项财政决策会直接影响到政策实施效果，也就是说，遵从要素是行为财政学重要的分析框架之一。

但是，McCaffery和Slemrod（2004）提出过度的税收遵从也与个人非理性有关，有些时候个人会更愿意遵从政府征税行为，这也是一种个人选择性偏差的结果。因此A-S模型也无法解释现实经济环境中这部分非理性的遵从现象。卡尼曼和特沃斯基在1979年提出行为经济学前景理论，代替了预期效用最大化理论，这对于逃税理论的发展具有直接的影响。即使规模相当，逃税被稽查的风险和损失也要远大于逃税所获得的收益，因此逃税的吸引力会大大降低。③ 而Dhami和al-Nowaihi（2007）对比了前景理论分析框架和预期效用最大化理论分析框架下的逃税行为，认为前景理论分析框架可以更好地解释现实背景下的真实逃税水平，逃税现象是无处不在的，而有些时候，税率也会对逃税产生负面影响。④

也有实验研究表明，个人的税收遵从度与搭便车之外的成本和收益分析有关，被试者不仅会对逃税博弈的概率和代价做出反应，而且会对自身所处的背景做出反应。Frey（1997）将影响税收遵从度的因素进一步区分为内在动机和外在动机，认为纳税人的内

---

① 这里需要强调的一点是，行为财政学的三大要素都是财政学领域可能遇到的问题，但我们的目的不是权衡这三者的重要性。

② Clague C. Rule obedience, organizational loyalty, and economic development. *Journal of Institutional & Theoretical Economics*, 1993, 149 (2): 393-414.

③ Tversky K. A. Prospect theory: An analysis of decision under risk. *Econometrica*, 1979, 47 (2): 263-292.

④ Dhami S., al-Nowaihi A. Why do people pay taxes? Prospect theory versus expected utility theory. *Journal of Economic Behavior & Organization*, 2007, 64 (1): 0-192.

在动机通常是公民道德所带来的责任感，而外在动机通常是逃税的惩罚力度。① 弗雷（Frey）认为，外在动机的增加会对内在动机产生一种挤出效应，更具有惩罚性的执法措施会让人们觉得自己必须纳税，而非根据自身意愿选择是否纳税。税收稽查力度对税收遵从度影响更大。Falkinger（1995）则认为，如果说税收的公平会减少社会中的一些避税行为，在一个制度更加公平的国家中，逃税就会变得更加昂贵。② 这其实说明了逃税的成本十分大。另外，如果政府提供了不合乎民意的公共物品或服务，那么居民个人也会在财政体系中发现不公平的现象，这也会使得某些个人会认为政策错误而选择逃税，但这一特征无法被简单地分析清楚，通常会与很多因素密切相关。比如，Daunton 和 Harling（2001）指出，军事支出在战争时期通常被认为是合理的，但在和平时期则会被大多数民众拒绝③；再比如，福利性支出有时候会被视作一种提高社会整体福利的支出，而有时候又会被视为是国家经济衰退的来源。

以上所有研究证据都表明，行为经济学中的互惠主义和利他主义都会影响财政学领域的相关问题，但纳税人的行为选择取决于个人的偏好、动机和意图，以及政府本身。一些纳税人可能愿意放弃他们自己的一些潜在利益，以追求一种社会整体的公平，但前提是他们认为政府的整个税收制度以及行政过程本身是公平的。这一结论与 Braithwaite 和 Levi（2003）的研究结果类似，即公民通常会信任政府，只要他们确定政府政策的出发点是维护公民自身的利益，以及整个行政程序是公平的，且出于互惠原则，他们确信自己会通过这种方式使得政府或其他人获得利益。④ 而政府的可信赖度和其他人对某项政策的看法也会间接影响个人的行为选择，就算对于个人而言，基于短期利益最大化的最优选择是搭便车，他们还是会选择遵从。值得注意的是，所有关于个体态度是否影响税收遵从度的研究都适用于个人纳税人，然而对于大多数国家而言，企业享受了大部分税收减免政策，尽管税收的实际承担者往往是个人，或者是由雇主扣缴劳动所得税。在这种情况下，公司是否会作为一个个体对税收政策作出行为反应也是一个新的研究点，比如公司慈善捐款的动机往往会受到政府政策的影响，更进一步，公司等社会组织在什么情况下会减轻或加剧组织本身的认知偏差。

总而言之，行为财政学有助于我们理解公民对税收制度的遵守情况以及其他一些财政措施，个人对政策的遵从度实际上取决于理性假设和自利行为之外的因素，如认知偏差、框架效应和时间不一致性，以及政府对财政收入的分配（即隔离效应）。事实上，人们对税收和财政支出政策的行为反应可能取决于人们如何理解政府的政策目的，这能

---

① Frey B. S. A constitution for knaves crowds out civic virtues. *The Economic Journal*, 1997, 107 (443): 1043 - 1053.

② Falkinger, Josef. Tax evasion, consumption of public goods and fairness. *Journal of Economic Psychology*, 1995, 16 (1): 63 - 72.

③ Harling P., Daunton M. *Trusting Leviathan: The Politics of Taxation in Britain, 1799 — 1914*. New York: Cambridge University Press. 2001.

④ Braithwaite V., Levi M. Trust and Governance. //*Trust and Governance*. New York: Russell Sage Foundation, 2003; Johnson J., Levi M. Consent, dissent, and patriotism. *Ethics*, 1999, 109 (4): 909 - 911.

够在很大程度上解释现实中各种背离理性假设的个人异常行为。

第二节 行为财政学的基本研究内容

自亚当·斯密后，财政学就一直是经济学的主要研究领域之一。传统财政学研究的是政府在弥补市场失灵、提升社会整体福利中的作用，涉及稀缺性资源的分配和再分配，分析在某些时候市场经济无法直接进行分配时，如何利用政府再分配来最大化社会总体财富，这一途径也与财政学的研究方法有关。财政学的研究内容正如 Musgrave（1960）总结的那样，通常分为两部分，包括政府的支出和收入，即财政收支两方面①，但目前财政学的研究内容得到了进一步的发展，政府开始追求财政政策的最优化。研究财政问题的方法通常分为描述性分析和规范性分析。描述性分析旨在了解政府税收和支出计划对个人和企业行为，以及个人福利的实际影响；规范性分析旨在了解政府行为，即分析政府应该做什么，不应该做什么。财政学的研究目的就是通过分析政府行为的成本和收益，选择最优方案，提升社会福利。本节将简单介绍行为财政学的基本研究内容，本书的第三部分将就行为财政学的研究内容及其具体应用进行更细致的介绍。

一、财政支出

在财政支出和资源配置方面，最本质的问题是政府为什么要做某件事情，即公共部门的作用是什么。在传统经济学家所熟悉的新古典福利经济学的分析框架下，自由竞争的市场和私人市场通常致力于实现有效分配，追求一种帕累托最优的均衡结果，即在不会让任何一个人境况变坏的情况下，使得至少一个人的境况变好。因此，麦卡弗里和斯莱姆罗德指出，任何特定的政府支出计划作为一种干预市场经济的手段，都必须对市场失灵进行充分的论证才能够实施。例如在公共物品必须由政府提供、市场主体经济活动的外部性以及越来越多的信息不对称这些市场失灵的情况下，政府干预至少在理论上可以增加社会财富总和与社会整体福利，提高资源配置的效率。

新古典主义经济学认为，政府财政追求通过有效率的最优分配来减轻市场失灵（如通过提供公共物品和服务），追求社会福利的最大化，并追求如何通过社会财富的再分配来实现更理想的资源配置。Thurow（1971）指出，财政学研究也关注社会财富和资源的分配和再分配，无论这部分财富收入是否被划分为公共资源，因为仅靠完全竞争市场不一定会产生社会资源的最优配置。② 在当代先进的民主国家中，财政支出计划和转移支付计划实际上已经比之前传统的税收和支出计划占据了更大的经济份额。

---

① Musgrave R. A. The theory of public finance. *Southern Economic Journal*, 1960, 26 (3): 234-238.

② Thurow L. C. The income distribution as a pure public good. *The Quarterly Journal of Economics*, 1971, 85.

二、财政收入

另一大研究内容是政府财政收入，政府支出和转移支付的资金来源于财政收入，因此，政府追求一种最优的税收结构。理想状态下的税收是一次性税收或人头税，因为这种税收通常不会扭曲市场经济和主体行为，因此不会影响资源的分配。但由于这种最佳税收的不可行，研究财政学的学者如 Ramsey（1927）、Mirrlees（1971）和 Atkinson（1996）等人已经对最优税收进行了复杂的分析。[①] 然而，Slemrod（1990）指出，即使是单纯就福利制度进行选择的简单社会问题[②]，若在现实环境中采用最优税收制度也是有问题的。因此，财政学家通常不能仅仅单纯研究税收理论，而应更多地关注纳税者的税收遵从度和税收管理问题，试图最大限度地降低现实世界中的税收交易成本。财政学的另一大核心任务是研究个人和公司对某些替代税收的财政制度的行为反应，比如社会保障费等费用，其目的在于了解和预测各种税收替代制度和制度改革的收入效应和无谓成本，即分析构建最优税收结构所需的成本，以选择出最佳实践方案，并且进一步权衡次优实践方案，例如，现在已有充分的研究证明最优所得税政策的实施通常与劳动供给弹性有关。

三、财政政策

财政学的第三个研究内容是财政政策的制定，尤其是政府如何制定财政政策，选择何种类型的财政政策（强制性或非强制性干预）来更好地发挥财政的前两大功能。如今政府开始追求采取恰当的措施改变民众的行为，有目的地回应民众需求并诱导民众选择更合适和理性的行为，而非仅仅作为其传统功能（如税收和转移支付）的副产品。“政府应该在何种状况下才需要参与市场经济活动呢?”这是行为经济学和传统财政学相互交叉的一部分，具有较高的研究价值。Pigou（1930）[③] 指出，在新古典主义经济学的分析框架中，税收长期以来一直被认为是矫正外部性的工具，或者是通过分析比较社会成本和私人成本的大小关系来选取最适配置的工具。[④] 行为财政学认为，如今政府经常通过以下两种不同的财政机制引导民众选取最适合的方式行事：一是通过鼓励民众参与慈善捐赠和储蓄等活动的税收优惠政策来实现资源的最优配置，增加社会福利总和；二是

---

① Ramsey Frank P. A contribution to the theory of taxation. *Economic Journal*, 1927, 37 (145): 47 - 61; Mirrlees J. A. An exploration in the theory of optimum income taxation. *Review of Economic Studies*, 1971, 38 (2): 175 - 208; Atkinson Anthony B. Public economics in action: The basic income. //*Flat Tax Proposal*. Cambridge: Clarendon Press, 1996.

② Slemrod Joel. Optimal taxation and optimal tax systems. *Journal of Economic Perspectives*, 1990, 4 (1): 157 - 178.

③ Pigou A. C. The statistical derivation of demand curves. *The Economic Journal*, 1930: 384 - 400.

④ Mann R. B. F. K. A study in public finance by A. C. Pigou. Weltwirtschaftliches Archiv, 1930, 31: 126 - 131.

通过对香烟和酒精等具有一定危害性的商品和服务征收罪恶税来劝阻民众放弃选择某些行为。不管是哪种财政机制，都是建立在传统财政学的矫正外部性的原则之上，因此行为财政学进一步扩大了财政学领域的研究范围，引发了学术界对消费者主权原则的质疑和思考（Gruber and Köszegi，2001，2002；Camerer et al.，2003；Sunstein and Thaler，2003）。[①]

第三节 关于行为财政学的讨论和争议

本章主要分析学术界围绕行为财政学的几种主流争议，以及行为财政学研究的最新进展，并介绍几篇经典文章作为案例。麦卡弗里和斯莱姆罗德认为，行为经济学对传统经济学的挑战目前已经被大多数学者所接受，但有些怀疑论者在面对大量实验证据和现实依据时，仍然否认存在各种偏差和套利行为。学者们对行为财政学的质疑主要集中在两大方面，一是人们认为偏差可能是存在的，但这主要存在于作为实验设计的假设条件被设计为实验的具体制度背景中，而这种偏差可以通过更好的实验设计，或教育和激励的措施来消除（Plott and Zeiler，2005；List，2004）[②]；二是有学者接受了市场中存在非理性套利行为，承认了偏差的存在和普遍性，也认为由于个体异质性的存在无法完全克服认知偏差，但认为偏差并不重要，因为单个个体的行为不会对市场运作方式产生重大影响，整个市场体系会忽视个别错误（Barberis and Thaler，2003）[③]，正如有效市场假说认为，即使几乎所有的投资者都是非理性的，但只要有至少一个理性的投资者存在，市场仍然可以正常运作，而行为经济学则无法很好地质疑有效市场假说。其实，现在对完全竞争市场领域下行为经济学所提出的质疑大多数来源于某些限制性因素的缺乏，比如教育、市场或个人套利机制和市场激励措施等，而这些因素并不能完全适用于对行为经济学在公共部门领域的研究，也就是说行为财政学有着自身的独特性，如果无

① Gruber J.，Köszegi B. A theory of government regulation of addictive bads：Optimal tax levels and tax incidence for cigarette excise taxation. NBER Working Papers，2002，88（9-10）：1959-1987；Gruber J.，Köszegi B. Is addiction "rational"? Theory and evidence. *The Quarterly Journal of Economics*，2001，116（4）：1261-1303；Camerer C.，Issacharoff S.，Loewenstein G.，et al. Regulation for conservatives：Behavioral economics and the case for "asymmetric paternalism". *University of Pennsylvania Law Review*，2003，151（3）：1211-1254；Sunstein Cass M.，Richard H. Thaler. Libertarian paternalism is not an oxymoron. *University of Chicago Law Review*，2003，70（4）：1159-202.

② Plott C. R.，Zeiler K. The willingness to pay—Willingness to accept gap，the "endowment effect，" subject misconceptions，and experimental procedures for eliciting valuations. *American Economic Review*，2005，95（3）：530-545；List J. A. Neoclassical theory versus prospect theory：Evidence from the marketplace. *Econometrica*，2004，72（2）：615-625.

③ Barberis N.，Thaler R. Chapter 18 A survey of behavioral finance. //Constantinides G. M.，Harris M.，Stulz R. M. *Handbook of the Economics of Finance*. Amsterdam：Elsevier Science Publishers，2003，1（03）：1053-1128.

法对其特性进行专门的研究，行为财政学的发展仍然面临很大的困境。

基于此，麦卡弗里等学者认为，质疑行为经济学在财政学领域的扩展，就是放弃寻求一种更加强大和适用的分析框架，从而不能更好地评估财政政策及其他经济政策。① 这种分析框架也能够与福利经济学相互借鉴，确保在市场失灵的情况下，更加有效地配置资源，并进一步提升资源配置的公平性。在存在市场失灵的情况下，政府干预原则上可以提高资源配置的效率，除非政府干预失败后所付出的成本超过了缓和市场失灵的收益。在考虑财政行为时，我们必须面对这样一个问题，即政府干预失败的成本是否确实远大于实施政策所带来的社会总福利，而非仅仅是将其作为分析标准规范模型的假设。麦卡弗里认为，质疑者总担心行为主义（behavioralism）会使经济学、财政学或其他一些学科偏离传统的规范性研究，过分重视偏差问题会使得社会科学研究出现偏误，但这种行为科学的应用和拓展可以简化并明晰传统财政学的职能和作用，也可以反过来促进行为经济学的发展。另外值得注意的一点是，对于客观存在的有价值的商品，比如财富和健康等，受到框架效应的影响，在不同的形式下消费者做出的选择性偏差会影响商品的实际数量，这样，传统的财政学才可以分析出某些隐性税收的福利和成本，或者帮助个人选择最优的储蓄政策。这种理性和非理性对比的去偏差的分析机制能够帮助我们分析出政策的具体成本（包括心理账户的成本），而政策的实施可以切实改善社会福利，或帮助选择政策的推出。这部分我们将对麦卡弗里、斯莱姆罗德和方汉明等学者在 2006 年编著的关于行为财政学会议论文集中的几类代表性研究进行总结。

行为经济学在进行分析时已经系统地确定了几类认知偏差，但是并未对这些包含所有偏差的行为进行一般性的模型归纳总结。实际上，大多数的实证分析都侧重于针对某个具体偏差进行分析，但在许多情况下，构造一个一般性的标准模型分析多个行为偏差其实是合理可行的。Hanming Fang 和 Dan Silverman（2009）曾提出一种方法可能会成为行为经济学未来研究的关注点，即根据经验分析区分不同偏差，并在一个简单的福利模型背景下提供一些初步解决方案，这在财政学领域显然很重要。有时候人们会错误地将他们当下对消费的偏好折射到他们未来的偏好上，使得个人或家庭不管在未来还是现在都希望能够更多地享受福利。② 然而不同的认知偏差会对劳动供给和福利计划的政策设计产生不同的影响，这就需要进行具体分析。例如，如果对未来偏好的预测出现偏差会对福利受益人的决定产生重要的影响，那么政府在制定鼓励劳动者投身劳动力市场的政策时就应该选择激励计划，而非强制性限制工作福利或规定工作时间。然而，如果这种偏差在对符合福利计划的劳动力供给产生过度的影响时就会造成相反的结果。在实施这类限制之前和之后，受到这种类型偏差影响的个人将会对时间限制或其他福利限制表现出不同的态度，而原则上是可以凭借经验区分这两者的，也可以加深我们对政策含义

① McCaffery E. J.，Slemrod J. B. Toward an agenda for behavioral public finance. *Social Science Electronic Publishing*，2004，4（133）：511－540.

② Fang H.，Silverman D. Time inconsistency and welfare program participation：Evidence from the NLSY. *Social Science Electronic Publishing*，2009.

的理解（Hanming Fang and Dan Silverman，2009）。[①]

Baron 和 McCaffery（2003a，2004）转而讨论了财政制度的构建问题，研究了税收的累进性，并证明在实验环境中普通民众对再分配的偏好取决于公共财政制度的形式。受到隔离效应和心理账户的影响，人们会将不同类型的偏差分组权衡，再根据他们掌握的信息做出决策。McCaffery 和 Baron（2003b）另一个引人注目的实验结果是，大多数被试者希望政府能够制定中等水平累进性的税收制度，高收入纳税者不管在相对量上还是在绝对量上，都会贡献更多的税收。[②] 当政府在支持私有化或缩小生产规模的过程中削减商品和服务的数量时，被试者仍然希望能够在接下来规模较小的税收体系中实施累进性的税收制度。但是，这样会削减对所有纳税人所提供的商品和服务，而穷人会因此受到更大的影响，导致世界范围内的税收和转移支付制度变得不是那么先进。事实上，累进税制会为被试者增加一定的替代成本，也说明私有化很容易违反帕累托最优的原则，因为政府通常不会对税收制度进行足够的调整以抵消掉削减开支的税收累退性效应。这一发现表明，考虑广泛的公民愿望，行为偏差有时候会使得公平与效率相悖。

在行为财政学后续的研究中有学者将焦点放在了分析行政过程本身会在多大程度上减轻或加剧个体行为偏差上。Frey 和 Stutzer（2006）认为人们有时会过分强调通过获得财富和社会地位带来的长期积极影响，从而错误地预测未来效用的系统性倾向，即作者所称的以外在动机为特征的活动；而来自内在动机的影响，如自主感和居民幸福度则会减轻这种行为偏差。错误地预测未来效用的后果是使得居民有时会因错误的原因而努力工作（这一点不仅仅局限于私有制市场），有时也会改变人们作为公民的行为选择。[③] 这主要是由于以下两点原因：一是公民评估政府政策时，往往低估了与外在动机相关的内在动机；二是在西方政治体制中，民主党派主张自由竞争，竞争双方必须提供具有强烈外在动机的决策方案，而双方可能无法承受偏离中间选民意愿的政策对其计划产生的短期影响。同时，从公民角度分析，不同的行政过程会使得公民对不同的政府持有更加独特具体的看法，并且在一定程度上意识到他们自身或其他人对未来效用的错误预测。此外，在现代民主制国家中，社会舆论有时会将人们对其异常行为的认识置于行政过程之上。

也有学者重点研究了时间不一致性的问题。Lee Anne Fennell（2006）指出，随着

---

① Fang H.，Silverman D. Time inconsistency and welfare program participation：Evidence from the NLSY. *Social Science Electronic Publishing*，2009.

② McCaffery E. J.，Baron J. The humpty dumpty blues：Disaggregation bias in the evaluation of tax systems. *Social Science Electronic Publishing*，2003a，91（2）：230 - 242；McCaffery E. J.，Baron J. Heuristics and biases in thinking about tax. *Social Science Electronic Publishing*，2003b，96（1）：434 - 443；McCaffery E. J.，Baron J. Framing and taxation：Evaluation of tax policies involving household composition. *Journal of Economic Psychology*，2004，25（6）：679 - 705.

③ Stutzer A.，Frey B. S. What happiness research can tell us about self-control problems and utility misprediction. IEW-Working Papers，2006.

时间的推移，与个人选择相关且最符合实际情况的跨期选择形式是双曲线贴现模型[①]，这也与 Fang 和 Silverman（2009）[②] 的研究极其相关。在双曲线贴现模型中，贴现率会随时间呈现出递减的趋势（Thaler，1980）[③]，适用于与当前相近的时间的贴现率总是大于较远的未来时间的贴现率，导致产生储蓄不足和其他问题。然而芬内尔（Fennell）认为，个人更倾向于表现出远视（hyperopic）偏好，他们会选择较低的，或至少现值较低的未来收益，导致个人会在所有事情中都过度保留。在过度纳税的情况下，这种行为体现得更为明显。芬内尔认为，这种行为可以从心理学的角度进行解释和进一步说明，例如人们为克服预期未来过度消费的自我控制问题，会在当期进行大规模储蓄。此外，人们往往更愿意在早期而非晚些时候听到坏的事情（例如纳税）。[④]

关于行为财政学的另一个研究焦点是税收遵从问题。Paul Webley，Caroline Adams 和 Henk Elffers（2006）对 A-S 模型进行了深入的研究分析，认为虽然个人在不确定的情况下会将逃税视为理性选择，但这一假设忽视了与增值税相关的两个问题。他们对英国的实际数据进行了分析，发现标准分析框架之外的居民责任感和个人心理账户都可以解释纳税者（比如餐馆老板和零售商等）对增值税的税收遵从度。这些数据表明，由于增值税的税率变化不大，纳税人对纵向公平的过度关注可能会导致税收横向公平的缺乏，这也可能反过来破坏纳税者的税收遵从意愿。[⑤] John Cullis，Philip Jones 和 Alan Lewis（2006）也针对标准的 A-S 模型进行了扩展分析，他们质疑该模型假定纳税者对税收遵从成本和逃税收益的权衡，认为根据不同的情况，纳税者是否完全按照模型所设定的行为行动也是不同的。在对被试者进行了更进一步的实验后，他们认为至少有一部分被试者表现出了这一特征，这是由于税收遵从度会因稽查率的不同产生很大差异。他们也选取了不同专业学生作为样本，分析了经济学专业学生和心理学专业学生的行为选择，发现经济学专业学生按照理性推理进行决策的概率更大，也就是更符合 A-S 模型的标准框架，他们在任何一种情况下申报的应纳税收入均低于心理学专业的学生。事实上，即使税收稽查率仅有 1%，大多数心理学专业的学生也会选择如实申报所有应纳税所得。此外，已扣缴或尚未支付的税收结构在统计学上也具有重要的意义：当尚未缴纳税款时，这部分应纳税额会被纳税者视为亏损，因此会增加逃税的风险，无论是心理学还是经济学研究都认为会产生类似的框架效应。[⑥]

---

①④ Fennell L. A. Hyperopia in Public Finance. //McCaffery and Slemrod（ed.）. *Behavioral Public Finance*. New York：Russell Sage Foundation Press，2006：141 - 171.

② Fang H.，Silverman D. Time inconsistency and welfare program participation：Evidence from the NLSY. *Social Science Electronic Publishing*，2009.

③ Thaler R. Toward a positive theory of consumer choice. *Journal of Economic Behavior & Organization*，1980，1（1）：39 - 60.

⑤ Paul Webley，Caroline Adams，Henk Elffers. Value add tax compliance. //McCaffery and Slemrod（ed.）. *Behavioral Public Finance*. New York：Russell Sage Foundation Press，2006：175 - 205.

⑥ Cullis J.，Jones P.，Lewis A. Tax evasion：Artful or artless dodging?. //McCaffery and Slemrod（ed.）. *Behavioral Public Finance*. New York：Russell Sage Foundation，2006.

Richard Epstein（2006）曾以论文形式对行为财政学进行了总结，概括了一些关于行为财政学的特征和显著性问题，他对行为财政学进行了评估分析，认为行为财政学更有利于接受各种家长制作风，从而避免个人因自身认知偏差而产生的过度行为。他指出，判断个人行为是否理性的关键其实不是是否犯错误，而是他们是否可以利用一系列个人、制度和市场机制来最大限度地减少这类错误的影响。理查德·爱泼斯坦（Richard Epstein）认为，市场对认知偏差的不同敏感度并非拒绝市场经济的理由，这只能成为在一个更加广泛的研究背景下分析市场中各类机制（包括就业机制和信贷交易机制）的运行的理由；完全理性的标准经济模型对于分析个人认知偏差其实必不可少，也有利于纠正行为偏差。爱泼斯坦也为家长制作风进行了辩解，认为家长制作风更加强硬和具有针对性，在一定程度上比其他方式更加优越，比如家长制作风在处理具有黏性特征的违约条款时更有优越性。另外，他也对社会保障政策和个人行为选择进行了分析，认为公共选择问题支配并加剧了普通员工在对储蓄和消费行为进行选择时所表现出来的认知偏差。①

关于行为财政学的研究涉及广泛的研究内容和研究方法，行为财政学已成为当前学者们分析财政问题时绕不开的新的研究领域。现代经济学采用了行为经济学的实验和量化分析方法，大大丰富了传统财政学的研究内容，并被用来研究公共财政和公共政策问题。大多数学者都试图在行为经济学和财政学的交叉点上，对真实的人类经济和经济政策决策进行分析和判断，解决财政学议题所面临的挑战。这些挑战存在于政府广泛参与市场经济活动的方方面面，也覆盖到了民众社会和经济活动的方方面面：我们所有人都会面临税收和消费之间的关系问题，面临当下和未来选择的问题，面临各方面的自我控制问题和个人认知偏差问题，而行为经济学和财政学的结合却能够在一定程度上帮助我们解决这类问题。

本章习题

一、名词解释

形式要素　时间要素　遵从要素　指标效应　惩罚厌恶　心理账户　近视偏好　罪恶税　远视偏好

二、简答题

1. 简要说明行为财政学的基本研究框架及其基本概念内涵。
2. 请分析说明形式要素的负面影响及其解决方式。
3. 分析说明时间偏好在行为财政学中的具体表现。
4. 简要说明心理账户在财政学领域中的具体表现。
5. 简要介绍 A-S 模型。

---

① Epstein R. A. Happiness and revealed preferences in evolutionary perspective. *Social Science Electronic Publishing*, 2008；Richard A. Epstein. Second order rationality. //McCaffery and Slemrod（ed.）. *Behavioral Public Finance*. New York：Russell Sage Foundation Press，2006：355－389.

6. 简要介绍行为财政学的基本研究内容。

本章参考文献

[1] Allingham M. G., Sandmo A. Income tax evasion: A theoretical analysis. *Journal of Public Economics*, 1974, 1 (3): 323 - 338.

[2] Atkinson Anthony B. Public economics in action: The basic income. //*Flat Tax Proposal*. Cambridge: Clarendon Press, 1996.

[3] Barro Robert J. Are government bonds net wealth?. *Journal of Political Economy*, 1974, 82 (6): 1095 - 1117.

[4] Becker G. S. A theory of competition among pressure groups for political influence. *Quarterly Journal of Economics*, 1983, 98 (3): 371 - 400.

[5] Becker Gary S., Casey B. Mulligan. Deadweight costs and the size of government. *Journal of Law and Economics*, 2003, 46 (2): 293 - 340.

[6] Becker G. S., Murphy K. M. A theory of rational addiction. *Journal of Political Economy*, 1988, 96 (4): 675 - 700.

[7] Benartzi S., Thaler R. H. Save more tomorrow: Using behavioral economics to increase employee saving. *Journal of Political Economy*, 2004, 112 (S1): 164 - 187.

[8] Braithwaite V., Levi M. Trust and governance. //*Trust and Governance*. New York: Russell Sage Foundation, 2003.

[9] Camerer C., Issacharoff S., Loewenstein G., et al. Regulation for conservatives: Behavioral economics and the case for "asymmetric paternalism". *University of Pennsylvania Law Review*, 2003, 151 (3): 1211 - 1254.

[10] Clague C. Rule obedience, organizational loyalty, and economic development. *Journal of Institutional & Theoretical Economics*, 1993, 149 (2): 393 - 414.

[11] Cullis J., Jones P., Lewis A. Tax evasion: Artful or artless dodging?. // McCaffery and Slemrod (ed.). *Behavioral Public Finance*. New York: Russell Sage Foundation, 2006.

[12] Dhami S., al-Nowaihi A. Why do people pay taxes? Prospect theory versus expected utility theory. *Journal of Economic Behavior & Organization*, 2007, 64 (1): 0 - 192.

[13] Eckel C. C., Grossman P. J., Johnston R. M. An experimental test of the crowding out hypothesis. *Journal of Economic Behavior & Organization*, 2005, 89 (8): 1543 - 1560.

[14] Epstein R. A. Happiness and revealed preferences in evolutionary perspective. *Social Science Electronic Publishing*, 2008.

[15] Falkinger Josef. Tax evasion, consumption of public goods and fairness. *Jour-*

nal of Economic Psychology*, 1995, 16 (1): 63-72.

[16] Fang H., Silverman D. Time inconsistency and welfare program participation: Evidence from the NLSY. *Social Science Electronic Publishing*, 2009.

[17] Fennell L. A. Hyperopia in public finance. //McCaffery and Slemrod (ed.). *Behavioral Public Finance*. New York: Russell Sage Foundation Press, 2006: 141-171.

[18] Fisman R. J., Wei S. J. Tax rates and tax evasion: Evidence from missing imports in China. C. E. P. R. Discussion Papers, 2004.

[19] Frey B. S. A constitution for knaves crowds out civic virtues. *The Economic Journal*, 1997, 107 (443): 1043-1053.

[20] Gruber J., Köszegi B. Is addiction "rational"? Theory and evidence. *The Quarterly Journal of Economics*, 2001, 116 (4): 1261-1303.

[21] Gruber J., Köszegi B. A theory of government regulation of addictive bads: Optimal tax levels and tax incidence for cigarette excise taxation. NBER Working Papers, 2002, 88 (9-10): 1959 - 1987.

[22] Harling P., Martin Daunton. *Trusting Leviathan: The Politics of Taxation in Britain, 1799—1914*. New York: Cambridge University Press. 2001.

[23] Hines J. R., Thaler R. H. The flypaper effect. *Journal of Economic Perspectives*, 1995, 9: 217-226.

[24] Jackson H. E. Accounting for social security and its reform. *Social Science Electronic Publishing*, 2003, 41 (1): 59-159.

[25] Johnson J., Margaret Levi. Consent, dissent, and patriotism. *Ethics*, 1999, 109 (4): 909-911.

[26] Laibson D. Golden eggs and hyperbolic discounting. *Quarterly Journal of Economics*, 1997, 112 (2): 443-477.

[27] McCaffery E. J., Baron J. The humpty dumpty blues: Disaggregation bias in the evaluation of tax systems. *Social Science Electronic Publishing*, 2003, 91 (2): 230-242.

[28] McCaffery E. J., Baron J. Heuristics and biases in thinking about tax. *Social Science Electronic Publishing*, 2003, 96 (1): 434-443.

[29] McCaffery E. J., Slemrod J. B. Toward an agenda for behavioral public finance. *Social Science Electronic Publishing*, 2004, 4 (133): 511-540.

[30] McCaffery E. J., Baron J. Framing and taxation: Evaluation of tax policies involving household composition. *Journal of Economic Psychology*, 2004, 25 (6): 679-705.

[31] Mirrlees J. A. An exploration in the theory of optimum income taxation. Re-

view of Economic Studies, 1971, 38 (2): 175 - 208.

[32] Musgrave R. A. The theory of public finance. *Southern Economic Journal*, 1960, 26 (3): 234 - 238.

[33] Mann R. B. F. K. A study in public finance by A. C. Pigou. *Weltwirtschaftliches Archiv*, 1930, 31: 126 - 131.

[34] Noll R. G. , Krier J. E. Some implications of cognitive psychology for risk regulation. *The Journal of Legal Studies*, 1990, 19 (S2): 747 - 779.

[35] O'Donoghue T. , Rabin M. Doing it now or later. *American Economic Review*, 1999, 89 (1): 103 - 124.

[36] Ostrom E. Collective action and the evolution of social norms. *Journal of Economic Perspectives*, 2014, 6 (4): 235 - 252.

[37] Plott C. R. , Zeiler K. The willingness to pay—Willingness to accept gap, the "endowment effect", subject misconceptions, and experimental procedures for eliciting valuations. *American Economic Review*, 2005, 95 (3): 530 - 545.

[38] Richard A. Epstein. Second order rationality. //McCaffery and Slemrod (ed.). *Behavioral Public Finance*. New York: Russell Sage Foundation Press, 2006: 355 - 389.

[39] Schelling T. C. Egonomics, or the art of self-management. *American Economic Review*, 1978, 68 (2): 290 - 294.

[40] Slemrod Joel. Optimal taxation and optimal tax systems. *Journal of Economic Perspectives*, 1990, 4 (1): 157 - 178.

[41] Stutzer A. , Frey B. S. What happiness research can tell us about self-control problems and utility misprediction. IEW-Working Papers, 2006.

[42] Sunstein Cass M. , Richard H. Thaler. Libertarian paternalism is not an oxymoron. *University of Chicago Law Review*, 2003, 70 (4): 1159 - 202.

[43] Thaler R. H. Mental accounting matters. *Journal of Behavioral Decision Making*, 1999, 12 (3): 183—206.

[44] Thaler R. Toward a positive theory of consumer choice. *Journal of Economic Behavior & Organization*, 1980, 1 (1): 39 - 60.

[45] Barberis N. , Thaler R. Chapter 18 A survey of behavioral finance. //Constantinides G. M. , Harrism M. , Stulz R. M. *Handbook of the Economics of Finance*. Amsterdam: Elsevier Science Publishers, 2003, 1 (03): 1053 - 1128.

[46] Thurow L. C. The income distribution as a pure public good. *The Quarterly Journal of Economics*, 1971, 85.

[47] Ramsey Frank P. A contribution to the theory of taxation. *Economic Journal*, 1927, 37 (145): 47 - 61.

[48] Tversky K. A. Prospect theory：An analysis of decision under risk. *Econometrica*，1979，47（2）：263－292.

[49] 刘蓉，黄洪. 行为财政学研究评述. 经济学动态，2010（5）：131－136.

[50] 刘华，周琦深，王婷. 实验研究方法在行为财政学中的应用. 经济学动态，2013（3）：119－128.

第8章 行为财政学的研究方法：实验经济学

实验方法是任何学科发展到一定阶段都会使用的研究方法。现代经济学的许多假设是未经实验验证的，所以在经济学中引入实验方法是必然的结果。实验经济学可以通过利用受控实验检验已有的经济理论从而发现新的经济规律。实验经济学家认为，实验模型无须完全再现现实世界，也无须完全再现理论模型的所有假设，实验室中表现出的经济行为与现实经济中的经济行为并无本质差别。

实验经济学（experimental economics）是指经济学家在挑选的受试对象参与下，按照一定的实际规则并给予一定的物质报酬，以仿真方法创造与实际经济相似的一种实验室环境，不断改变实验参数，对得到的实验数据整理、加工、分析，用以检验已有的经济理论及其前提假设，或者发现新的理论，或者为一些决策提供理论分析。

本章从起源、发展、应用等角度分析了实验经济学的研究方法。第一，介绍了实验经济学的兴起发展，实验经济学于2002年作为一个独立的学科步入主流经济学舞台。第二，通过列举的方式梳理了实验经济学的方法。第三，论述了实验与经济学发展之间的关系：经济学需要实验，因而在经济学中引入实验方法成为必然。第四，讨论了实验室实验研究的基本思路和特点。第五，系统分析了实验室实验研究的有效性、局限性和未来。实验室实验研究虽然有较好的内部有效性，但是外部有效性较弱。第六，介绍了实验经济学的方法论。行为经济学理论的许多测试都是通过实验室实验进行的。第七，总结了实验方法在行为财政学中的应用，分析讨论了使用实验室实验的行为财政学的一些领域。

第一节　实验经济学的兴起发展

弗农·史密斯（Vernon Smith）教授敏锐地觉察到实验经济理论的作用，并首次付诸实践。他在亚利桑那大学 11 个班级进行了长达 6 年的实验，验证了竞争均衡理论。他据此实验所撰写的论文《竞争市场行为的实验研究》（An Experimental Study of Competitive Market Behavior）在 1962 年的《政治经济学杂志》（*Journal of Political Economy*）上发表，这标志着实验经济学的诞生。此后，实验经济学开始应用于验证市场理论和博弈理论，并取得了一定进展。例如，弗农·史密斯的口头双向拍卖市场实验提出了市场参数完全有可能影响均衡产出收敛性的结论；赫伯特·西蒙（Herbert Simon）根据博弈实验结果分析了存在性理性（substantive rationality）和程序性理性（procedural rationality）的区别。20 世纪五六十年代的实验经济学主要局限在市场理论和博弈理论领域，原因有两方面：

一方面是理论自身的缺陷影响可实验性。经济理论的研究过程往往是从前提假设出发，再运用复杂数学方法推导出相关命题。由于前提假设是高度抽象的，无法在实验室里得到证实，因而相关命题也就无法实验。

另一方面，实验技术的不成熟也制约了经济理论的实验。

20 世纪 70 年代以后，经济学的主导理论体系发生了变化。一般均衡理论、工业组织理论、社会选择理论和公共选择理论将经济研究的假设由抽象拉回到现实。行为理论的成熟和理性预期理论的出现为实验技术的发展创造了条件。

此外，计算机的广泛应用使得有关复杂经济现象的实验成为可能。实验方法因此也越来越广泛地应用于公共经济学、信息经济学、产业组织理论等诸多经济领域。

目前，实验经济学迅速发展，并逐渐科学化和规范化，成为一个独立的经济学分支。越来越多的西方主流经济学杂志不断刊登实验经济学论文，实验经济专刊、专著和论文集也陆续出版。实验经济学已从美国传播到法国、英国、德国、荷兰、西班牙、意大利、挪威、瑞典、加拿大、尼日利亚、日本、韩国、印度等许多国家。2002 年诺贝尔经济学奖授予弗农·史密斯，这标志着实验经济学作为一个独立的学科已步入主流经济学的舞台。

第二节　实验经济学的方法

经济理论的实验与物理、化学实验一样，也包含实验设计、选择实验设备和实验步骤、分析数据以及报告结果等环节。因为实验对象是社会中的人，需要验证的是行为命题，所以经济理论的实验需要运用有别于物理、化学实验的方法，主要有：

1. 比较与评估

实验经济学高度重视比较和评估方法。该方法是指通过比较和评估来判断实验本身的好坏，并分析实验失败的原因，从而验证理论的真实性。

2. 将效率作为比较标准

普洛特（Plott）和弗农·史密斯将实际付给被试者的报酬总和与最大可能报酬的比率视作实验的效率，并把效率作为比较分析相互竞争理论的依据，从而探讨如何改进理论模型。他们甚至在没有现成理论的情况下，根据效率提出和验证新的理论。

3. 独立变动自变量

实验关系到两个或两个以上变量时，容易出现变量之间的混合作用。因此实验中应独立地变动每个自变量，以获得每个自变量对因变量作用的最确切的数据，为比较和评估提供非偶发事件的资料。

4. 评估的结论建立在概率分布基础上

现实生活中的人并不始终处于理性状态，非理性会使人的行为出现变异，因而经济理论的实验数据呈概率分布状态。所以，评估得出的结论不可能按照形式逻辑的模式即只存在真或伪两种结果表示，而是用该结果与其概率密度的乘积表示。例如，弗农·史密斯在电力市场竞争实验中得出的结论之一就是高峰负荷时期电价提高的概率密度较小，而不是一定不提价。

5. 行为分析和心理研究

经济理论的实验是把社会中的人作为被试者，所要验证的是人的行为命题，自然就需要借助行为和心理分析的方法。

例如针对行为人对重复行为有厌烦的心理，可以在实验设计中运用价值诱导方法，并把实验时间控制在 3 个小时内。

许多实验结果与理论预测会出现差异，其原因是理论假设行为人是理性的，而被试者的行为却是理性和非理性的统一。因此只有运用了诸如前景理论、后悔和认知失协理论等行为理论来分析被试者的非理性行为，才能很好地解释实验结果。

经济理论的实验不是刻意复制出现实经济的运转过程，而是要模拟出允许不同人类行为存在的环境，以便实验者能够在这样的环境中观察人们不确定的价值观及其与环境之间的相互作用。查尔斯·普洛特（Charles Plott）认为：“实验室建立的经济与现实经济相比可能特别简单，却同样真实。真实的人被真实的金钱所驱动，因为真实的天赋和真实的局限，做出真实的决策并犯真实的错误，同时为其行为后果而真实地悲喜。”弗农·史密斯采用只有三个网络节点的模型来模拟电子系统，其实验结果基本上能反映出现实电力系统运行中发电企业和电力交易商的行为类型和特征。

此外，实验经济学还通过一些仿真技巧来提高实验结果的可信度和可重复性。

一是采取随机化方法，即被试者的选取、角色的分配均随机产生；

二是保密实验意图，即十分小心地讲解实验，不出现暗示性术语，以防止被试者在实验前对行为对错已有判断；

三是使用价值诱导理论（induced value theory），诱导被试者发挥被指定角色的特性，使其个人先天的特性尽可能与实验无关。

第三节　经济学引入实验分析的必要性

1999年著名经济学家宾莫尔（Binmore）在《经济学为什么需要实验?》（Why Experiment in Economics?）一文中曾说过："目前经济学的思想和方法已经如此普遍，以至于可以毫无疑问地说，把诺贝尔经济学奖授予实验经济学先行者的时刻就要到了。"紧接着三年后，被称为实验经济学之父的弗农·史密斯和创立决策学中前景理论的经济学家丹尼尔·卡尼曼一起分享了2002年的诺贝尔经济学奖。

用实验方法研究与经济相关的问题，如果从1738年的彼得堡悖论算起，已经有二百余年的历史了，但是真正进行实验经济学受控实验还是近几十年的事。一般认为1948年张伯伦（Chamberlain）在课堂上进行供给和需求的实验是实验经济学的开端，但是将实验方法规范化使其成为经济学不可缺少的方法应当归功于史密斯。1962年，史密斯将他从1956年起所做的实验进行了总结，并发表了《竞争市场行为的实验研究》一文。该文是实验经济学的经典之作，它不仅标志着实验方法在主流经济学中已确立自己的地位，也为此后实验经济学的发展奠定了基础，而且吸引了大量优秀的经济学家投身到实验经济学研究中来。

提起实验，人们总是觉得这是物理学、化学或者生物学等自然科学的事，经济学似乎与实验无缘。甚至一些大师级的经济学家也有类似的看法，诺贝尔经济学奖获得者萨缪尔逊（Samuelson）曾在他和诺德豪斯（Nordhaus）合著的《经济学》（*Economics*）一书中说过，"经济学家在检验经济法则的时候，无法进行类似化学家或者生物学家的受控实验，因为他们不容易控制其他重要因素。所以他们只能像天文学家或者气象学家那样满足于观测。"

要研究飞机的机翼形状对飞机飞行性能的影响，你可以将具有不同机翼形状的飞机置于风洞实验室中进行实验；要探讨原子射线对植物种子发芽率的影响，你可以把种子置于辐射实验室中，改变辐射时间、辐射强度，记录实验结果再进行分析；然而如果你要研究中央银行利率对国民经济的影响，不可能在这个月减息1个百分点，下个月减息2个百分点来进行实验。因此，在研究关系到国计民生的经济问题时，实验方法似乎是无能为力。其实，这是对实验科学的误解。

目前来看，主流新古典经济理论的核心由四个理论因素构成：(1) 无差异曲线，它建立在各个假定的效用函数的基础上来表达经济主体的偏好；(2) 建立在各个假定的生产函数基础上的一组连续（或光滑的）等产量曲线；(3) 所有不同厂商和行业的一组正斜率的供给曲线；(4) 生产过程中所用的生产要素全部投入的一组边际产量曲线。

新古典综合经济理论则在以上理论因素中再增加 IS-LM 模型和菲利普斯曲线。它以这些理论构成为基础，构建了洋洋大观的经济学大厦。虽然这些理论并未得到经验的验证，人们还是认为这些理论假定是合理的，也不去质疑在此基础上构建起来的原理和命题。其实，现代经济学中有许多重要的假定是未经实验验证的，因此，在经济学中引入实验方法就成为必然。

第四节　实验室实验研究的基本思路和特点

一、实验室实验研究

经济学家对实验方法的忽视非常类似于早期哲学家对自然科学领域运用实验方法的冷漠，早期哲学家忽视了实验的创造性、探索性和建构性等方面，这种忽视在经济学的发展过程中再一次展现出来。直到最近，仍然有不少经济学家持有这种看法，比如 Sims (2010)① 甚至很武断地说，经济学不是一门实验科学，也不可能是。但为什么不可能？他并没有给出理由。经济学家对实验方法的排斥来自对这种方法的性质和作用的错误认知，以至于 Plott (1991)② 不得不通过列举法解释经济学为何可能成为一门实验科学。Roth (2002)③ 更是把实验看作是经济学家工程化的关键。但从自然科学的角度看，实验的作用是非常巨大的，古丁 (2000，p. 149)④ 指出，"实验的基本作用是提供如何研究世界的新信息：换言之，关于未知世界的工具知识。"这一点得到了实验经济学家的高度赞同，Falk 和 Heckman (2009)⑤ 指出，实验室实验在发现新知识方面具有独特作用。

实验室实验究竟在经济学研究中能起多大的作用？从最基本的层面来看，实验室实验是作为某种经济理论的检验工具而出现的，比如早期张伯伦的实验等。受波普尔证伪主义的哲学观影响，经济学家试图通过数据来验证其理论，计量经济学是一种常用的方

---

① Sims Christopher A. But economics is not an experimental science. *Journal of Economic Perspectives*, 2010, 24 (2): 59 - 68.

② Plott C. R. Will economics become an experimental science?. *Southern Economic Journal*, 1991, 57: 901 - 919.

③ Roth A. E. The economist as engineer: Game theory, experimentation, and computation as tools for design economics. *Econometrica*, 2002, 70: 1341 - 78.

④ 戴维·C. 古丁. 实验. //W. H. 牛顿-史密斯 (主编). 科学哲学指南. 上海：上海科技教育出版社，2006：142 - 153.

⑤ Falk J. J., Heckman A. Lab experiments are a major source of knowledge in the social sciences. *Science*, 2009, 326 (5952): 535 - 538.

式。但对于很多微观理论问题，比如偏好、市场结构等，经济学家很难采集到合适的自然数据加以检验，此时实验室实验就起到了很好的补充作用。比如，通过在实验室中要求被试者进行彩票组合的选择，可以测度被试者的风险偏好类型和程度；通过设计某种市场机制，可以考察该机制对被试者交易行为的影响。但实验室实验的内容远比理论检验更为丰富。作为理论检验的实验室实验总是受到理论本身的限制，假如理论自身是错误的，那么实验室实验可能会跟着犯错。实验经济学家为了避免这个问题，通常会独立于单个理论而设计实验室实验，以研究一些具有普遍意义的问题，这就意味着实验室实验除了可以检验理论外，还可以起到理论和现实世界的桥梁作用（Guala，1998）①，并且可以作为证据呈现出某种内在逻辑关系的意义（Sugden，2005②，2006③）。Smith (1982)④ 指出，实验室微观经济系统就是真实生动的经济系统，其基本目标就是建立一个便于管理的实验室微观经济环境，从而使我们能够对其施加足够的控制，并且精确地测量相关的变量。

二、实验室实验的基本逻辑和思路

实验室实验试图通过一个可控情景来研究某些逻辑关系。一个现实的社会经济系统无一例外都可以抽象成环境、制度和行为三要素，三者之间有内在的互动关系。传统的经济学采取代表性当事人的处理方法，抽象掉人的社会性，从而无法在理论和经验上揭示这种互动关系。而个体的社会性在实验室实验中则可以得到有效地展示。在标准的最后通牒博弈实验中，两个被试者进行一回合的蛋糕分配，其中作为提议者的被试者提出一个蛋糕分配方案，作为响应者的被试者选择接受或者拒绝。在这种情景下，按照传统经济学的预测，只要是大于0的任一正数，响应者都会接受。而提议者很明显了解这一点，因此只会给响应者不为0的一个微小份额。这个看似简单的博弈满足博弈论的所有要件，并且理论预测完全符合基于理性经济人的个体主义方法论。但大量的实验结果给出了相反的结论，响应者通常都会拒绝一个过低但为正的份额，并且提议者通常也会分给响应者一个远高于0的正的份额。这个最后通牒博弈实验在扩大的被试群中以及不同的实验变形中都得到反复验证，并且退化成独裁者博弈后仍然如此。为什么被试者会在实验室实验中展现出与理性经济人模型预测相反的结果？答案很简单，就是因为基于理性经济人假设的经济学理论忽略了人的社会性，而实验室实验把这一社会性展现了

① Guala Francesco. Experiments as mediators in the non-laboratory sciences. *Philosophica*，1998，62：901-918.

② Sugden R. Experiments as exhibits and experiments as tests. *Journal of Economic Methodology*，2005，12：291-302.

③ Sugden R. The changing relationship between theory and experiment in economics. *Philosophy of Science*，2006，75 (5)：621-632.

④ 弗农·史密斯. 作为实验科学的微观经济系统. //实验经济学论文集（上册）. 北京：首都经济贸易大学出版社，2008：341-404.

出来。

由于有特定的理论模型作为指南，实验室实验无论是作为证伪的工具，还是作为进一步发现新的理论线索的途径，都会严格受限于经济理论的一般性要求。这一要求本质上是把实验室中参与实验的被试者当作是社会中的真实代表性当事人，那么实验室环境本质上也就是一个浓缩的小社会。从这个意义上看，实验室实验类似于小样本研究。由于通行的经济学理论要求参与人是理性的，实验室实验在设计时必须遵循两个基本要求：一是有效激励；二是真实再现社会经济生活。

1. *有效激励*

实验室实验的设计明显受到了信息经济学的影响。被试者激励是实验室实验的关键所在。被试者为什么要参加实验？被试者选择参加这个实验，为什么会按照引导语的要求做出真实的行为？这两个问题按照信息经济学的术语说，就是参与约束和激励兼容约束。这就要求在一个实验室实验中，被试者所得必须满足这两个约束条件。Smith（1976）① 提出了诱导价值理论，这一理论要求针对被试者的具体行为制定相应的货币报酬结构。其中有两层意思：一是通过出场费的形式来满足被试者的参与约束；二是通过设计和被试者行动绩效挂钩的报酬结构以及恰当的报酬均值来满足被试者的激励兼容约束。通过满足这两个约束，被试者在实验室实验中就如同在一个真实的社会情境中那样行事。这两个条件被 Smith（1982）② 概括为非餍足性、突显性和占优性三个充分条件。第一个条件是说被试者按照经济学理论所预测的那样偏好货币激励；第二个条件是指被试者的行动与绩效（货币激励）挂钩；第三个条件是指被试者的报酬结构必须高于实验中任何行为的主观成本（价值）。

2. *真实再现社会经济生活*

实验室实验看起来是一小群人在一个实验室环境中进行一些和经济学理论模型相关的博弈，比如博弈论、市场交易、公共决策等，但即便是在这样一个小的可控环境中，其仍然构成一个小的真实社会，而被试者身处其中，面临着与现实社会同样的问题，从而做出在日常生活中也会做出的决策。要做到这一点，就需要实验室实验不仅是可控制的，还必须是可重复的。可控制性体现了实验室实验和现实社会经济生活的区别。实验室实验需要发现某些特定变量之间的关系以及特定制度的影响，这就需要把其他可能的影响变量控制起来，从而在实验室中生成受控条件下的数据集。不过仅仅做到可控性还不够，同样一个实验，如果更换了被试者、扩大了被试规模，或者增加互动的频率等，是否还能保持类似的结果？这就要求实验室实验必须是可重复的。这体现在两个方面：第一，如果是单次博弈，那么这一博弈在不同情况下再现出来，是否可以展示出类似的结果？比如在不同国家和地区招募各自的被试者进行最后通牒博弈实验，其结果是否类

---

① 弗农·史密斯. 实验经济学：诱导价值理论. //实验经济学论文集（上册）. 北京：首都经济贸易大学出版社，2008：149-160.

② 弗农·史密斯. 作为实验科学的微观经济系统. //实验经济学论文集（上册）. 北京：首都经济贸易大学出版社，2008：341-404.

似？这涉及实验结果的稳健性问题。第二，假如对单次博弈进行扩展，让同样的被试者进行多轮博弈，其结果又如何？这就涉及单次博弈和重复博弈的区别，而实验室实验可以很方便地研究不同的博弈类型。通过控制和重复，实验室实验所得的结果能够从理论上有效解释一些变量的因果关系，并且这种关系置于实验室之外也是成立的，这就是 Smith（1982）[①] 提出的并行原理。该原理要求，在实验室中已经检验过的有关个体行为和制度绩效的命题，同样也适用于同等条件下的非实验环境。

可以说，诱导价值原理和并行原理确保了实验室实验能够在受控条件下再现人们的真实生活状态，从而使得实验室实验生成的数据集能够真实反映行为人的相关信息。有了这一基本逻辑，经济学家就可以在实验室中设计各种博弈，来研究自然数据无法实现的问题。

第五节　实验室实验研究的有效性、局限性以及未来

实验室实验的争议在一定程度上来自对它的有效性的怀疑。从单个实验室实验的设计来说，通过精确地控制并贯彻诱导价值原理与并行原理，是能够体现实验本身的效率的。但这对经济学研究来说显然不够，经济学家要求的是，一个实验室实验的结果是否能够推广到非实验情景。迄今为止，很多经济学家都同意，实验室实验研究具有较好的内部有效性，但外部有效性较弱。

一、实验室实验的效率评价

如何才是一个好的实验？这涉及实验的评价问题。绝大部分实验经济学家都认可内部有效性和外部有效性的划分方法，按照 Guala（2012）[②] 的定义，内部有效性是指一个给定实验中的因果关系解释；外部有效性是指这个给定实验的因果关系检验结果是否能够一般化，从而能够解释其他类似的环境。假如一个实验室实验是内部有效的，那就意味着受控条件下我们试图考察的变量关系得到了很好的考察。比如，在搭便车难题中，一群人从事集体活动，其中一些个体想通过偷懒的方式来获取最大个人收益。群体人数越多，搭便车现象就越严重。按照标准的经济学理论的预测，当社会成员数趋向无穷时，公共物品供给为 0。奥尔森（Olson）提出这个难题后，一直难以证伪。我们是可以在社会中观察到各种搭便车现象，但我们很难基于自然数据建立起个体搭便车行为和公共物品供给之间的映射关系。但通过实验室实验就可以解决这个问题。一个标准的

---

① 弗农·史密斯．作为实验科学的微观经济系统．//实验经济学论文集（上册）．北京：首都经济贸易大学出版社，2008：341－404.

② Guala Francesco. Experiments as mediators in the non-laboratory sciences. *Philosophica*, 1998, 62: 901－918.

公共物品博弈实验要求若干被试者参与某项集体投资，被试者可以把拥有的禀赋投资于自己的私人账户，也可以投资于公共账户。搭便车动机会导致无人投资于公共账户，而迄今为止的公共物品博弈实验证伪了该命题。显然，公共物品博弈实验是内部有效的，通过被试者的投资决策，能够观察到被试者愿意投资于公共账户的强度，而这可以显示被试者的内在亲社会动机。传统理论之所以认为搭便车是一个难题，就在于其忽略了社会成员的这种社会性。行为和实验经济学家把被试者的这种社会性提炼为社会偏好，意指某种自利偏好之外的亲社会性偏好，比如利他、互惠等。迄今为止的公共物品博弈实验证据表明，被试者总是会拿出相当的份额投资于公共账户，并没有表现出完全的搭便车。更重要的是，假如某些社会成员搭便车，被试者会实施惩罚，即使这一惩罚需要付出成本。有成本的惩罚行为这一发现更加凸显了实验室实验的内部有效性，它不仅说明实验可以证伪某些已有的命题，还可以发现一些新的问题，并且受控条件下我们需要检验的因果关系在其中都能得到非常有效的检验。

反对实验室实验的人会辩称，实验室实验具有内部有效性这一点并无疑问，关键在于实验室实验缺乏外部有效性。即使是一些实验经济学家对实验室实验的外部有效性也深表疑虑，比如 Levitt 和 List（2009）[①] 就认为，实验室实验在现实性方面还比较欠缺。对实验室实验的外部有效性之疑问主要来自学生被试者难题。由于在大多数情况下实验室实验都是招募学生被试者来完成相关的实验研究，对实验室实验的指责也就由此产生，核心问题是，学生被试者能否代表真实的社会成员？从直观上看，无论是本科生还是研究生，似乎都和真实的社会成员有着很大的区别，这不仅仅是年龄上的差距，更重要的是社会生活经验的差异，学生涉世未深，比较单纯，体会不到社会生活的复杂和艰辛，因而在做决策的时候难免幼稚、冲动。事实果真如此吗？一些研究者针对学生被试者和非学生被试者展开了一系列研究，结果发现两类被试者在实验室中的行为并无本质差别。例如，Depositario 等（2009）[②] 招募了学生被试者和当地居民被试者作为两个被试组进行拍卖实验，结果发现两个被试组没有显著差异；Franzen 和 Pointner（2013）[③] 采用了误导信函技术，追踪学生期间参与过独裁者博弈实验的两组被试者在其毕业 4～5 周后（第一组）以及两年后（第二组）的反应，发现被试者在实验室中显示的亲社会偏好并没有因为工作经历的不同而出现显著变化。Croson 和 Gächter（2010）[④] 以及 Fréchette（2012）[⑤] 总结了一些研究者针对不同被试组的研究结果，发现绝大多数研究

---

① Levitt Steven D.，John A. List. Field experiments in economics：The past，the present，and the future. *European Economic Review*，2009，53（1）：1－18.

② Depositario Dinah Pura T.，Rodolfo M. Nayga Jr.，Ximing Wu，Tiffany P. Laude. Should students be used as subjects in experimental auctions？. *Economics Letters*，2009，102：122－124.

③ Franzen Axel，Pointner Sonja. The external validity of giving in the dictator game：A field experiment using the misdirected letter technique. *Experimental Econnomics*，2013，16：155－169.

④ Croson Rachel，Gächter Simon. The science of experimental economics. *Journal of Economic Behavior & Organization*，2010，73（1）：122－131.

⑤ Fréchette G. R. Laboratory experiments：professionals versus students. Working paper，2012.

都没有发现两组的显著差异。很明显，就现有的实验证据来说，至少我们不能武断地认为，学生被试者和非学生被试者存在显著行为差异，并因此而否定学生被试者的有效性。

二、实验室实验的局限性及其未来

现有的研究基本上同意实验室研究具有内部有效性，在外部有效性方面尽管存在争议，但如 Guala（1999）① 所指出的，假如我们把实验室实验看作是连接理论和现实的桥梁，那么外部有效性问题就没有人们所想的那么重要。换句话说，即便因为实验设计等方面的原因导致实验室实验在外部有效性方面相比其他方法更弱，但这也不妨碍我们采用实验室实验来研究经济学问题。现场实验的兴起实际上是弥补实验室实验外部有效性的不足，但就现场实验和实验室实验的对比来说，如 Falk 和 Heckman（2009）②、Croson 和 Gächter（2010）③ 以及 Al-Ubaydli 和 List（2012）④ 等人所认为的，两者各有优缺点，可以形成互补。Al-Ubaydli 和 List（2012）⑤ 承认，实验室实验在发现数据的定性信息方面更优；而现场实验在发现数据的定量信息方面更好。当然，这也隐含地坚持了 Levitt 和 List（2009）⑥ 的观点，即现场实验在外部有效性方面优于实验室实验。如何突破外部有效性的制约，是实验室实验面临的最大难题。实验室实验的另一个问题是实验设计的争议。实验室实验要求很强的可控性，这就要求去除现实社会的复杂表象，通过制度和环境的刻画在实验室呈现出一个最简洁、真实的经济系统。但也正因为这种控制性，导致一些经济学家对实验室实验产生质疑。比如 Rubinstein（2001）⑦ 指出，即便实验方法是一个好的研究方法，但还需要保持一份怀疑。这是因为实验研究者并不公开数据生成细节，也不提供数据生成的证据，从而其所发表的实验结果完全依赖研究者自己提供的数据，至于这些数据是否真实可靠，其他人无法证实。所以 Rubinstein（2001）⑧ 说，实验研究成果存在一个监管缺位问题。Rubinstein（2001）⑨ 还指出了实验室研究的另一个问题，那就是可复制性。虽然我们强调实验的重复，但这仅仅是实验设计的重复，并不等于整个实验的重复。实际上实验整体上是不可重复的，因为其他人可以采用一个已有的实验设计，但不可能招募原有实验的被试者，也不可能再现

① Guala Francesco. The problem of external validity（or "parallelism"）in experimental economics. *Social Science Information*, 1999, 38: 555-573.

② Falk J. J., A. Heckman. Lab experiments are a major source of knowledge in the social sciences. *Science*, 2009, 326 (5952): 535-538.

③ Croson R., Gächter S. The science of experimental economics. *Journal of Economic Behavior & Organization*, 2010, 73 (1): 122-131.

④⑤ Al-Ubaydli O., J. A. List. On the generalizability of experimental results in economics. NBER working paper series, 2012, No. 17957.

⑥ Levitt Steven D., List John A. Field experiments in economics: The past, the present, and the future. *European Economic Review*, 2009, 53 (1): 1-18.

⑦⑧⑨ Rubinstein Ariel. A theorist's view of experiments. *European Economic Review*, 2001, 45: 615-628.

原有实验的各种条件。所以，Rubinstein（2001）[①] 指出，假如实验室实验不能完全复制，相比基于自然数据的研究，实验室实验就显得不那么稳健。的确，对实验室实验来说，尽管从方法论到具体的实验设计都日趋成熟，但在发展的过程中也始终伴随着质疑和争议，这些质疑有些其实是经济学研究所共有的，比如难以在实验室中再现复杂的社会经济系统以及不断变化的人的行为，但如果对实验室实验存在这样一种质疑，那么对经济学理论研究同样也存在这样的质疑。标准的经济学理论通常假定个体偏好不变，并且通常对个体去社会化，这样一种简洁处理看似获得了数学的精确效果，但可能完全没有抓住人和社会的本质。经济学研究不是越抽象越好，同样也不是越具体越好。尽管我们不能同意这些共性的质疑，但不可否认，实验室实验的确存在很多局限性，比如被试者的选择；重复的次数无法代表无限次重复博弈；被试者数量有限，对总体的表征是否恰当；货币激励的额度；非货币激励的应用；被试者的自选择问题；实验中出现的学习效应的处理；如此等等。有些问题可以通过扩大被试池、更多地进行跨文化研究以及通过实验设计技术来加以克服，但有些问题很难完全解决。未来的实验室实验研究不仅需要针对具体的理论问题形成相应的设计，更重要的是如何摆脱理论的束缚，让实验成为一个发现新知识的重要手段。但有一点毫无疑问，那就是实验室实验将和现场实验、计算机模拟、计量经济学一起成为经济学家进行科学研究的必备手段，并且实验室实验将更多地帮助经济学家解决自然数据无法解决的难题。从这个角度讲，实验室实验仍然大有可为。

第六节　实验经济学方法论

行为经济学理论的许多测试都是通过实验室实验进行的。经济学中的实验室实验的使用始于20世纪60年代早期，那时是在市场组织的替代形式下进行资源配置。随着史密斯建立了一个定义明确的实验工作框架，对实验室实验的应用逐渐增加，实验室实验方法现在已经被广泛接受作为理论和政策分析的方法，尤其是在行为经济学中。

一、实验经济学作为诱导价值论

实验经济学涉及在实验室中建立一个真实的微观经济系统，一个与作为调查对象的现实世界平行的系统，其中一个主体（通常是学生）做出决策，由此决定其个人财务收益的大小。这种系统的本质是对环境、制度、激励和主体所面临的偏好的控制，其中，对偏好的控制尤为重要。正如史密斯所强调的那样，“这种控制可以通过使用激励结构来对行动实现规定的货币价值。”

① Rubinstein Ariel. A theorist's view of experiments. *European Economic Review*，2001，45：615－628.

控制偏好的充分条件包括：

（1）非理性：被试者喜欢更少的激励媒介。

（2）显著性：被试者收到的激励与他们的决定有关，因此被试者认识到他们的行为会影响他们的结果。

（3）激励优势：激励足以抵消主体参与实验的任何主观成本或收益。

（4）隐私：每个主体只知道自己的收益，因此他们不会从其他被试者的收益中获得任何主观价值。

几乎所有最近的实验研究都引用了这些条件。

在实验中还应遵循其他几个程序：应以统一和一致的方式进行实验，以实现可复制性；实验不应过长或过于复杂，因为被试者可能会感到厌倦或困惑；被试者必须相信所描述的程序是实际遵循的程序；提供给被试者的指示应该是可以理解的，应该避免使用导致被试者锚定某些选择的例子；这些选择是实验的焦点，并且应该用中性而不是诱导性术语表达，以便掩盖实验的背景，避免直接参考调查中的现实世界现象。

二、实验方法分析

在某种程度上，实验方法的使用源于经济学的基本问题。与其他科学一样，经济学是基于理论和理论的发展解释所观察的活动。然而，与其他科学特别是自然科学不同，经济学在使用来自现实世界的数据来实证检验其理论的预测能力时面临着巨大的困难。鉴于在市场（和非市场）系统中运行的令人眼花缭乱的阵容和复杂的力量，经济学家们永远无法确定他们是否可以保持可能推动个人选择的许多因素不变，以便他们可以专注于真正的驱动因素并将其作为经验测试的对象。随着时间的推移，实现这种识别的方法变得越来越复杂，特别是使用所谓的自然实验和受控现场实验。即便可以识别，也很少有这种识别是无争议的。

由于若干原因，经济学和财政学尤其能从实验室实验中获益。对于某个研究问题，从现实世界获得的计量经济学数据可能是不可靠的，可能无法显示感兴趣的变化或区别，或者无法提供足够的识别来辨别因果关系。事实上，在某些情况下，数据只是简单地不能在实验室外组装，因为在现实世界无法对各种因素进行相关性设置。就其本身而言，理论分析通常不能完全、适当或可追溯地包含许多相关因素。

实验可以做什么？与标准理论研究不同，实验研究不受理论研究所需要的简化条件约束，这使得许多不适合理论研究的因素在受控环境中能够得到更精确的检验。与基于现实数据的传统经验研究不同，实验在可控制外来影响的设置下生成数据。实验室实验还提供了一个受控环境，使研究者可以分别检查各个感兴趣的机制，以及这些环境和机构的变化。

正如我们稍后讨论的那样，实验方法存在一些明显的局限性。然而，鉴于理论研究和计量经济学研究的局限性，我们认为，作为一种额外的（而不是唯一的）方法论工具，使用实验室实验有令人信服的理由，这在很大程度上是因为实验室实验为研究人员提供了双重优势控制（包括数据生成和来自该控制的可复制性）和灵活性。

第一，实验室实验方法允许研究者控制被试者面临的制度和激励，以便调查感兴趣的主要问题。相关且重要的是，实验室实验方法允许研究者在这些机制和激励结构下在相互独立且变化的环境中生成关于个体和群体选择的数据，以便检查对这些因素的单独变化的影响。在现实世界中，很少能有这种控制。例如，个人税收遵从决策的数据可能不存在，或者即使可用，也可能不准确、不完整和不可靠。此外，关于个人对被认为影响遵从决定的无数因素的反应的数据可能会混淆这些影响，使得难以单独区分其对遵从度的影响。最后，很可能在现实世界中，许多这些影响的独立变化是不可能的，因此无法衡量它们对个体和群体行为的影响。实验室实验方法允许在这样的环境中生成这样的数据，允许其分别操控每个相关因素并且观察个体和群体选择的结果。它们还允许其他研究人员复制或多或少相同的实验室设置，以确定结果是否稳健，这是任何科学的基本属性。

第二，实验室实验方法使研究者在检查所谓的相关因素对个体和群体决策的影响方面在实质上具有灵活性。很难想象现实世界的环境，例如，公平、利他和信任的概念可以用可靠的方式被操控。精心设计的实验为研究者提供了这种灵活性，从而允许基于这些概念（以及这些理论的假设）的理论在受控环境中被测试。

三、实验方法的一些局限性

尽管实验室方法被证明有用，但在解释和概括实验结果时我们仍有充分的理由要谨慎。一些早期实验没有遵循一些现在被广泛接受的实验范例的程序，例如使用重复决策和中性指令。因为各种政策参数的价值并不接近现实世界的价值，所以许多早期研究也缺乏现实意义。

虽然在最近的实验研究中一般都解决了这些问题，但仍存在一些问题，其中一些问题比其他问题更合理。对实验经济学的一种常见批评是，通常参与的被试者可能不代表纳税人。然而，现在有很多证据表明学生被试者的实验反应与其他被试者的实验反应基本相同（Plott，1991）。[①] 从更基本的意义上讲，没有理由相信学生的认知过程与真实人的认知过程不同，因此怀疑者必须有充分的证据才能证明这些过程实际上有所不同。

另一个常见的批评是，人们无法控制实验室中的许多相关因素。确实，如果我们无法在实验者建立制度、规则和激励结构的实验室中控制这些因素，更无法在现实世界中控制这些因素。

更合理的关注点是，结果可能对特定的实验设计很敏感。实际上，实验室实验与其设计一样重要：如果实验室中强加的机构和环境不是世界上并行的系统，那么得到的实

---

① Plott C. R. Will economics become an experimental science?. *Southern Economic Journal*，1991，57：901 - 919.

验数据可能是无用的或误导性的。因此，实验设计至关重要。

被试者也可能仅仅因为知道他们正在参与实验，所以在实验室中表现出更多的服从权威和更多的亲社会行为，而不会在现实世界中改变他们的行为（Levitt and List，2009）。[①] 最关键的是，在任何实验室环境中都存在某种特殊性。例如，在税收遵从度实验中报告的三个代表性家庭的报告收入决策明显不同于在年度纳税申报表上报告实际收入的决策，即使实验室激励措施非常突出。特别是，实验室设置无法实施某些类型的激励措施（例如，诸如监狱等灾难性损失）。

因此，实验方法中的关键问题是实验室方法的外部有效性。也就是说，实验室的结果是否更广泛地适用于现实世界？这是一个所有实验研究都无法回答的问题，但必须在每个具体案例中加以解决。（这也是受控现场实验必须解决的问题。）例如，对于税收遵从度实验，现在有新的证据表明，实验室中发现的结果确实实现了这种外部有效性。对这些数据的初步检查表明，学生被试者的实验反应与其他被试者的实验反应很少不同，实验数据与国内税收服务数据也呈现相似的模式。这些结果与许多其他实验研究一致，表明学生和非学生被试者的行为和反应相似。

简而言之，必须谨慎使用实验室实验的结果。然而，这种使用在很大程度上取决于实验的目的。实验可以分为三大类，划分的依据是它们要参与的对话。“与理论家交谈”包括那些旨在测试清晰明确的理论的实验。“搜索事实”涉及检验变量的影响的实验，而现有理论几乎没有相关内容。“在王子的耳边说悄悄话”是指那些受特定政策问题驱使的实验。迄今为止，行为财政学中的大多数实验都属于前两类。然而，现在情况正在发生变化，实验正在越来越多地用于阐明公共政策。

第七节　实验方法在行为财政学中的应用

在本节中，我们将讨论使用实验方法的行为财政学的一些领域。这里的讨论必然是简短的，并且仅关注实验方法在行为财政学中三个领域的应用。

一、公共物品

公共物品的标准理论得出的结论是，纳什均衡的特点是对公共物品的自愿捐款为零，因为个人试图在对他人的贡献方面搭便车。然而，有许多来自现实世界发生的例子表明，许多个人对公共物品（例如，公共广播、志愿者工作和慈善捐赠）做出了贡献。已经有研究采用实验室实验方法来确定个人会做出贡献的环境以及有助于克服搭便车问

① Levitt Steven D.，List John A. Field experiments in economics：The past，the present，and the future. *European Economic Review*，2009，53（1）：1－18.

题的机制。

典型的公共物品博弈实验首先将学生分配到不同小组。被试者被赋予代币并且彼此隔离。每个被试者都被提供两种可能的投资，一种是私人物品，另一种是公共物品。私人投资对该个人有较高的回报，但公共投资为该小组的所有成员提供了回报。也就是说，公共物品投资既是非物质的（因为该小组的所有成员都从任何成员的贡献中获得相同的收益），也是非独家的（因为对公共物品投资没有贡献的被试者仍然接受同一水平的回报）。其次，要求被试者选择投资之间的代币分配。因为公共收益的总社会回报高于私人收益，社会收益的最优结果是每个人都能为公共收益做出充分贡献。然而，正如标准囚徒困境博弈一样，每个人都有动力保留他或她的所有代币，因为私人投资的个人回报高于公共投资的个人回报。最后将该博弈实验重复多轮，并将实际贡献的水平与纳什均衡预测（零贡献）和社会有效结果（完全贡献）进行比较。

这个基本设计有很多变形。虽然早期的研究主要集中在单次博弈，但最近研究中的标准方法是检查重复博弈的被试者反应。公共收益回报通常与投资呈线性关系，但可以基于阈值（或拨备点），只有在总投资超过某个指定阈值时，才会提供公共收益回报。已经有相关研究检查了激励相容机制，其中所有被试者都有动机如实行事。小组投资的回报可以变化，可以检验在公共物品博弈实验中具有不同经验水平的被试者。类似地，被试者可以在整个实验中保持在同一组中，或者被试者可以从一轮到另一轮随机分配到不同小组。群体规模也可以变化，可以从小群体到大群体，被试者类型也可以改变以便检验。例如，男性的行为是否与女性不同，或经济学学生的行为是否不同于其他学生。在大多数实验中保护隐私，在某种意义上，个体的贡献选择不会向其他被试者展示，个体之间不允许彼此通信，并且个体对该组的其他成员一无所知。然而，可以通过“便宜的谈话”允许小组成员交流揭示其他人的选择，允许被试者之间的直接和无成本的交流，并且个人可以向所有被试者显示个人身份。或者通过使用双盲程序来保护做出贡献的被试者的身份，不仅可以保护做出贡献的被试者和其他被试者，还可以消除来自实验者的主观偏差，从而使每个被试者的贡献数据无法与具体情况相关联，并进一步增强隐私保护。

所有这些实验都旨在回答公共物品供给的核心问题。人们愿意为公益事业做出多少贡献？与行为财政学特别相关的是，他们为什么要做出贡献呢？此外，哪些制度和环境因素可以增加贡献？值得注意的是，最近的许多研究都引入了基于行为经济学的新理论。这些模型引入了以下因素：纯粹利他主义、不平等厌恶、互惠式利他主义。

在一项公共物品博弈实验调查中，Ledyard（1995）[①] 得出结论，各种实验的结果往往是矛盾的。即便如此，他还是提出了所有这些研究中出现的一系列不同的程式化事实。与行为财政学最相关的程式化事实可归纳为：

---

① Ledyard J. O.，Kagel J. H.，Roth A. E. Handbook of experimental economics. *Public Goods: A Survey of Experimental Research*，1995：111－194.

（1）许多被试者有助于公共收益，有时做的贡献数额巨大。

（2）贡献存在实质性的个体差异，表明个体受到不同考虑因素的驱动。

（3）至少在最初，被试者的贡献在社会效率水平和搭便车水平之间中点的位置。

（4）捐款随着重复博弈次数增加而下降，但最终趋于稳定。

（5）个人以受实验结构影响的方式改变他们的贡献。例如，如果存在面对面的交流（例如“便宜的谈话”）、更大的群体规模、更高的群体投资边际回报或更大的个人禀赋，则被试者倾向于以更高的比率做出贡献。

二、税收遵从度

在受控实验室中的被试者被告知他们应该尽可能多地赚取收入。在每轮实验开始时，每个被试者都有收入，必须决定报告多少收入。所有报告的收入都按一定比率支付税款，但收入报告不足。然而，漏报的可能性很小，如果发现则被试者必须支付未付税款。按照给定数量的轮次重复该过程。在实验完成时，根据他或她在实验期间的表现，给每个被试者支付一定数量报酬（累积收入）。可以很容易地引入各种政策变化，例如稽查率或稽查规则、罚款率、税率、公共物品供应，影响税收公平或社会规范的机构，以及许多其他相关政策或机构。

税务遵从决策中感兴趣的主要财政变量是稽查率、罚款率和税率，这些因素已得到广泛研究。几乎所有的实验研究都发现，更高的稽查率（即更高的稽查概率）会导致更高的遵从度，估计的报告收入-稽查率弹性在0.1到0.2的狭窄范围内变化。尽管这种影响似乎是非线性的，但也有证据表明许多被试者似乎大大高估了稽查的可能性，因此比预期效用理论预测的更为遵从。大多数研究还发现，遵从度会随着未缴税款罚款率的提高而略有提高，并且较高的边际税率通常（尽管并非总是）导致合规性降低。

与行为经济学更相关的是，许多行为因素也被调查，特别是在最近基于行为理论的研究中。在许多税收遵从度研究中一个特别重要的行为因素是社会制度和社会化过程的作用，包括社会规范的概念。Elster（1989）将社会规范定义为以类似方式判断的行为模式，如果其他人的行为符合社会所接受的行为模式，那么个人就会表现得当；如果其他人不那么表现，那么个人将以失望回应。因此，社会规范主要是面向过程的，与新古典主义个人行为观的结果导向不同。在税收遵从的背景下，社会规范的存在表明，只要个人认为遵从是社会规范，那么遵从的社会规范就会出现；如果不遵从变得普遍，那么遵从的社会规范就会消失。还有其他概念描述了与社会规范相同的基本现象，如心理成本、道德情感、税收士气、群体整合、社会习俗和内在动机。

在这方面，有学者证明了政府可以通过投票决定税收使用方式的方法来确保个人在决策过程中有发言权，从而提高这种社会规范的重要性（进而提高税收遵从度）。政府会选择符合公民偏好的税收使用方式。也就是说，若选民能够通过投票选择税收使用方式时，选民会愿意支付更多的税款。当选民投票具有决定性时，个人税收遵从度会更高。同样，当允许公众对愿意容忍逃税的财政体制进行表达，并将其作为政策执行依据时，会发现社会规范的重要性下降，且可能趋于0。例如大多数人会投票赞成减少对惩罚逃税的执法。相反，如果存在不愿意容忍逃税的公众表达时，可以使社会规范更具吸引力，并且可以提高税收遵从度。

从这项关于税收遵从度的研究中产生了一些程式化事实，特别是与行为问题相关的事实，包括：

(1) 稽查率影响税收遵从度。更多稽查以非线性方式提高了税收遵从度，因此稽查率越高，威慑效果越差。此外，稽查具有溢出效应，或独立于稽查本身而直接产生的税收遵从度增加。尽管稽查与其他财政变量具有理论上的等效性（至少在预期的价值意义上），但稽查具有更大的威慑效果。

(2) 对稽查率的看法会影响税收遵从度。个人可能实质上高估稽查率。

(3) 税率影响税收遵从度。税率水平很重要，但一个人相对于他人的税率（例如，对财务不公平的看法）也是相关变量。此外，税收的使用会影响税收遵从度，特别是当被试者可以选择税收的用途时。

(4) 过程（与结果相比）影响税收遵从度。社会规范可能受到面向个人的机构、个人对这些机构的态度以及个人参与选择这些机构的影响。

(5) 简单性与复杂性会影响税收遵从度，但仍以未解决的方式进行。

更广泛地说，合规性的驱动远远超过了稽查和惩罚的纯粹财务考虑，而且是以尚未完全理解的方式。

三、对税收的行为反应

如前所述，税收可以通过推动纳税人进入逃税活动以及做出其他类型的决策来引起真正的行为变化。也就是说，税收活动的回报因纳税增加而减少，人们选择更少参与纳税活动。除了税收遵从度之外，研究最多的相关话题是劳动力供需市场的某些机制。在这些实验中，向被试者提供工作任务（例如，将数字键入计算机中）和休闲任务（例如，玩游戏）。在短时期内，薪酬设计会发挥作用，并且通过劳动力的工作效率（例如，数字键入的次数）来支付报酬。劳动者可以选择工作和休息的时长或频率，休息时他们在那里执行无薪休闲任务。在随后的研究设计中，可以设计对工作任务的报酬征收不同程度的税收，进一步研究劳动者工作量或工作时间的变化。

Swenson (1988) 首先进行了这些工作行为实验。他的实验结果支持了拉弗曲线的存在，因为工作量随着税率的增加而降低。Sillamaa (1999) 也研究了这个问题。然而，在她的设计中，被试者拥有伴侣，税率由被试者的伴侣内生决定。她发现零边际税率下工作量增加，而且工作量在线性税收下比非线性税收下更高。关于劳动力供给反应的其他研究包括 Blumkin，Ruffle 和 Ganun (2008)，他们发现被试者对所得税的反应不同于对相同的消费税的反应。同样，Sausgruber 和 Tyran (2005) 研究了差别主体对税收的反应，至少在理论上，这些反应是等价的（例如，直接税与间接税），并且尽管有理论的预测，该研究却发现了不同的反应。

其他研究真实税收反应的文章采取了不同的方法。例如，Bartolome（1995）调查了人们是否对平均税率或边际税率做出反应。他向学生展示了税收安排，并要求他们在免税（但报酬较低）和纳税（和更高的报酬）之间做出选择。他的实验结果表明，许多被试者的决定似乎都是基于平均税率。Baron 和 McCaffery（2003）也表明，个人可能无法准确地认识到相关的税收负担。也就是说，当税负分配给许多较小的纳税主体时，他们往往会低估总税负。

本章习题

一、名词解释

实验经济学　价值诱导理论　实验室实验　有效激励　公共物品　税收遵从度

二、简答题

1. 实验经济学是如何兴起和发展的？
2. 实验经济学主要使用什么方法？
3. 经济学为什么需要实验？
4. 实验室实验研究的基本逻辑和思路是什么？
5. 实验室实验研究的特点是什么？
6. 实验室实验研究的局限性主要体现在哪些方面？
7. 实验经济学的方法论是什么？
8. 实验室实验研究在行为财政学中的应用有哪些？

本章参考文献

[1] Al-Ubaydli O.，J. A. List. On the generalizability of experimental results in economics. NBER working paper series，2012，No. 17957.

[2] De Bartolome C. A. M. Which tax rate do people use：Average or marginal?. *Journal of Public Economics*，1995，56（1）：79－96.

[3] Blumkin T.，Ruffle B. J.，Ganun Y. Are income and consumption taxes ever really equivalent? Evidence from a real-effort experiment with real goods. CESifo Working Paper Series 2194，2008：1－40.

[4] Croson Rachel. The Use of Students as Participants in Experimental Research. Behavioral Operations Management Discussion Forum，2010.

[5] Croson Rachel，Gächter Simon. The science of experimental economics. *Journal of Economic Behavior & Organization*，2010，73（1）：122－131.

[6] Depositario Dinah Pura T.，Rodolfo M. Nayga Jr.，Ximing Wu，Tiffany P. Laude. Should students be used as subjects in experimental auctions?. *Economics*

Letters, 2009, 102: 122-124.

[7] Falk J. J., A. Heckman. Lab experiments are a major source of knowledge in the social sciences. *Science*, 2009, 326 (5952): 535-538.

[8] Franzen Axel, Sonja Pointner. The external validity of giving in the dictator game: A field experiment using the misdirected letter technique. *Experimental Economics*, 2013, 16: 155-169.

[9] Kagel J. H., Roth A. E. (Eds.). *Handbook of Experimental Economics*. Princeton: Princeton University Press, 1995.

[10] Guala Francesco. Experiments as mediators in the non-laboratory sciences. *Philosophica*, 1998, 62: 901-918.

[11] Guala Francesco. The problem of external validity (or "parallelism") in experimental economics. *Social Science Information*, 1999, 38: 555-573.

[12] Guala Francesco. Experimentation in economics. //*Handbook of the Philosophy of Science*. Amsterdam: Elsevier, 2012: 597-640.

[13] Hertwig Ralph, Andreas Ortmann. Experimental practices in economics: A methodological challenge for psychologists?. *Behavioral and Brain Sciences*, 2001, 24: 383-451.

[14] Levitt Steven D., John A. List. Field experiments in economics: The past, the present, and the future. *European Economic Review*, 2009, 53 (1): 1-18.

[15] McCaffery E. J., Baron J. The humpty dumpty blues: Disaggregation bias in the evaluation of tax systems. *Organizational Behavior and Human Decision Processes*, 2003, 91 (2): 230-242.

[16] Plott C. R. Will economics become an experimental science?. *Southern Economic Journal*, 1991, 57: 901-919.

[17] Plott Charles R., Vernon L. Smith. *Handbook of Experimental Economics Results*, 2008, Vol. 1, North-Holland.

[18] Roth A. E. Introduction to experimental economics. //*Handbook of Experimental Economics*. John Kagel, Alvin E. Roth. New Jersey: Princeton University Press, 1995: 3-109.

[19] Roth A. E. The economist as engineer: Game theory, experimentation, and computation as tools for design economics. *Econometrica*, 2001, 70: 1341-78.

[20] Rubinstein Ariel. A theorist's view of experiments. *European Economic Review*, 2001, 45: 615-628.

[21] Sausgruber R., Tyran J. R. Testing the Mill hypothesis of fiscal illusion. *Public Choice*, 2005, 122 (1-2): 39-68.

[22] Sillamaa M. A. How work effort responds to wage taxation: An experimental

test of a zero top marginal tax rate. *Journal of Public Economics*，1999，73（1）：125-134.

［23］Sims Christopher A. But economics is not an experimental science. *Journal of Economic Perspectives*，2010，24（2）：59-68.

［24］Sugden R. Experiments as exhibits and experiments as tests. *Journal of Economic Methodology*，2005，12：291-302.

［25］Sugden R. The changing relationship between theory and experiment in economics. *Philosophy of Science*，2006，75（5）：621-632.

［26］Swenson C. W. Taxpayer behavior in response to taxation：An experimental analysis. *Journal of Accounting and Public Policy*，1988，7（1）：1-28.

［27］戴维·C. 古丁. 实验. //W. H. 牛顿-史密斯. 科学哲学指南. 上海：上海科技教育出版社，2006：142-153.

［28］丹尼尔·弗里德曼，山姆·桑德. 实验方法：经济学家入门基础. 北京：中国人民大学出版社，2011.

［29］道格拉斯·D. 戴维斯，查理斯·A. 霍尔特. 实验经济学. 北京：中国人民大学出版社，2013.

［30］弗农·史密斯. 实验经济学：诱导价值理论. //实验经济学论文集（上册）. 北京：首都经济贸易大学出版社，2008：149-160.

［31］弗农·史密斯. 作为实验科学的微观经济系统. //实验经济学论文集（上册）. 北京：首都经济贸易大学出版社，2008：341-404.

［32］凯莫勒. 行为博弈：对策略互动的实验研究. 北京：中国人民大学出版社，2006.

［33］亚历山大·罗森伯格. 经济学是什么——如果它不是科学?. //丹尼尔·豪斯曼. 经济学的哲学. 上海：上海人民出版社，2007：334-352.

第9章 行为经济学应用基本方法

本章系统讨论了将行为经济学应用到政策领域的基本方法。首先，本章讨论了田野实验在行为经济学中的应用。田野实验这一研究工具已被主流经济学界所接受，并已成为经济学领域非常重要的研究方法。本章详细介绍了田野实验方法在利他行为、公平行为、信任行为、合作行为、其他个体行为偏好分析中的应用。越来越多的证据表明，行为科学见解来自行为经济学和心理学等领域的关于人们如何做出决策并采取行动的研究成果，可用于设计政府政策以更好地为人民服务。其次，以政府行为为例，本章讨论了行为经济学在政府制定政策层面的应用。政府试图通过一系列政策工具来管理或影响个人行为和组织行为，包括立法、制裁、法规、税收和补贴、提供公共服务及信息和指导材料。再次，本章梳理了关于行为改变的理论和经验证据，同时分析了理性选择模型。现在有许多政策制定者需要注意到人类行为理论可以用来补充或完善理性选择模型。这些理论都借鉴了大量的实证研究和观察结果。最后，本章分析了个人层面的行为改变、人际关系层面的行为改变，以及社区层面的行为改变。关于影响个人层面行为改变的力量，有一系列理论和证据：经典条件作用理论、认知一致性理论、社会认知理论以及启发式和偏见。关于影响人际关系层面行为改变的相关理论强调的主要观点是，行为改变往往更好地通过不仅关注个人，而且关注他们与周围人的关系来实现。人们通常会受到家庭、同龄人和信任的知名人士的影响，而不是政府建议的影响。关于影响社区更广泛层面行为改变的力量，主要理论包括社会资本理论、创新扩散理论以及文化和人口差异理论等。

第一节　田野实验在行为经济学中的应用

近二十年来，在经济学的实证研究领域，田野实验，或称随机性实验、随机性田野实验（randomized controlled experiments）一词被越来越多地提及。由于应用领域上的局限，20 世纪 90 年代中期以前，田野实验研究在经济学权威期刊上发表的数量并不多。而后随着田野实验研究人员对于实验方法的推进及应用领域的拓展，运用田野实验方法的研究在权威期刊上的发表数量逐年增长。这一研究工具已被主流经济学界所接受，并已成为经济学领域非常重要的研究方法。

一、利他行为

近十几年来，迅速发展的行为经济学领域的一个重要发现是违背经济人自利假设的亲社会行为的广泛存在，这些行为主要包括利他、公平、信任、互惠、合作等。然而实验经济学家在观察到这些亲社会行为存在的同时，也常常在田野实验中发现这些行为的表现并不稳定，如人们的利他行为就很容易受到捐献信息的公开、社会压力等社会性因素的影响。

Soetevent（2005）[①] 研究了教堂里捐献的匿名与否对利他捐献行为的影响。为了分析捐献的匿名性对于被试者捐献行为的影响，实验设计了两种不同的收集捐款的容器，实验的控制组用一个密封的小包募捐，实验组则用一个开放的篮子募捐。区别在于，使用篮子作为捐款容器时，周围的捐款者均能观察到自己的捐款数量，而且每个捐款者在捐款时均能看到篮子里已经捐款的数量。实验结果表明，当篮子作为捐款容器时，这一非匿名性的效应可以显著增加捐款数量。

Della Vigna 等（2012）[②] 利用田野实验证实了社会压力对个人捐献行为的作用。实验的主体任务是上门募捐，包含三个形式各异的实验组：控制组为直接上门募捐；实验组 1 的工作人员会于募捐前一天留下传单，以告知被试者第二天将会有人上门募捐；实验组 2 的传单上有一个选项是“若您不想被打扰，可以在方框内打钩”，如果第二天工作人员在传单上发现被试者选择不希望被打扰，则不会敲门募捐。研究者报告了以下结果：发送传单不会对平均捐献率有太大影响，但当传单上印有可以选择不被打扰的选项

---

① Soetevent A. R. Anonymity in giving in a natural context—A field experiment in 30 churches. *Journal of Public Economics*，2005，89（11－12）：2301－2323.

② Della Vigna S.，List J. A.，Malmendier U. Testing for altruism and social pressure in charitable giving. *The Quarterly Journal of Economics*，2012，127.

时，捐献率则会比控制组减少30%，说明一般家庭都会尽可能避免募捐，这一结果与社会压力假设一致。

二、公平行为

田野实验研究常常关注被试者所代入实验的背景信息会如何影响他们互动交往时的行为表现，这一信息主要包括在社会情境下所遵循的行为规范和制度。

Carpenter，Harrison 和 List（2005）[①] 通过比较学生与工人在分配博弈中的行为表现来测度社会情境对公平行为的影响。实验采用的是最后通牒博弈和独裁者博弈，被试者是堪萨斯城的车间工人、明德学院的大学生和堪萨斯城社区学院的大学生。三组实验的被试者均在各自所处的现实环境中参与实验。实验设计通过比较车间工人和明德学院大学生的实验行为数据发现了两个维度的效应：社会情境与被试者的社会人口特征。实验结果发现，堪萨斯城学生在最后通牒博弈实验中比堪萨斯城工人提供了更多的分配，然而在独裁者博弈实验中，车间工人则比两所学校的学生提供了更多的分配，且车间工人在两种博弈中的分配额没有显著的改变，这意味着工厂车间的社会情境使得工人的行为倾向于更公平和更多的分享。

三、信任行为

如前所述，实验室实验的被试者为在校大学生，其中重要的不足是忽略了不同年龄段人群的行为差异。Sutter 和 Kocher（2007）[②] 的田野实验对不同年龄段群体对他人的信任度（trust）和自身可信度（trustworthiness）进行了测度。实验者招募了不同年龄组别的被试者参与信任博弈（trust game）实验。结果发现，从儿童时期到青少年时期，人们对他人的信任度几乎呈线性增长，而进入成年阶段后，不同年龄组别对他人的信任度却没有显著差异。此外，人们的可信度则存在于所有年龄组别群体中，并随着年龄的增长而显著增加。

除去年龄这一属性会影响人们的亲社会行为表现以外，职业属性对亲社会行为表现的影响也在田野实验研究中被检验。Fehr 和 List（2004）[③] 比较了哥斯达黎加的 CEO 和大学生在信任博弈中的表现。实验设计了两组任务，一组是标准的信任博弈，另一组则在信任博弈中加入了惩罚机制，委托人可以选择对没有达到回报要求的代理人给予固

---

① Carpenter J. P.，Harrison G. W.，List J. A. Field experiments in economics：An introduction. *Artefactual Field Experiments*，2005，70（04）：439－442.

② Sutter M.，Kocher M. G. Trust and trustworthiness across different age groups. *Games and Economic Behavior*，2007，59（2）：0－382.

③ Fehr E.，List J. A. The hidden costs and returns of incentives—trust and trustworthiness among CEOs. *Journal of the European Economic Association*，2004，2（5）：743－771.

定筹码的惩罚。最终的统计结果显示，CEO比大学生表现出了更高的对他人的信任度和自身可信度。而博弈中委托人可以对代理人施加惩罚这一举动也带来了回报：如果委托人在可以施加惩罚的情况下对代理人表现出了信任，那么代理人将比没有惩罚这一环节的博弈中表现出更高的可信度。

四、合作行为

实验室实验中的被试者在进行行为博弈时通常是被抽离了各自社会身份的，而田野实验则可以关注到社会身份的引入对被试者行为的影响。Ruffle和Sosis（2006）[①] 考察了人们在面对群组内部和群组外部对象时合作行为的差别。实验招募的被试者来自以色列特有的集体合作农场基布兹（Kibbutz）以及周边的一些现代城镇。基布兹人仍然保持着集体农业生产组织形式，在农场内部实行各尽所能、平均分配的原则。实验设计类似于公共物品博弈（public good game）实验，两组实验任务分别为：在两个匿名的基布兹人中开展，在一个公开身份信息的基布兹人和一个公开身份信息的城市人中开展。实验结果显示基布兹人在与另一位基布兹人的配对中比与城市人的配对中表现出了更高的合作水平，而且在基布兹人与城市人的配对中，双方表现出的合作水平没有显著差异。

田野实验还可以应用在研究虚拟网络社区的合作行为上。Chen等（2010）[②] 设计了一个田野实验，来探究社会比较的作用能否提升网络社区的总体参与水平。研究者给网络用户发送了两种不同的信息：用户评价数量的中位数、群组中用户的平均净分值。控制组用户接收到的信息是用户自己过去的评价行为。随后研究者会跟踪用户在收到信息后一个月内的网络操作，结果发现在收到用户评价数量中位数信息的用户中，在中位数以下的用户在一个月内会有530%的电影评价数量的增加，在中位数以上的用户会有62%的评价数量的减少；而在收到用户平均净分值信息的用户中，平均值以上的用户在这个月内会从事一些帮助其他用户的行为。

五、其他个体行为偏好

除以上关于社会偏好的研究以外，田野实验在行为经济学领域的应用还涉及对人们在交易中的非理性偏好、时间偏好、风险偏好的测度等。如List（2003）[③] 通过田野实

---

① Ruffle B. J., Sosis R. Cooperation and the in-group-out-group bias: A field test on Israeli Kibbutz members and city residents. *Journal of Economic Behavior & Organization*, 2006, 60 (2): 0-163.

② Chen Y., Harper F. M., Konstan J., et al. Social comparisons and contributions to online communities: A field experiment on movie lens. *American Economic Review*, 2010, 100 (4): 1358-1398.

③ List J. A. Does market experience eliminate market anomalies?. *Quarterly Journal of Economics*, 2003, 118 (1): 41-71.

验发现有市场经验的个体的交易行为会更接近于新古典经济学假设中的理性人假设。研究者在真实的运动卡片市场中招募被试者进行市场交易。被试者包括有卡片市场交易经验及没有卡片市场交易经验的两类人员，他们被随机分配在不同禀赋商品的实验组。市场交易程度由交易率、成交价与商品的价值等实验数据表征。结果表明，市场中确实存在禀赋效应，但禀赋效应会随着被试者市场经验的增加而逐渐消失，即个体的市场经验可以消除市场的异常（market anomalies）。

Harrison 等（2002）① 在丹麦开展的大范围田野实验中，通过带有真实物质激励的调查问卷测度了不同群体在不同投资期限内（6 个月、12 个月、24 个月和 36 个月）的折现率水平。在实验任务 1 中，被试者随机参加一场关于四种投资期限中的一种投资期限折现率的问卷调查，在实验任务 2 中，被试者需要参与四种投资期限的折现率调查，但实验人员只以其中一种折现率调查的选择作为被试者的实验报酬进行支付。实验结果指出，被试者在 12 个月到 36 个月投资期限的名义折现率都是保持不变的，但不同社会经济群体的个体之间却有着显著不同的折现率。

田野实验研究常会将对个体时间偏好的测度和人们在现实生活中的储蓄意愿结合起来讨论。Ashraf 等（2006）② 利用菲律宾一家银行设计承诺性储蓄产品的契机开展实验，实验被试者是银行的既有客户，他们被随机分配在两个任务组，推荐给实验组被试者的产品是一款承诺型储蓄产品，被试者一旦开户就只有在账户达到规定的期限或金额后才能撤回资金，但无须承诺一定要在账户中存入金额。控制组中的被试者则会被鼓动向既有的账户存入金额或没有接收到任何干预。而在此之前，所有被试者还要参与一个关于时间偏好的问卷调查，研究者以此来判断个体的时间偏好类型。6 个月后，研究者们发现实验组的被试者平均储蓄额比控制组高出 47%。此外，在有关时间偏好的调查问卷中，女性表现出了更低的时间折现率，即更偏好长期承诺。

第二节　政府管理手段

政府想要影响或改变个人行为和组织行为的最根本原因是它可以带来经济、社会和社区利益。例如，防止企业间串通行为的规定可能导致价格下降以及让消费者有更多选择。有些行为是不受欢迎的，需要加以防范，比如犯罪行为。在某些情况下，个人并不总是按照自己或社区的最佳利益行事。在公共卫生领域（肥胖、烟草使用）和环境领域（垃圾回收、水资源浪费）有许多这方面的例子。

在许多公共政策领域，影响行为的传统工具应用范围很广。然而，对于一些社会政

---

① Harrison G. W., Lau M. I., Williams M. B. Estimating individual discount rates in Denmark: A field experiment. *American Economic Review*, 2002, 92 (5): 1606 - 1617.

② Ashraf N., D. Karlan W. Yin. Trying odysseus to the mast: Evidence from a commitment savings product in the Philippines. *Quarterly Journal of Economics*, 2006, 121 (2), 635 - 672.

策问题，影响人类行为是非常困难和复杂的，如果没有一些额外的工具和对如何让公民参与合作行为改变的理解，传统方法的有效性可能会受到限制。

虽然越来越复杂的营销活动已迅速将这些新知识应用于实践，但是政府的政策设计与营销人员和广告商迅速采用的新方式并不同。政府政策设计仍然是基于对人们行为如何受到影响或发展变化的滞后理解上发展起来的。如果我们要超越目前有限的政策方法，那么就需要新思维。

下面列出了三个鼓励将行为经济学应用于政府政策制定方面的关键因素：

1. 政府无法单独解决复杂问题

在越来越多的复杂政策领域，对于所谓的邪恶政策问题，越来越明显的是政府不能简单地将关键政策结果传递给被动的公众。要在福利、健康、犯罪、就业、教育和环境领域取得重大进展，显然需要公民的积极参与和合作。澳大利亚公共服务委员会发表了一篇讨论文章《解决邪恶政策问题：公共政策观点》，概述了邪恶政策问题的特征，并阐明了它们对公共部门的影响。

需要改变人们行为的邪恶政策问题的例子如下：

（1）水资源。澳大利亚农业、工业和家庭用水资源的可持续性面临巨大压力。如何平衡相互竞争的利益并确保充足的供应是激烈争论的问题。公民和组织的用水行为至关重要。

（2）肥胖。这是一个复杂而严重的社会健康问题，其中有多种因素导致近几十年来肥胖人群数量快速增长。如何成功解决肥胖问题备受争议，但它在很大程度上取决于个人的动机和行为，而且仅仅依赖于二级保健的质量。

即使问题不一定复杂，公民的普遍参与对实现预期结果也是至关重要的。例如，在健康和就业服务等领域，这一点十分明显。它导致了对联合提供服务（成果的实现被视为政府和社区的共同责任）和以公民为中心的服务的关注。虽然许多向公众提供的服务仍然是从早期的大规模生产模式演变而来的，但政府官员对其兴趣日益浓厚，不仅关注现有服务的内部运作方式和效率，还关注公民如何与这些服务接触，以及如何动员、指导和鼓励公民参与产生积极成果的共同事业。服务本身的交付越来越多地取决于某些行为，例如，家庭福利的支付部分取决于孩子的入学率。

2. 提高成本收益

公共政策的一些关键领域（如健康和犯罪）的详细成本收益分析表明，基于行为改变的干预措施比传统的政策和服务提供方法更具成本收益。如果采用较长期的时间框架来评估约束、成本和收益，情况亦是如此。例如，英国的研究表明，戒烟计划中，减少一磅香烟的吸入所能增加的质量调整生命年数大约会增加 20 年。

对复杂的政策问题，各机构可能通过利用其有限的资源开发更复杂和全面的方法来改变用户和其他方的行为，而不是集中于传统的政策工具和服务提供方法，从而对关键政策成果会产生更大的影响。

3. 增强个人责任

个人、社区和政府之间适当的责任分工一直是一个有争议的问题。大多数人都持有强烈的观点，认为这是政党之间关键的区别哲学问题。无论社会的这些组成部分之间的确切责任如何平衡，积极合作以实现关键政策目标的公民可以使社会能够以较低的强制性监管和司法制度成本运作，使公共物品和服务能够以较低的税收负担提供，从而提高整个社区的生活质量。

如果公民表现出更大的克制并理解他们的行为对他们自己和家庭及环境的影响，这可以积极地改善社区的社会资本。

在英国，实施行为改变政策，不仅政治利益越来越大，让公民参与实现的持续行为改变也越来越大。例如，英国政府最近召开了一次行为改变论坛，由内阁办公室，环境、食品和农村事务部，卫生部，运输部，财政部，内政部，商业、能源和工业战略部以及可持续发展委员会共同参与。其目的是：进行行为改变政策的经验交流并在政府间传播对行为改变所进行的研究和政策评估的研究成果和良好做法，为那些从事以行为改变研究为重点的政策制定者提供建议并促进共同政策工具的更新。

加拿大政府也积极关注行为改变领域，并制定了一套被称为变革工具的指导方针，用于改变环境和健康领域复杂问题的公共行为。

对国际经验的一个重要学习是，公共部门机构需要注意行为改变政策目标必须与特定社会对个人责任与政府责任之间正确平衡的观点相一致。这些观点因政策领域和时间而异。例如，关于父母殴打儿童的公众舆论仍然两极分化，部分舆论认为社会中有相当大比例的政府活动是对家庭领域的无理侵犯。然而，随着时间的推移，公众态度会发生巨大变化，并且可以由政府措施引导和影响。例如，现在公众对强制佩戴安全带的压倒性影响远远不同于公众对其在 20 世纪 70 年代施加的抵制。

第三节　行为改变的理论和经验证据

在公共政策环境中实现行为改变通常是困难和复杂的。人们可能会被要求：

(1) 放弃享乐（比如不能吸烟，不能长时间淋浴）；

(2) 依靠自己完成某些任务（比如走路而不能乘坐公共交通工具，晾干衣服而不是使用烘干机）；

(3) 感到尴尬（比如进行结肠镜检查，使用安全套）；

(4) 为他人提供建议（比如禁止酒后驾车）；

(5) 听到坏消息（比如得知自己患有艾滋病）；

(6) 学习新技能（比如堆肥，采用不同的耕作方法）；

(7) 做一些追求长远利益的事情，在集体层面上产生社会公共利益（比如回收废物，节约用水）。

为了实现行为改变，特别是作为解决复杂政策问题的一部分，需要对行为的关键决定因素有基本的了解。人们的行为方式取决于许多因素，并深深植根于社会环境、制度背景和文化规范中。本节侧重于关于行为改变的理论和经验证据（而不是一般行为），因为公共政策通常最关心的是改变公民的行为。

例如，澳大利亚公务员制度委员会已经进行了两次深入的案例研究。其中一个案例审查了由农业、渔业和林业部（DAFF）管理的国家土地保育计划。国家土地保育计划的主要目标之一是通过使土地所有者能够在农场一级确定、发展和实施改进中进行自然资源管理实践来影响土地所有者的行为。另一个案例研究审查了由卫生和老龄部管理的国家烟草战略。国家烟草战略旨在防止吸烟，鼓励和帮助吸烟者戒烟，消除非吸烟者与有害烟草烟雾的接触，并在可行的情况下减少因继续使用及依赖烟草和尼古丁造成的伤害。

第四节　理性选择模型

作为公共政策基础的行为改变理论是理性选择模型，它假设人们理性地寻求最大化其福利。人们根据成本和收益评估他们之前的选择，然后做出最大化其净收益的选择。传统的政策工具遵循这种模式——制裁（罚款和其他处罚）、价格信号（税收、财政激励）、法规和信息提供。

这些传统工具通常可以非常有效地实现行为改变。例如，2001 年，爱尔兰政府对每个 0.15 欧元的塑料袋征收税款。征收是在销售点进行的，零售商有法律义务将其直接传递给消费者。税收非常成功，塑料袋消费量减少了 90.5%。同样，世界银行的证据表明，提高烟草税是政府在减少吸烟方面可以采取的最重要措施。

政府定期提供信息，试图利用理性选择模型的基本假设来影响行为，也就是说，如果人们知道某些行为和（或）活动会产生不良后果，则会降低其发生率甚至不从事该行为。例子包括解决酒后驾车、艾滋病、毒品、儿童安全和吸烟等问题。然而，很明显在某些情况下，信息活动虽然是必要的，但它们本身不足以持续改变大量个体的行为。

虽然理性选择模型将并且应该继续成为政策制定的基本构建模型，但从行为变化的角度来看，它具有局限性。

对于许多社会政策问题，人类行为非常复杂。例如，尽管人们知道不健康的生活方式会对他们造成长期伤害，他们仍继续选择这种生活方式。理性选择模型往往忽视了对人类行为影响更广泛的环境问题，例如同伴压力和家庭期望的力量，以及除了自身利益之外的关键激励因素。个人也很难准确估计未来的成本和收益，特别是如果他们周围存在相对较高的不确定性。

现在有许多政策制定者需要注意到人类行为理论可以用来补充或完善理性选择模型。这些理论都借鉴了大量的实证研究和观察结果。以下几节概述了这些理论在个人层面、人际层面和社区层面的实证研究的主要发现，并提出了这些发现的政策相关性。它们基于一系列资料，尤其是 2004 年在英国发表的讨论文件：《个人责任和变化行为：知识状况及其对公共政策的影响》。

第五节　个人层面的行为改变

关于影响个人层面行为改变的力量，有一系列理论和证据。

一、经典条件作用理论

经典条件作用理论是理解行为和行为改变的基本构建模块。经典条件指的是使无条件的刺激物（例如食物）与另一种刺激物（例如钟形物）相关联（例如巴甫洛夫的狗）。甚至高度复杂的行为通常也可以通过这种关联的长链来解释，人们可以通过学习新的关联或通过删除现有的关联来实现行为改变。因此，广告寻求将新产品与积极的刺激相关联。例如，在澳大利亚人接触到吸烟与娱乐、魅力和成熟度相关的广告之后，澳大利亚（联邦和州一级）逐步限制烟草制品的推广，以限制烟草制品与正面形象的关联。

近几十年来的研究表明，人们似乎天生倾向于在单一因果关系的经历中学习一些关联（例如，在品尝食物和随后的恶心之间）。人们更难以学习具有现代社会特征的更复杂的因果关系，例如饮食与长期健康之间的联系。然而，对经典条件的一些理解是有用的，例如，在交流活动中，确保期望的行为改变尽可能地与积极的刺激相关联，例如将回收与微笑、快乐的人联系起来，或者相反，确保诸如吸烟之类的不良行为与积极刺激无关。

条件性是学习的基本原则——根据个人的行为进行奖励或惩罚。这是我们社会和经济生活的共同特征，也是日常责任观念的组成部分——人们的行为涉及后果。政策制定者倾向于根据与福利或公共服务的使用相关的条件来考虑条件性，例如在领取失业救济金时对他们提出找工作的要求。这种对条件性的更复杂的使用，也利用了关于承诺、互惠和相互关系的行为理论的理解，这将在以下部分更详细地讨论。

二、认知一致性理论

认知一致性理论提出人们有动力去寻求他们的信仰、价值观和态度与他们的行为之间的一致性。在某些情况下，这可以成为一种强有力的政策工具。在这种情况下，可以让个人做出承诺，使其行为符合其现有的信念和态度。澳大利亚也曾利用认知一致性和承诺来实现政策目标。

越来越多的一些政策干预措施使用认知一致性理论使人们做出承诺。例如，英国政府鼓励学校通过在家长和学校之间签署协议来增加父母对某些行为的承诺。要求家长正式签署协议，规定父母的责任（例如确保孩子准时上学，支持学校的家庭作业政策）和学校的责任。此类协议还利用了条件性和相互关系。

但是，这些承诺的有效性是有限的，特别是那些没有其他支持性措施的承诺。例如，有强有力的证据表明，即使做出承诺，人们并不总是以与他们的态度和信仰一致的方式行事。这种现象在环境问题方面尤其严重。在这种情况下，便利性被认为是一个主要因素——如果方便的话，人们更有可能遵守回收废物等承诺。此外，如果要求人们承诺与他们的信仰或态度不完全一致的事情，即使他们愿意做出初步承诺，他们也不太可能遵守——因此旨在改变态度的信息宣传活动可能是寻求承诺的必要先驱。

三、社会认知理论

社会认知理论侧重于技能和能力，强调提高个人行为能力和自信心的重要性。自我效能是该理论中的一个关键概念，指的是一个人对自己采取行动和坚持这种行为的能力的信心，例如出于健康或环境原因坚持改变生活方式。自我效能可以通过多种方式提高，包括：

（1）设定小的增量目标。当某人达到一个小目标时，比如每天锻炼 10 分钟坚持一周，他们的自我效能就会提高，下一个更具挑战性的目标似乎也更容易实现，并且他们的持久性会更强。

（2）强化。通过反馈，即表扬和（或）有形的物质奖励来奖励增量目标的实现。

（3）监测。来自自我监测或保持记录的反馈可以减少对自己实现行为改变的能力的焦虑，从而提高自我效能。例如，用于控制肥胖的自我监测在与同伴支持组合并用时可以起到最佳效果——表明同伴支持的重要性。

慧俪轻体（Weight Watchers）和土地保育（Landcare）等团体特别注重提高成员的自我效能。土地保育团体在采用新的自然资源管理技术的过程中为土地所有者提供反馈、持续的建议和帮助。

四、启发式和偏见

据记载，人类使用心理捷径或启发式方法，并在决策过程中表现出一致的偏见。这是一种处理现代社会所需的信息和决策过载的方法，但可以使人们倾向于在某些情况下误判并抑制行为改变。

（1）可用性和模拟。这是许多人用来判断事情发生的可能性的两条经验法则，从而指导决策制定。人们倾向于认为他们可以轻易地调用记忆（可用性）或易于想象（模拟）的事件发生更频繁，因而更容易发生。因此，由于人们很容易回忆起碰撞并运用想象力，人们乘车往往比驾驶更加紧张。

（2）锚定。默认选项会严重影响行为。即使默认选项是任意的，人们也倾向于坚持起点。例如，拥有器官捐赠的推定同意规定的国家的器官移植率高于那些使用选择加入系统的国家，如澳大利亚。这为政策制定者提供的一个启示是，在适当的情况下将默认选项设定为最符合更广泛公共利益的选项。政策制定者还需要了解与锚定相关的惯性。例如，将选择和竞争引入先前受监管的行业可能导致供应商的变化少于预期，这可能部分归因于锚定行为。

（3）缺乏。人们倾向于重视稀缺或可能耗尽的事物。这就是为什么免费产品或服务可能不被公民高度重视的原因之一（没有任何价格信号可以解释为产品或服务无限供应）。这在一定程度上解释了为什么预防艾滋病项目等收取象征性的安全套费用——以增加其对用户的价值。必须排队或等待产品或服务也可以用作稀缺的代理。

（4）损失或收益。人们倾向于以不同的方式评价事物，这取决于他们是获得还是失去。人们对损失往往比对收益更敏锐。例如，对健康领域的一项申请进行的研究表明，强调健康状况不良潜在负面后果的信息可能比那些描述健康状况良好潜在收益方面的信息更为有效。这种见解也被用来增加储蓄。在美国，对于员工可以选择加入养老金的计划进行了为期三年的试验，该计划要求员工同意未来的一部分加薪将用于养老金。通过避免要求支付任何现有收入，该计划避免了不成比例的损失带来的心理痛苦。该试验取得了成功，平均养老金储蓄率在三年内从3%左右上升到11%以上。

（5）高峰体验和新近度。人们倾向于更多地强调短暂高峰（或低谷）体验，而不是平均体验。人们也更加重视最近发生的事情。这往往会增加上面讨论的可用性经验法则的影响。这些观察的一个政策应用建议是构建对犯罪行为的惩罚。如果监禁的唯一目的是最大限度地发挥其威慑作用，那么它可能会以不适的高峰体验为特征，而这种高峰体验应该在判刑结束时增加。令人惊讶的是，大多数监狱的判决带来的体验都具有相反的模式——一种相当恒定和单调的不适程度，并且不愉快体验最终会减少。

（6）贴现。与即时成本或收益相比，大多数人会大幅降低未来的成本或收益。未来的进一步成本或收益可能会随着贴现增加而发生。这一重要趋势可以帮助解释人们在改变生活方式方面遇到的困难，其中许多健康收益或环境收益是长期的。例如，戒烟很难，因为烟草的有害影响既不直接也不明显——大多数有害影响只是在多年吸烟后才能体现出来。同样重要的是，要注意，虽然所有人都倾向于贴现，但那些生活混乱或贫困的人因其直接环境的影响而有特别高的贴现率——这使他们不太可能对他们的健康、福利进行长期投资。

第六节　人际关系层面的行为改变

这些强调人际关系层面的行为改变的理论的主要观点是，行为改变往往更好地通过关注个人，以及关注个人与周围人的关系来实现。人们通常会受到家庭、同龄人和信任的知名人士的影响，而不是政府建议的影响。

一、权威理论

大多数人都会轻易遵从他们认为合法的权威。社会科学研究中最著名的例子是实验参与者愿意在实验者的指导下对他人进行电击。表面上来看，这是一种教学形式，电击是假的，但真正的实验是关于实验参与者的遵从情况，并且发现超过三分之二的人准备施行危及生命的电击。

人际关系中的权力或权威的基础可以 5 种方式分类。下面列出的前 3 个可以在短期内确保人们行为的合规性，而后 2 个可能更有效地确保长期行为改变。

（1）专业性。某人有权指导，因为他们掌握更多的知识并且（或者）经验丰富（例如卫生专业人员、父母、老人、教师）。

（2）合法性。某人有权指导，因为他们是具有可信度和权威的社会角色（例如警察）。

（3）强制性。一个人可以指导他人的行为，因为他们有惩罚他人的能力（例如监狱官员、教师、工作主管）。

（4）奖励。一个人可以指导他人的行为，因为他们有奖励他人的能力（例如工作主管、教师）。

（5）信息。可以通过说服和信息提供的力量指导他人的行为（例如卫生专业人员、生活教练、社会工作者、土地保护团体）。

基于对试图施加影响的人的认同定义的权威，是最有效的权威来源之一（例如，使用知名体育人士或名人来推广信息，或利用在社区或工作中表现出领导品质的人的影响力）。

很明显，有些人在社会中处于有利地位，如果他们能够熟练运用，这些人可以使用所有 5 种权威来影响行为（例如教师）。然而，使用权威来影响行为的一个危险是心理反应——当人们反对权威时会采取相反的观点。如果人们不信任权威人物，就会发生这种情况。

政府可以通过多种方式提高其权威性，减少心理反应。例如，加强公共信息和指导等主要权威来源的独立性，例如通过负责食品、毒品、统计或金融服务的机构，可提高指导的合法性和专业性。如果围绕行为改变的信息不属于任何一个独立机构，那么使用权威来源也会有所帮助。例如，在旨在增加水果和蔬菜摄入量的七天健康促进活动中，零售商、食品制造商和健康慈善机构都参与推广这一信息——这有助于赋予其更多权威性。

澳大利亚国家烟草战略已经使用全科医生和其他卫生专业人员的权威来影响吸烟者的行为。澳大利亚政府于 2004 年为全科医生推出了新的戒烟指南，旨在帮助医生为戒烟提供有效的帮助。该计划是在与利益相关者协商后制订的，基于长期实施的戒烟计划，该计划认为吸烟者自己戒烟的动机是关键，并对吸烟者根据 5A（询问、评估、建议、协助和安排后续行动）的戒烟准备情况提供建议。全科医生的指导方针与戒烟热线电话咨询及其他教育资源相关联。

二、互惠、互利和条件理论

如果一个人背负某种债务，即使不情愿，在互惠条件下，他们也更有可能采取行动或改变他们的行为。这是在葡萄园品尝葡萄酒后直接订购葡萄酒时使用的技术。在双方（影响者和受影响者）均从结果中获益的情况下，行为干预也是有效的。在各种公共政策背景下，行为改变和行为干预这两种行为力量可以通过互惠和条件性来实现。

英国的例子是地方政府住房协会提供的租赁协议。Irwell Valley 住房协会实施金牌服务计划，奖励优秀租户。要取得该计划的资格，租户必须有明确的租金账户或书面协议，他们将偿还拖欠的租金并且不得违反租约。作为回报，租户可以获得更快的紧急维修服务，优先进行现代化装修，家庭保险、燃料、葬礼和眼部保健的折扣，以及在当地商店和餐馆使用的折扣卡。超过 80%的租户已加入该计划，租金拖欠减少了 47%。

另一个例子是在澳大利亚土著社区中使用共享责任协议（SRA）。SRA 是澳大利亚政府与土著社区或团体之间的自愿协议，旨在为履行社区义务酌情提供收益。除基本服务或基本权利之外，这些可自由支配的福利可以采取额外服务、资本或基础设施的形式进行提供。对于社区决定要解决的问题或优先事项，以及政府投资将采取的措施，SRA 规定了家庭、社区、政府和其他合作伙伴要为解决当地优先事项和要实现的成果做出贡献。

国家土地保育计划是使用条件理论和互惠理论的另一个例子。它为土地所有者，特别是土地所有者群体提供资金激励，以鼓励他们采取自然资源管理措施。然而，资金取决于土地所有者签署的合同，其中至少包括土地所有者的时间和资源与国家土地保育计划资助的项目的匹配贡献。实际结果表明，项目申请人为国家土地保育计划资助的每一美元现金或实物捐赠了 1.80～2.60 美元。

三、面对面方法

通过面对面方法可以大大增强互惠、互利和条件的有用性。如果在面对面的会面中提供便利，协议或合同中的承诺更有可能得到尊重。例如，珀斯的公共交通工作人员采用面对面方法，有效地鼓励人们更多地使用汽车的替代品。

面对面方法通常被认为是非常昂贵或不切实际的，但是，在某些情况下，它们已被证明具有成本收益。例如，美国进行了一项有 30 000 名选民参与的随机试验，以了解选民的投票率是如何增加的。结果发现传单有适度的效果，能够使投票率提高约 2.5%；电话有负面影响；但面对面接触——有人提前在人们的家门口提醒他们——具有非常显著的效果，能够使投票率提高 10%～15%。

四、人际启发式和偏见

人类还使用心理捷径或启发式方法，并在与人际关系相关的决策和行为中表现出一致的偏见。

基本归因错误是指过分强调人的倾向因素而不强调情景因素的倾向。一个例子是将特定车祸归因于驾驶不良而不是道路结冰或疲劳等情景因素。这是“它不会发生在我身上”综合征背后的原因之一。

虚假的独特性和错误的共识基本上是指人们自我陶醉的倾向。当人们被要求列出他们的最佳能力以及其他人的这些能力如何时，人们往往会系统地低估其他人的能力。人们也倾向于高估其他人对自己立场的认同程度，从而为个人观点提供错误的共识。错误的共识效应可能在某种程度上解释了人们对民主制度的不信任程度。人们可能会感到沮丧，因为组织不能更好地反映他们的观点（他们认为这是大多数人的观点）。

群体间偏见指的是人们倾向于将良好品质和美德不成比例地赋予他们认同的群体，同时将该群体外的人视为不值得和不应得的。实验表明，即使完全任意划分陌生人群也会立即引发这些群体间的偏见。如果在适当活动的领域进行竞争，这种趋势可以用来达到理想的目的，例如，卫生城镇的竞赛和明确承认正在回收利用的街道或社区竞赛。

第七节　社区层面的行为改变

关于影响社区更广泛层面行为改变的力量，有一系列理论和证据。

一、社会资本理论

社会资本包括社会网络、社会规范、社会关系、价值观和非正式制裁，它们塑造了社会交往的数量和合作质量。核心见解是社会网络和合作对加强社会规范具有价值——这些社会网络的质量可以帮助解释犯罪、教育和健康等领域社区之间关键政策结果的不同。

一般而言，较高水平的社会资本会导致社区及其内部的个人能够更好地行动并为自己的行动承担责任。例如，当受到自然灾害的影响时，较高社会资本的社区遭受较低的死亡率，因为人们更多地相互照顾，并且比低社会资本社区恢复得更快。

社会资本还可以帮助在社区中改变传播行为，因为创新可能通过联系更加紧密的社区更快地传播。国家土地保育计划的优势之一是建立农村土地保护团体可促进社会凝聚力形成。这种社会凝聚力增加了孤立的农村社区的社会资本，同时也有助于传播有关可持续农业措施的信息和技能，促进了社交互动。其他因素也会影响行为改变如何通过下面概述的方式渗透到社会中。

二、创新扩散理论

一些研究人员将行为改变的传播性质比作病毒传播的方式。这个过程的核心是能够影响他人改变行为的中介或网络中心。在某些文献中，这些被称为打喷嚏的人是那些使他人相信他们所讲述的事情的人。这些人掌握较多的社交技巧，善于吸收信息和新闻。任何组织——包括政府——为了成功沟通，应该发挥识别和影响这些人（或组织）的作用。

为英国环境、食品和农村事务部编写的一份报告表明，可以通过以下方式促进这种针对有影响力人群的目标实现：

（1）评估目标受众和信息。商业营销活动总是从一个具体的人口统计活动开始。他们了解不同类型的人会响应不同类型的信息，并相应地制定自己的宣传策略。相比之下，政府往往试图吸引更广泛的群体，而忽略了为特定受众量身定制信息的需要。针对定制信息的好处体现在“不要参与得克萨斯混乱”活动中，该活动旨在解决美国得克萨斯州日益严重的垃圾问题。相关政府部门进行的研究表明，罪魁祸首是年轻男性不太可能回应有关保护自然环境的信息。因此，政府决定将这个信息建立在国家自豪感上（参见本章第六节关于群体间偏见的内容），这样在“不要参与得克萨斯混乱”的标语提出后，乱扔垃圾事件的数量在12个月内下降了29%，在10年内下降了52%。

（2）创造性沟通。政府通常依赖传统的沟通或广告渠道，但其他方式可能更有效，例如，赞助特定的电视节目（例如赞助真人秀节目的海关部门）或婴儿猝死综合征（SIDS）运动。创造性沟通的目标是通过口口相传制造话题——这可能比任何直接沟通都更有效。

影响创新的社会实践和思想通过社区传播的其他因素包括：

（1）相对优势。指认为新行为优于旧行为的程度。例如，可能将某些活动（例如回收纸张）定位为优于当前的做法（将纸张丢弃为一般废物），而不仅仅是为了赞美回收的好处。

（2）便利性和兼容性。指在与人们的价值观和习惯的一致性方面易于采用的新实践或想法的便利程度。例如，街道回收系统通过使回收更加方便，大大提高了回收行为。

（3）社会认同。指人们如何看待他们周围的人——包括陌生人——对有关如何表现的指导。罐头笑声的使用就是一个例子。一些政府干预旨在利用社会事实对个人行为施加影响。例如，法律规范允许人们吸烟的地方，不仅可以保护吸烟者和非吸烟者免受环境中烟草烟雾的影响，还会极大地影响吸烟的社会规范。研究表明，在那些引入无烟法律的司法管辖区，与没有这些法律的司法管辖区相比，儿童吸烟人数减少，吸烟者和卷烟消费量下降。

（4）使用其他群体传递信息。例如，在传播有关健康的信息时，使用与学校、医生、志愿团体、超市和自助团体的积极伙伴关系。这不仅增加了信息的权威性，而且使用具有潜在影响力的更广泛的个人或组织来接触更多需要目标信息的人。

（5）复杂性。指人们更有可能采用易于理解和（或）使用的新实践和想法。帮助热线是政府试图帮助人们实现行为改变的例子（例如，育儿求助热线）。

（6）实验。指如果人们在需要做出承诺之前可以尝试新的做法或想法，他们往往更愿意采用新的做法或想法。例如，土地保育团体使用了这种行为理念。土地所有者可以通过访问和观察已采用新方法的其他农民来观察新方法是否适用于当地。实验还有助于将采用新方法的好处更多地带入现在——即使使用这些方法的好处需要数年才能显现出来，即使更不情愿的农民也能够以具体的方式在当前观察到这些好处。

三、文化和人口差异理论

对于澳大利亚境内的一些不同文化和人口群体而言，非针对性的沟通方式可能特别无效。例如，针对土著群体的信息，如果是专门定制的，则可能是最有效的（认识到土著文化也是异质的）。其他可能需要专业定制信息的群体包括新移民、老人和年轻人。

即使在相对同质的群体中，更强的信息定制能力也是有用的。例如，在可持续农场管理领域，英国的研究表明，需要认识到农业风格和（或）文化的多样性，并更好地理解它们以影响行为。

英国环境、食品和农村事务部的一份研究报告发现，在英国，农民采取环保措施和（或）行为的决定是基于五个主要因素。

第一，这取决于农业风格的特性和所采用的农作方式。农业风格反映了农民特有的价值观和知识。农民强调并高度重视农业技术和农作方式的传承，如传承给家庭继承者和连续占用土地的继承者。企业家则强调农业的风险承担和经济回报，如重视饲养良好牲畜的农业从业者，尤其是畜牧企业的畜牧业者。

第二，有大量证据表明许多农民希望被视为优秀的农民，他们在农业实践中追求的个人完整性[①]是他们社会地位的重要组成部分。有效地将环保措施与此联系起来可能非常有效。

第三，农民接受和响应政府及更广泛社会对环境目标的信息的程度取决于他所在的特定社交网络以及通过这些网络传输的信息的性质。

第四，一些调查显示，农民对政府发出的环境信息感到困惑和不信任。有令人信服的证据表明，新的基于群体的参与式方法可用于重建农民信任，但需要以与目前实践中不同的交付系统为前提，这仍然倾向于围绕基于规则、自上而下的新立法实施。

第五，欧洲其他地方有证据表明，要使某些农民群体明确参与有利于环境的行动是

① 伯纳德·阿瑟·欧文·威廉斯（Bernard Arthur Owen Williams）在伦理学研究中强调个人完整性，包括三个方面：第一，如何维护个体品格的完整性；第二，如何维护个体行为理由的完整性；第三，如何维护个体行为辩护的完整性。

极其困难的，特别是那些不愿明确参与新环境议程的保守农民。

本章习题

一、名词解释

田野实验　利他行为　公平行为　信任行为　合作行为　理性选择模型　认知一致性理论　社会认知理论　互惠、互利和条件理论　面对面方法　社会资本理论

二、简答题

1. 田野实验在行为经济学中有哪些应用？
2. 政府管理或影响个人和组织行为的手段有哪些？
3. 行为改变有哪些理论？
4. 行为改变有哪些经验证据？
5. 简单介绍理性选择模型。
6. 个人层面的行为改变有哪些理论和证据？

本章参考文献

[1] Ashraf N., Karlan D., Yin W. Trying odysseus to the mast: Evidence from a commitment savings product in the Philippines. *Quarterly Journal of Economics*, 2006, 121 (2), 635 - 672.

[2] Braunstein Daniel-N. Behavioral science: Experimenting with curiosity. *The Institute of Management Sciences*, 1972, 3 (1): 37 - 39.

[3] Carpenter J. P., Harrison G. W., List J. A. Field experiments in economics: An introduction. *Artefactual Field Experiments*, 2005, 70 (04): 439 - 442.

[4] Charles D. Bolton. Is sociology a behavioral science. University of Oregon, 1963, 6 (1): 3 - 9.

[5] Chen Y., Harper F. M., Konstan J., et al. Social comparisons and contributions to online communities: A field experiment on movielens. *American Economic Review*, 2010, 100 (4): 1358 - 1398.

[6] Dellavigna S., List J. A., Malmendier U. Testing for altruism and social pressure in charitable giving. *The Quarterly Journal of Economics*, 2012, 127.

[7] Fehr E., List J. A. The hidden costs and returns of incentives—Trust and trustworthiness among CEOs. *Journal of the European Economic Association*, 2004, 2 (5): 743 - 771.

[8] Harrison G. W., Lau M. I., Williams M. B. Estimating individual discount rates in Denmark: A field experiment. *American Economic Review*, 2002, 92 (5): 1606 - 1617.

[9] Heinz Eulau. Values and behavioral science: Neutrality revisited. Antioch

Press, 1968, 28 (2): 160-167.

[10] List J. A. Does market experience eliminate market anomalies?. *Quarterly Journal of Economics*, 2003, 118 (1): 41-71.

[11] Mclaughlin Barry. Values in behavioral science. *Kluwer Academic Publishers*, 1965, 4 (3): 258-279.

[12] Ruffle B. J., Sosis R. Cooperation and the in-group-out-group bias: A field test on Israeli Kibbutz members and city residents. *Journal of Economic Behavior & Organization*, 2006, 60 (2): 0-163.

[13] Sandstrom Alan-R., Sandstrom Pamela-Effrein. Perspectives on behavioral science. *The Library Quarterly*, 1992, 62 (2): 225-227.

[14] Spaeth David-H. Institutional engineering: Venture into applied behavioral science. *American Agricultural Economics Association*, 1969, 51 (5): 1633-1636.

[15] Soetevent A. R. Anonymity in giving in a natural context—A field experiment in 30 churches. *Journal of Public Economics*, 2005, 89 (11-12): 2301-2323.

[16] Sutter M., Kocher M. G. Trust and trustworthiness across different age groups. *Games and Economic Behavior*, 2007, 59 (2): 0-382.

[17] Unknown. Behavioral science and government policy. *Social Service Review*, 1968, 42 (4): 503-504.

[18] William B. Eddy, Robert J. Saunders. Applied behavioral science in urban administrative or political systems. *American Society for Public Administration*, 1972, 32 (1): 11-16.

[19] Wynne Bye. Behavioral science: Systems and perspectives. *Interfaces*, 1977, 7 (4): 76-78.

[20] 理查德·塞勒，卡斯·桑斯坦. 助推. 北京：中信出版集团，2018.

第三部分

行为财政学的实践应用

本书的第三部分主要结合具体案例来对前两个部分的理论内容进行阐释。第 10 章从三个方面阐释了行为因素对财政收入的影响——个人所得税税收遵从、个人所得税税收信任、增值税税收遵从。税收遵从一般是以个人所得税和企业所得税为分析对象，本章以个人所得税和增值税为分析对象来对其进行研究。首先，个人所得税税收遵从部分在指出了古典的税收遵从模型之后，结合一系列计量和实验的实证研究分析了传统理论的不足并提出了基于行为财政学的税收遵从模型。其次，个人所得税税收信任问题是基于经典的博弈论信任假设模型，引出了税收信任模型。最后，介绍了增值税税收遵从研究。第 11 章主要分析行为财政学在财政支出中的应用。针对行为因素对财政支出的影响分为两个部分：一是社会保险问题，即信息不对称会导致社会保险支出在哪些方面产生扭曲。二是公共物品问题，即在外部性影响下公共物品的提供会造成多大的扭曲以及政策制定者如何尽可能小地降低这些扭曲以保证提供公共物品的质量。第 12 章首先分析了行为经济学与传统经济学在市场失灵和公共政策分析上的不同，并分析引出个人行为改变的政策工具。其次，着重分析了如何使用选择体系来帮助个人执行他们的选择偏好，提出了相应政策工具。再次，在通过选择体系改变个人偏好构建方式的基础上提出具体的政策工具，并且解释了人们的某些行为动机可以通过激励效用来引导和控制。最后，通过上述行为学手段分析了一个具体的案例——喀麦隆案例研究。

第10章 财政收入中的行为动机

本章主要介绍了行为因素对政府财政收入的影响。因非税收收入在财政收入中所占比例较小且各个地区间的非税收收入存在较大差异，因此本章的财政收入定义为税收收入，分为个人所得税和增值税两个部分。对于个人所得税税收收入，本章分别从税收遵从（tax compliance）和税收信任（tax trust）两个方面阐释了个人行为会对政府的税收活动产生哪些影响以及政府如何优化其税收活动。对于增值税税收收入则主要讨论如何从增值税的税收遵从方面来抑制增值税款的流失。

第一节　个人所得税税收遵从

在税收遵从的文献中长期存在一个问题——人们纳税的原因是什么。在这一章中，我们认为不能将避税或逃税与其他行为完全分开进行分析。个人不仅仅是纳税人，他们也是从事创造收入和财富活动的公民。一系列原因导致各种各样的心理影响他们的行为。人们纳税的原因多种多样，包括：诚实意识、恐惧意识、群体成员意识，等等。这些活动既会影响公民遵守税收制度的决定，也会受到这些决定的影响。在诚实纳税影响其他经济行为的程度上，需要考虑的一个重要问题是：税务遵从在促进社会整体信任水平提高方面发挥的作用。

标准新古典主义模型和大量的经验证据都表明，较高的罚款水平以及较高的逃税检测概率与更高水平的税收遵从度相关（尽管如前所述，税收遵从度小于基于标准模型的预期值）。然而，这些结果与实验证据相冲突。实验证据表明，在类似情况下，监管者若监测就业合同和类似协议可能会减少人们对协议的遵守。稍后我们将讨论政府机构如何构建决策框架以解释这种差异。

我们很难从税收遵从的计量经济学研究中得出明确的结论。部分原因是很难量化实际发生的逃税数量。在这里，我将讨论一些问题，如纳税人和政府机构的利己偏见是如何使许多计量经济学证据的解释变得不透明的。正是这种不透明使帮助理解底层人们决策过程的经济实验成为无效实验。

正如2004年5月10日在《税务纪要》(*Tax Notes*)上发表的文章《奥尔森：加强执法可能侵蚀纳税人的信任》(Olson：Increased Enforcement Might Erode Tax Payer Trust)中所报道的那样，从美国国内收入署署长埃弗森(Everson)最近提高国内收入署执法水平(主要是稽查率)的努力中可以看出，过去几年，美国政府试图减轻执法力度，并创建一个更仁慈、更温和的国内收入署，但这种做法是错误的。尽管人们应该更加诚实纳税这一观点很难反驳，但实现这一目标的方法却并不清晰。

一、税收遵从模型的经验证据

如果标准模型给出了清晰的预测，那么它们表明，为了提高税收遵从度，政府必须要么提高罚款率，要么提高稽查率。这里我们讨论一下关于纳税人对这些激励的反应的专业实证研究，其中包括计量经济学研究。

1. 计量经济学证据

确定政府行为对税收遵从行为的影响通常是相当困难的。根据定义，它涉及隐藏的活动，部分原因是每个纳税人都声称他正在支付所欠的税款，部分原因是它经常涉及非理性活动。

2. TCMP 研究

关于美国纳税人税收遵从最全面的证据是纳税人遵从度测量计划(Taxpayer Compliance Measurement Program，TCMP，IRS，2002)中的证据。这项研究报告的最新版本发表于1996年。该报告调查了1985、1988和1992纳税年度的数据。它呈现了所谓的税收缺口的数额——申报的税款和实际欠联邦政府的税款之间的差额。TCMP成员每年稽查大约5万份纳税申报表。由于这项调查实际上是基于对实际收入和支持信息的审查，它比非政府研究更能深入地了解税收遵从行为。这显然是对税收遵从度最全面的调查。报告发现，大约83%的政府税收实际上是公民自愿缴纳的。此外，报告还发现，91.7%的总收入被准确申报。

这项研究在衡量税收遵从度问题的许多方面都很有帮助，并且经常被用于估计通过增加税收遵从度可以获得多少税收收入。然而，其统计数据的计算方法存在一些问题，使数据倾向于显示较低的税收遵从度，限制了其在预测税收遵从度大小方面的有效性。

仔细研究这份报告就会发现这些问题。该研究报告呈现了对不同类别的税收缺口金额的高估值和低估值。高估值来自 TCMP 稽查员的调查结果，他们稽查了大约 5 万份随机选择的纳税申报表。因为即使这些稽查可能会漏掉一些收入，报告的税收缺口数额也会增加，方法是将标准 TCMP 稽查得到的税收数额乘以随机选择的一组不易获得的稽查所得的一个因子。他们发现，在标准的 TCMP 稽查中，每一美元未申报的收入中，就有 2.28 美元本可以通过更严格的稽查发现。因为这些更费力的稽查被认为能更准确地报告所欠税款，所以报告的税收缺口数额增加以反映这些因素。

该报告承认，稽查人员可能和纳税人一样存在自利偏见，即无法维持准确的稽查量，因此，该报告还包括一个低估值。报告显示，低估值一直是高估值的 97%，而高估值是根据稽查人员收集的金额计算出来的。对于任何在税务领域工作过的人来说，即使考虑到稽查人员对稽查的限制，这个数字也显然太高了。抛开这一点不谈，贴现系数是从所有税务诉讼案件汇集的百分比中得出的。然而，大多数这样的情况不是随机的 TCMP 稽查，甚至不是繁重的稽查，而是基于“标记”稽查返回的项目进行的稽查。

低估值不是来自随机稽查的样本，这就导致了计算时的税收差距：这个数字明显高于实际数字。此外，也可能是由于美国国内收入署和个人纳税人的激励和议价能力不同，最终缴纳的税款数量也不一定反映真实的税款。还有一个问题是，这种差距在多大程度上是由于逃税，在多大程度上是由于人们所说的不成功逃税。也就是说，这在多大程度上是由于纳税人出于善意而采取的错误立场，在多大程度上是由于简单的疏忽或合法的意见分歧。正如所有评论人士都承认的那样，这一点很难衡量。虽然 TCMP 研究有助于确保稽查的一致性，但自利偏见以及对评估的其他限制使得此类调查在评估总体税收遵从度方面的作用不如最初看上去的那么大。因此，该标准 TCMP 研究很可能是真实税收缺口金额的上限，而不是其下限，因而不是一个适度的估计。

3. 著名的实证研究

实证研究中最著名的一个研究是 Dubin，Graetz 和 Wilde（1987）。[①] 他们研究了 1977—1986 纳税年度的数据，以估计稽查率和税率对税收遵从的影响，发现较低稽查率与较高税率和较低的申报收入相关。他们使用税收和人均报告收入作为评估税收遵从度的变量。该研究指出，这些措施可能存在一些内生性问题，例如稽查率较低可能是因为这些领域的纳税者收入较低。在许多方面，要消除这些问题是困难的，因为有许多因素影响收入。将稽查率视为完全独立于收入的变量，这可能是不正确的。

这类研究的一个重要问题是，公众是否了解其所在地区的稽查率。如果不了解，我们需要对数据进行一些其他的解释，因为其他因素可能会影响结果。如前所述，大多数人高估了稽查率，这表明他们对稽查率不是很了解。大多数其他主要的实证研究都存在

① Dubin Jeffrey, Graetz Michael, Wilde Louis. Are we a nation of tax cheaters? New econometric evidence on tax compliance. *American Economic Review*, 1987, 77 (2): 240 - 45.

类似的内生性问题，但任何研究的特定问题通常都是其税收遵从的特定度量所特有的。因此，尽管这些研究很有帮助，也很有启发性，但不幸的是，它们并没有提供稽查率或罚款率提高使税收遵从度增加的明确证据。

之后研究者在这一领域进行了一项最有趣的研究，他发现，当税务筹划者受到的惩罚概率增加时，编制纳税申报表的注册会计师实际上会采取更激进的手段。之所以会出现这种情况，是因为税务筹划者认为这些更严厉的规定对他们的自主权构成了威胁。不幸的是，这项研究没有检验其他可能的解释，如补偿的变化和类似的其他因素。

还有的研究者认为，试图提高稽查率实际上会增加激进的立场。当然，任何这种反应都将与对 A-S 模型的标准新古典主义分析相矛盾。有很多心理学模型可以解释为什么会出现这种情况。税款征收方式可能被视为隐性契约的一部分。加强执行可能被视为违反了一项隐性契约，因为这种契约的条款总是由使用者决定的。此外，强制执行的增加是将成本单方面转移给纳税人或税务筹划者。无论纳税人是否遵守规定，稽查员现在都面临着不得不支付稽查费用的风险，以及与稽查相关的时间损失等等。政府强加稽查的成本可能会给稽查活动的实际执行者一个欺骗的借口。

另一个有趣的发现是接受来自政府的补助激励有助于提升税收遵从度。经验证据表明，在牙买加，收到补助的人遵守工资税的情况比没有收到补助的人高得多。

4. 明尼苏达州税收实地实验

许多计量经济学研究的一个根本问题是，它们没有对照组，尽管这通常可以通过复杂的统计技术在一定程度上得到缓解。然而，正因为如此，我们永远不能确定我们观察到的效果是否是所使用的自变量的函数，或者是与自变量相关的其他变量的函数。幸运的是，有研究者在明尼苏达州进行了一项关于税收遵从的对照实验，该实验试图增加税收遵从度，因为税法允许有一个对照组。人们尝试了各种提高税收遵从度的办法，包括呼吁团体团结、互惠和提高稽查率，所有这些办法都针对不同的团体。许多论文包括明尼苏达州政府收入报告都依赖或使用来自这个实验的数据。报告和论文都得出了类似的结论。

报告发现，增加对中低收入纳税人的稽查率增加了他们的申报收入。此外，报告和论文研究都发现，对于那些有商业收入和其他类型的自我申报收入的人来说，稽查率越高，申报收入的增长幅度越大。科尔曼（Colman）的报告发现，提升稽查率对高收入纳税人的申报行为在统计上没有显著变化。

然而，某些研究也发现，对于高收入纳税人来说，稽查的确定性降低了他们报税的金额。由于控制组的存在，这些论文在某种程度上比其他经验证据更有说服力。然而，目前还不清楚这些发现对不同类型的变化（如稽查率的边际增长，而不是将稽查率提高到 100%）的影响有多大。

5. 就业合同中对监督的反应的证据

如前所述，描述税收遵从度的数学模型可以稍加修改以描述任何潜在的舞弊情况，其中之一可能包括雇佣合同中的用工决策。乔治·阿克洛夫（George Akerlof）对“工作或逃避决策”的决定因素进行了最著名的调查。在这项调查中，他发现员工通常会付出比雇主要求更多的努力。如果员工的工资相对于市场而言较高，这一点尤其正确。有趣的是，这些合同中的激励措施导致员工在很大程度上得不到额外努力的补偿。这与标准新古典主义经济学的基本概念背道而驰，在新古典主义经济学中，员工付出最少的必要努力来获得期望的回报。这项研究对于人类如何解决忠诚问题给出了答案，并探究了个体在特定群体中的行为规范。我们现在要讨论的问题是为什么这可能更适用于工作环境而不是税收环境。然而，由于这项研究只局限于相对较小范围的一群工作者，所以还不清楚这些发现在一般情况下是否适用。

二、税收遵从模型的实验经济证据

本节中所讨论的经验性证据的问题并不只是税收遵从度的问题。任何完全依赖于对包含大量因素的不受控制的情况的观察的科学，总是会受到偶然观察的支配。为了应对这样的问题，至少从20世纪30年代的瑟斯顿（Thurston）和40年代的爱德华·张伯伦（Edward Chamberlain）开始，经济学家们就试图在一小群个体身上进行受控实验。这些实验旨在测试个人在特定情况下的行为的理论命题。这些经济实验被明确定义为税收遵从实验。这些定义可能会导致实验对象对税收有先入之见并遵从这些先入之见，因此，这些先入之见实际上可能会更准确地反映个人对纳税的看法。当然，仅仅因为实验中给出了一个框架并不意味着参与人一定会采用它。现在我们来看看这些实验的一些更显著的结果。

美国的一些实验试图发现税收遵从的决定因素。有研究者在1993年进行了几项与内源性稽查概率确定相关的研究。他们发现，内源性稽查比随机稽查产生的税收遵从度要好得多，即使随机稽查率增加到50%。与这些发现相反，一项实验发现随机稽查率实际上产生了最高的税收遵从度。实验发现稽查率的增加提高了税收遵从度，但罚款的增加没有提高税收遵从度。这些研究表明，提高稽查率和罚款率对税收遵从度至少有适度的积极影响。相关研究表明，公共物品供给的增加提高了税收遵从度。实验证据和经验证据表明，较高的税率导致较高的逃税数额。这些研究大多表明，与增加罚款金额相比，提高稽查率对税收遵从度的影响更大。

有研究者在2001年对税收遵从的跨文化决定因素进行了一系列研究。[①] 以美国和一些非洲国家的个人为研究对象，他们发现文化中的风险规避并不能预测税收遵从度。他们还发现，政治参与等制度因素在个人遵守税法的意愿中发挥了作用。目前还不清楚这些政治因素如何影响这一决定。有人可能会把它解释为一种互惠安排的感知，或者个人出于各种原因对这个过程忠诚。

---

① Cummings Ronald, Jorge Martinez-Vazquez, Michael McKee. Cross cultural comparison of tax compliance behavior. Andrew Young School of Public Policy Working Paper, 2001, No. 01-3. Atlanta: Georgia State University.

第二节　个人所得税税收信任

我们可以利用实验的方式来进行税收信任的相关研究。在标准的双人博弈中，一方需要依赖另一方的行为来增加双方的收益。在大多数博弈中，第一个参与人以牺牲自己的收益为代价，将部分收益给予第二个参与人。然后，第二个参与人可以通过给予第一个参与人一定金额来回报第一个参与人的信任。如果第二个参与人没有回报，第一个参与人的情况比他什么都没做更糟。此博弈的完美策略是第一个参与人不向第二个参与人支付任何金额。然而，研究发现大多数第一个参与人会向第二个参与人支付一定金额，而大多数第二个参与人会将一定金额转赠回去。

信任博弈最有趣的特性之一是，尽管自愿履行协议的初始遵从度低于强制履行协议的遵从度，但在后来的运行中，那些没有被强制履行协议的人比强制履行协议的人具有更高的自愿遵从度。有许多实验表明，外部强加的规则往往会排挤内源性合作行为。例如，对囚徒困境博弈的一种变体进行实验：第一组参与人进行的是一种常规的囚徒困境博弈，在该博弈中，一些参与人被允许交流，另一些则不允许交流。第二组参与人使用了一种外部强加的、激励相容的机制，旨在加强合作选择。在第一轮博弈中，第二组获得了比第一组更高的货币回报，这是意料之中的。在第二轮博弈中，两组人都进行一个常规的囚徒困境博弈。有趣的是，在第二轮博弈中，在两轮博弈中都进行普通囚徒困境博弈的控制组合作水平更高，尤其是那些面对面交流的参与人。由于外来创造的与激励相容的机制而产生的更大的合作，在这种激励被取消时就消失了。外部机制的移除似乎会破坏随后的合作，让实验组的情况比控制组更糟。

后来有实验采用了与 Akerlof（1982）[①] 调查劳动力市场上的部分礼物交换情况类似的方法进行了一项略微不同的研究。他们特别研究了激励合同对员工实际绩效的影响。努力在社会上是不可见的，因此我们可以基于这个因素抽象出对阿克洛夫（Akerlof）工作的批评。如前所述，从新古典主义的观点来看，在这些情况下，税收遵从问题和部分礼物交换的决定应该是相同的。结果似乎对看似无害的情况很敏感，比如是否有一个具体的时间表。如果有一个具体的福利计划，税收遵从比例会明显下降。

标准公共物品实验和工作努力实验之间的两个关键区别是，在后者中，努力的个性化程度和潜在的社会可观察性都有所提高。此外，费尔德（Field）和弗雷（Frey）关于隐性契约的概念可能也有助于对此作出解释。如果人们认为政府仅仅是征收税款，那么它可能导致比纳税人将遵守税法视为隐性契约的一部分的情况有更低的税收遵从度。

一个关键问题是，遵守税法或逃税行为是否会延伸到其他领域。虽然还没有对税收

① Akerlof George A. Labor contracts as partial gift exchange. *Quarterly Journal of Economics*, 1982, 97 (4): 543-69.

遵从决策的溢出效应进行过实验，但上述实验和与之类似的实验表明，这种溢出效应可能会发生。一些评论人士将此视为一种担忧，即如果大量个人开始在纳税方面作弊，他们可能会违反其他法律。一些实验表明，信任度和可信度从一项活动到另一项活动存在溢出效应。总的来说，这些实验表明一个领域的信任度和可信度会影响其他领域的信任度和可信度。

第三节 增值税税收遵从

在过去的15年里，有大量对税收遵从的研究。一般来说，有关企业偷税漏税，尤其是增值税遵从度的问题，实际上很少受到关注。考虑到商业税收的经济和社会重要性，以及增值税在许多国家（如中国和2004年5月加入欧盟的10个国家）已被引入的事实，这是非常令人惊讶的。虽然很难得到准确的数据，但从已发表的少数研究中可以清楚地看出，尽管各国的情况差别很大，增值税逃税现象普遍存在，并涉及重大的收入损失。相关研究总结了来自欧洲5个国家和亚洲2个国家的研究结果，这些数据表明，收入损失从低至3%（法国、英国）到高至40%（意大利）不等。即使是较低数值也代表了巨大金额（对法国来说是30亿美元），而且有相当比例的公司存在违规行为。例如，相关调查报告显示，66%的被稽查的法国增值税纳税人低估了销项税额的价值（其中四分之一是欺骗性的），40%夸大了进项税额的价值。类似地，一项对荷兰企业的研究发现，34%的企业存在增值税逃税现象。所有这些研究都涉及官方数据：据我们所知，没有研究通过直接询问企业的行为来分析增值税遵从度，也没有研究着眼于心理和社会变量所起的作用，这使得本章的研究与众不同。

在缺乏关于增值税不遵从原因的理论模型和实证研究的情况下，我们可以借鉴税收遵从的一般理论和实证经济心理学或行为经济学文献来研究增值税的避税问题。社会科学的各个领域都有大量关于税收遵从的理论，单独用一整章来阐述这些理论是很容易的。在这里，我们只简要地讨论最相关的部分：最著名的经济学理论可能是迈克尔·阿林厄姆（Michael Allingham）和阿格纳·桑德莫（Agnar Sandmo）的理论，他们通常将规避决策表示为一种简单的最大化预期效用的问题。在一些模型中，重点仅仅放在纳税人身上；在其他模型中分析是互动的，税务当局是博弈的参与人之一。尽管已经有人尝试采取更偏向行为学的方法，在他们的模型中加入了群体整合和社会习俗，大多数经济模型认为人是理性的和非道德的。这些经济模型的优点是优雅、预测清晰，但对于行为经济学家或经济心理学家来说，它们有三个主要缺点。首先，它们忽略了机构和个人是如何制定税收遵从决策的。其次，在很大程度上，它们认为经济主体只有一个简单的动机，即自身利益。良好的公民意识、利他主义、名誉和社会习俗是没有作用的。最后，它们假设人口是同质的，所有经济主体都是一样的。这些问题表明，另一种理论方法可能更成功。

关于最后一个问题（纳税人的异质性）有两个理论模型将被非常简单地考虑：社会心理类型模型和 WBAD 模型。通过这两个模型，有研究者运用在遵从、认同和内化之间的区别，提出了一种有说服力的纳税人类型模型。遵从是在相信权威的情况下按照权威的要求行事。认同是以某种方式表现出来的身份认同，如对一个受人尊敬的人身份的认同。内化指的是观念、价值观和行为相结合的信念的真正改变。因此，将价值观内化的纳税人之所以纳税，是因为其相信这是正确的做法。沃格尔（Vogel）将这些区别与两种税务行为（遵从和不遵从）结合起来，给出了纳税人的六层分类。首先，顺从的内化者之所以纳税，是因为他们相信这是好公民应该做的事情，而偏离的内化者之所以作弊，是因为他们相信这是好公民应该做的事情，符合增值税规定，相信这在道德上是正确的：他们是最好的税务抗议者，而不是逃税者。其次，墨守成规或离经叛道的身份认同者将根据其参照群体的社会规范缴纳或逃避税款。他们的焦虑是与众不同，他们的担心是诸如嘲笑等社会制裁。最后，遵从者纳税是因为他们害怕惩罚，而不遵从者逃税是因为他们认为被惩罚的概率很低。这种分类的优点是认识到人们可能会因为各种原因逃税或遵从，尽管我们没有很好的经验证据。

WBAD（will-being able-dare）模型或阶梯模型也明确地涉及不同的动机。假设大多数人都在阶梯的底部（第一阶梯），这导致了逃税和遵从。对这些好公民来说，惩罚和稽查无关紧要，他们都选择遵从。其他人则不愿意遵从，但没有机会或知识来逃税。还有一些人在第二阶梯，愿意并且能够逃税，但是不敢逃税。这些人知道如何逃税，他们很乐意这样做，但害怕逃税的后果。研究表明，许多英国纳税人属于这一类。只有在第二阶梯的人才会考虑相关的成本和收益。那些认为风险是可以接受的人可能会敢于逃税（这是一群真正的躲在顶层阶梯上的人）。这个简单模型的优点是，它认识到具有不同遵从动机的不同群体的存在，但并没有解释为什么人们最初会落入这些不同的类别。

关于所得税逃税的实证研究帮助我们确定哪些可能是增值税遵从中最重要的解释因素。五个因素似乎特别关键：制裁和惩罚（威慑）、公平、个性、对税务当局的满意度以及心理账户。我们依次讨论每一项。经济模型清楚地预测，更高的罚款率和稽查率应该会阻止税收不遵从行为。证据表明，尽管两者都有一定的威慑作用，但稽查率越高，其影响可能越大。几项调查结果表明，自称的不遵从者比遵从者更不可能相信逃税行为会导致逮捕和惩罚。目前还不清楚经营小企业的人对不遵从增值税的制裁有何看法。必须记住，威慑不仅仅是法律制裁问题：相信一个人的声誉可能会因被发现逃税而受损，这也是一种威慑，在商业环境中可能尤其相关。

税收制度的公平性对于税收制度的可接受性和正常运行都是非常重要的。最近一个公民无法接受的税收制度影响公众意识的例子是英国的人造税传奇。税收制度在很多方面都被认为是不公平的，比如，收入相近的人被征收的税款不同，或者公民认为他们能从政府税收使用中获得的回报甚微。研究表明，一个人如何看待自己在影响其感知的不平等中所扮演的角色是至关重要的，有人认为，纳税人可能会通过逃税来退出交易关系，以抵消或减少这种不平等。虽然这类研究几乎只针对个人，但卡罗琳·亚当斯

(Caroline Adams) 的研究表明，税收体系中存在的感知不平等，被认为是荷兰小企业税务不遵从最重要的预测变量。

艾尔弗斯 (Elffers) 认为一些人可能具有利己主义倾向，而另一些人可能表现出对社区责任的强烈认同，因此不太愿意逃税。换句话说，一个人越以自我为中心，当遵从与他们的利益相冲突时，他就越不可能遵守规则和法律。有大量证据表明，利己主义预测了许多领域的违规行为，包括所得税逃税、社保欺诈和违规停车。

一些调查人员还建议以其他方式如对税务当局的不满作为逃税的动机。有一些证据表明，税务系统效率低下与逃税倾向呈正相关。

商人如何看待向他们收取的增值税也可能影响他们的行为：心理账户的概念可能在这里有帮助。心理账户通常被描述为一种以收入为框架的心理机制。在个人理财方面，人们有许多独立运作的心理账户。有趣的是，在当前的背景下，商人们是否在心理上把他们需缴纳的增值税税款与他们的生意分开，放到一个与营业额不同的单独的心理账户中。如果他们不这样做，他们更有可能试图逃避增值税，因为他们认为这是他们的钱。

本章习题

一、名词解释

税收遵从　税收信任　增值税税收遵从

二、简答题

1. 在税收遵从的经验证据中稽查发挥的作用是什么?
2. 阐释税收信任实验。

本章参考文献

[1] Akerlof George A. Labor contracts as partial gift exchange. *Quarterly Journal of Economics*, 1982, 97 (4): 543 - 69.

[2] Alm James. Non-compliance and payroll taxation in Jamaica. *Journal of Developing Areas*, 1988, 22 (4): 477 - 95.

[3] Alm James, Mark B. Cronshaw, Michael McKee. Tax compliance with endogenous audit selection rules. *Kyklos*, 1993, 46 (1): 27 - 45.

[4] Alm James, Betty R. Jackson, Michael McKee. Estimating the determinants of taxpayer compliance with experimental data. *National Tax Journal*, 1992, 45 (1): 107 - 14.

[5] Barkow Jerome H., Leda Cosmides, John Tooby, eds. *The Adapted Mind: Evolutionary Psychology and the Generation of Culture*. New York: Oxford University Press, 1992.

[6] Baumeister Roy F. The psychology of irrationality: Why people make foolish self-defeating choices. //Isabelle Brocas, Juan D. Carrillo. *The Psychology of Economic*

Decision-Making, Volume 1: Rationality and Well-Being. Oxford: Oxford University Press, 2003.

[7] Becker Gary. Crime and punishment: An economic approach. *Journal of Political Economy*, 1968, 76 (2): 169 - 217.

[8] Camerer Colin. *Behavioral Game Theory*. Princeton, N. J.: Princeton University Press, 2003.

[9] Chorvat Terrence, Kevin McCabe. The brain and the law. *Philosophical Transactions of the Royal Society of London*, 2004, 359 (1): 1727 - 36.

[10] Clark Jeremy, Laura Freisen, Andrew Muller. The good, the bad, and the regulator: An experimental test of two conditional audit schemes. *Economic Inquiry*, 2004, 42 (1): 69 - 87.

[11] Cummings Ronald, Jorge Martinez-Vazquez, Michael McKee. Cross cultural comparison of tax compliance behavior. Andrew Young School of Public Policy Working Paper, 2001, No. 01-3. Atlanta: Georgia State University.

[12] Dubin Jeffrey, Michael Graetz, Louis Wilde. Are we a nation of tax cheaters? New econometric evidence on tax compliance. *American Economic Review*, 1987, 77 (2): 240 - 45.

[13] Dubin Jeffrey, Louis Wilde. An empirical analysis of federal income tax auditing and compliance. *National Tax Journal*, 1988, 41 (1): 61 - 74.

[14] Friedman Milton. *Essays in Positive Economics*. Chicago: University of Chicago Press, 1953.

[15] Frohlich Norman, Joe Oppenheimer. Experiencing impartiality to invoke fairness in the n-PD: Some experimental results. *Public Choice*, 1996, 86 (1/2): 117 - 35.

[16] Gazziniga Michael, Richard Ivry, George Magun. *Cognitive Neuroscience*. New York: W. W. Norton, 2002.

[17] Goel Vinod, Jeffrey Shuren, Laura Sheesley, Jordan Grafman. Asymmetrical involvement of frontal lobes in social reasoning. *Brain*, 2004, 127 (4): 783 - 90.

[18] Graetz Michael, Louis Wilde. The economics of tax compliance: Fact and fantasy. *National Tax Journal*, 1985, 38 (3): 355 - 63.

[19] Hardin Garrett. The tragedy of the commons. *Science*, 1968, 162 (3859): 1243 - 248.

[20] Kim Chung Kweon. Does fairness matter in tax reporting behavior?. *Journal of Economic Psychology*, 2002, 23 (6): 771 - 86.

[21] LeDoux Joseph. *The Synaptic Self*. New York: Viking, 2002.

[22] Ledyard John. Public goods. //John Kagel, Alvin Roth. *Handbook in Exper-*

imental Economics. Princeton, N. J.: Princeton University Press, 1995.

[23] Nagel Thomas, Liam Murphy. *The Myth of Ownership: Taxes and Justice*. New York: Oxford University Press, 2002.

[24] Olson Mancur. *Logic of Collective Action: Public Goods and the Theory of Groups*. Cambridge, Mass.: Harvard University Press, 1965.

[25] Posner Richard. *The Economics of Justice*. Cambridge, Mass.: Harvard University Press, 1983.

[26] Siegal Uzi, Avia Spivak. First order versus second order risk aversion. *Journal of Economic Theory*, 1990, 51 (1): 111-25.

[27] Slemrod Joel, ed. *Why People Pay Taxes*. Ann Arbor: University of Michigan, 1992.

[28] U. S. Department of Treasury. Internal Revenue Service. *Federal Tax Compliance Research: Individual Tax Gap Estimates for 1985, 1988 and 1992*. Publication 1415. Washington: U. S. Government Printing Office, 1996.

[29] Yitzhaki Shlomo. A Note on "Income tax evasion: A theoretical analysis". *Journal of Public Economics*, 1974, 3 (2): 201-2.

[30] Zak Paul, Stephen Knack. Trust and growth. *Economic Journal*, 2001, 111 (470): 295-321.

第11章 财政支出中的行为动机

本章主要介绍了行为财政学在政府财政支出中的应用。行为财政学在解决社会保险（信息不对称）和公共物品（外部性）的问题上与传统财政学模型有显著差异。本章通过养老保险和失业保险两个方面阐释了行为财政学在实际中解决信息不对称问题的应用；通过提供公共物品的问题阐释了行为财政学在处理外部性问题上与传统财政学的不同。

第一节　社会保险

一、养老保险和储蓄

美国政府以支持退休人员消费的名义，赞助了大量的相关项目。美国鼓励和补贴退休储蓄的税收优惠相当于每年 1 000 亿美元的税收支出。美国出台政策支持金融产品市场的运作，如帮助个人在退休时提取资产的反向抵押贷款。最突出的政策是，通过社会保险的养老保险部分，直接由在职人员向退休人员提供一系列转移支付。仅社会保险的养老保险部分每年就为 3 000 多万退休人员提供 3 500 多亿美元的福利。

传统财政学模型将此类政策的应用作为社会保险与纯粹的再分配相区分。例如，社会保险可以被看作是对退休年金市场

(annuity markets）失灵的一种回应，这种失灵可能源于信息不对称。同样，在不受监管的市场上，反向抵押贷款等产品可能不会蓬勃发展。

这套政策的其他组成部分，如对私人储蓄的补贴，与传统财政学模型并不相符。毕竟，个人应该发现，在没有政府援助的情况下，为退休做充足的储蓄准备最符合自己的利益。即便根据传统财政学的做法，通常也会允许政府出台鼓励储蓄或防范失败后果的政策。

补贴储蓄可能在一定程度上是对在职人员和退休人员的错误或短视的反应，即对行为倾向的反应。这种方法强调了社会保险的养老保险部分，即全寿命周期的储蓄和消费规划所处的政策空间广阔且不可分割。

然而，尽管公共财政日益认识到行为力量在储蓄和退休政策中的作用，但对行为理论的应用在很大程度上仍是非正式和特殊的。对政府作用的行为分析考虑了行为倾向对更广泛的全寿命周期储蓄和消费规划挑战的全面影响。它考察了在这个市场中与传统信息问题并存且相互作用的行为力量，从而产生了一系列新的政策问题。它确定了有关政策权衡的新判断，比如如何权衡可能存在冲突的短期偏好和长期偏好，并修正了道德风险。最后，它对政策设计产生了直接影响，包括社会保险以及直接帮助个人先积累资产、再提取资产的政策。

1. 全寿命周期储蓄的行为维度

储蓄和退休政策的核心问题最终都是个人能否获得维持退休消费所需的资源。在运转良好的市场中，参与人都在尽可能地最大化这一资源，个人通过参与全寿命周期储蓄私下解决了这个问题。如果工人在工作期间有效积累资产的能力存在不足，那么就有改善福利的政策空间。

对这个问题的传统分析始于个人为了储蓄、投资和提取资产而利用的市场。这一领域市场失灵的主要威胁在于信息不对称可能破坏退休年金市场。个人面临着寿命风险——个人比其资产寿命更长的风险——原则上可以通过退休年金等保险产品进行分摊。然而，当个人拥有有关其可能寿命的私人信息时，可能会导致逆向选择，从而导致退休年金市场失灵。以类似退休年金的形式提供福利的社会保险，在一定程度上可以被视为对这一问题的回应。

退休和储蓄政策的行为方法考虑行为倾向如何导致与确保退休时消费足够资源有关的问题，主要有以下两种方式。第一，行为倾向与传统行为并存的市场失灵模式给政策制定带来了不同于以往的挑战。即使市场运作正常，如果个人没有形成和执行最佳全寿命周期储蓄计划的心理资源（意志力或计算能力），那么私人全寿命周期储蓄也不会有效。第二，这些行为倾向与市场中出现的任何信息相互作用，从而影响由此导致的市场失灵。

2. 储蓄和投资

行为倾向给政策制定带来的主要挑战是个人很难制定出最优的退休储蓄和投资计划——决定为退休储蓄多少以及如何最好地将退休储蓄进行投资是一个非常复杂的问题。

积累资产组合不仅需要有推迟消费以储蓄的自制力，还需要有抵御退休前提取这些资产的诱惑的意志力。

最优全寿命周期储蓄的复杂性是不言而喻的。在工作时设定一个最优的储蓄率，至少需要准确预测一个人未来的收入状况，估计同一时期的投资组合收益和方差，以及预测一个人余生的消费偏好。优化投资配置至少需要对替代工具和资产的特性有一定的了解，更不用说税收环境等其他复杂因素了。即使对那些有工作经验的人来说，这些都是艰巨的任务——相关的经济文献并没有就什么是最优的全寿命周期储蓄达成共识。当任务的复杂性与有限的注意力和有限的计算能力等行为倾向相交织时，个人几乎不可能毫无差错地执行任务。

选择环境的复杂性导致个人储蓄行为不完美或不一致的证据有多种形式。例如，在其他经济环境类似的前提下，家庭财富的高度差异表明，人们使用的是经验法则、心理账户或其他捷径，而不是全寿命周期储蓄的最优方法。还有一种证据来自退休储蓄对提供的储蓄机会的敏感性。例如，当退休储蓄税收抵免以匹配而非信贷的形式出现时，个人倾向于以更高的利率参与税收优惠储蓄。当自动登记时，人们也会以更高的比例参加雇主赞助的计划。当退休计划中的投资选择激增时，个人有时根本不太可能投资。这些结果与个人将复杂性视为决定其最佳退休储蓄水平的障碍的解释是一致的。最后，有证据表明，储蓄可能只是部分减少，因为储蓄的行为必须争夺个人有限的注意力——实验发现，提醒自己储蓄本身就能增加储蓄。

积累足够财富的问题变得更加复杂，因为除了决定适当的退休储蓄水平之外，个人还必须决定如何储蓄。也就是说，个人必须对他们的投资做出选择并管理他们的财富。财富管理涉及许多层面的复杂选择，包括从工具的选择，到资产类别（例如，股票与债券）的多样化方式的选择，再到特定资产的选择。大量证据表明，个人犯的错误只能被归类为基本的投资错误。例如，个人似乎将过多的退休财富投资到其雇主的股票中。他们在做投资决定时似乎也不考虑与共同基金等相关的费用。个人通常采取的多样化策略似乎遵循简单的启发式法则，比如将储蓄平均分配给可用资产或基金。在分配时，他们还对默认值和表达效果敏感。研究结果表明，储蓄和投资中的同伴效应与社会偏好是一致的，表明个人可能会根据经验法则与可通过邻居和同事传播的粗略指导方针来做出投资决定。

除了本身的复杂性之外，退休储蓄还需要个人进行自我控制。一边工作一边为退休储蓄意味着放弃当前的消费，而选择数年甚至数十年后的消费并在退休前抵制将其取出的诱惑。个人对消费的偏好倾向于现在消费的证据来自许多方面，而这些发现对全寿命周期储蓄没有任何作用。实验室实验表明了意志力和储蓄之间的关系。18 项实地实验表明，个人需要流动性差、不提供溢价的储蓄工具，这可能是一种承诺手段。与行为模式一致的是，没有储蓄计划的个人积累的财富较少。最后，现在消费偏好可能不仅会影响退休储蓄的水平，还会影响有关投资工具和资产类别的投资决策。例如，缺乏耐心可能会导致个人转向短期税收优惠。

3. 退休后的消费

全寿命周期的第二阶段储蓄，即提取资产和退休后消费，给个人带来了另一组挑战，特别是如何将一笔退休财富最优地转化为消费是一个复杂的过程。个人要做到这一点，需要进行复杂的计算，包括对消费需求的预测，以确定何时开始动用资产，以何种速度动用资产，以及如何调整投资策略，以便在最大限度地提高福利的同时，最大限度地降低寿命超过个人财富的可能性。

在这里，行为倾向带来的挑战也与潜在的市场失灵相互作用。在给定精准公平价格的情况下，一种简单且最优的退休财富提取方式是购买退休年金。尽管退休年金有明确的保险价值和平滑消费的好处，但人们购买相对较少，这通常归因于逆向选择。但是，模拟结果仍然表明，在反映这些选择效应的现行价格下，许多个人偏好对他们的退休财富进行套现。此外，现有的研究结果表明，即使退休年金以精准公平的价格出售，个人在主观上也不认为退休年金具有吸引力。

行为倾向可能与退休年金市场的信息不对称相互作用，从而可以解释双重困惑——为什么逆向选择没有严重到足以破坏市场，为什么有人不顾一切地购买退休年金。首先，行为因素的限制可能会阻止个人充分理解他们拥有的私人信息或根据他们拥有的任何私人信息采取行动。也就是说，人们可能拥有关于预期寿命的私人信息，但是他们可能没有认识到这些信息的价值，或者可能无法利用这些信息（例如，由于计算能力有限）。通过这种方式，行为经济学可以缓解市场中的逆向选择。

其次，诸如有限的计算能力等行为倾向很容易导致人们错误地估计收入的价值——例如，通过使一次性财富与收入流的比较变得困难，或者，对参考的依赖可能会让个人不愿放弃一次性财富。有证据表明，这种行为倾向会影响对退休年金的需求。在一项调查中，个人发现具有年金性质的产品或多或少具有吸引力，这取决于它们是否被框定为反映消费或投资决策的产品。实验室实验的证据与风险评估中的参考依赖和偏见一致，后者在抑制对薪酬的需求方面发挥了作用。

4. 储蓄和退休政策面临的新挑战

虽然福利分析表明，对全寿命周期储蓄的支持原则上可以改善结果，但实际上，此类政策在实施过程中出现了一些问题，只有通过政策制定过程才能解决——例如，如何权衡提供社会保险和与社会保险相互竞争的利益以鼓励私人储蓄，以及如何平衡短期储蓄偏好和长期储蓄偏好的冲突。与许多政策领域一样，这一问题通常没有明确的正确或错误答案。

在传统分析中，政策制定者必须权衡的主要问题与社会保险有关。与任何社会保险政策一样，社会保险中的养老保险构成也提出了如何平衡对受益人的支持和道德风险问题。通过为老年人消费提供保障，社会保险在一定程度上抑制了私人储蓄的积极性。政策制定者和社会面临的问题是，如何权衡养老保险的好处和由此带来的道德风险成本，尤其是私人储蓄减少。

从行为的角度来看，养老保险和私人退休储蓄之间的权衡看起来非常不同。如果人们普遍不打算充分储蓄，甚至在没有养老保险的情况下，由于自我控制的失败或作为对问题复杂性的反应无法充分储蓄，那么养老保险抑制储蓄的空间大概就会更小。也就是说，传统分析可能夸大了社会保险对减少私人储蓄的影响，因为它夸大了个人在没有社会保险的情况下充分储蓄的可能性。这可能使养老保险成为一个相对更具吸引力的政策选择。这表明，在实践中，道德风险可能不像传统模型所显示的那么重要。

对社会保险和道德风险传统分析的行为方法修正是否重要，以及在多大程度上重要，仍是未解决的问题。对于社会保险对储蓄的影响的估计实际上通常是负面的，尽管结果是可变的。随着时间的推移，社会保险福利的增加导致老年人贫穷率降低，这符合行为模式，但也可以有其他解释。对社会保险和福利的理论评估发现，在某些假设下，在考虑到时间不一致的偏好下，储蓄的净影响导致可以改善的社会保险减少。

尽管全寿命周期储蓄的行为问题表明，重新审视道德风险在社会保险中的作用或许是有价值的，但它们也给政策制定者带来了一系列全新的挑战。考虑到由于选择错误或自我控制失败，全寿命周期储蓄可能处于次优水平的可能性，政策必须对这些问题作出一些判断，即观察到的行为何时反映了选择错误，何时只是表达了不寻常的偏好。因此，举例来说，当个人在退休投资组合中持有大量雇主股票时，这看起来可能是个选择错误，但它可以通过个人偏好被解释为公司发展助推器来合理化。对此类行为的政策回应，甚至根本没有政策回应，反映了对这一维度的一些判断。

就时间不一致偏好而言——例如，当年轻的工薪阶层无法储蓄，最终成为后悔过去选择的退休人员时——政策必须反映出个人对于短期偏好和长期偏好的权衡。在这种情况下，如果不进行干预，就等于暗中偏袒个人短期偏好，而不是个人长期偏好。帮助做出承诺或消除对承诺的需要有利于个人长期偏好。对于如何最好地设定相对权重，目前还没有明确的正确答案，但政策无论是有意还是无意都反映了在这一问题上的立场。

二、失业保险

最近的经济衰退最显著的特征是，劳动力市场极其恶劣的条件使失业率首次达到两位数。但即使是在最好的时候，美国的劳动力市场也是非常活跃的——在经济衰退之前，平均每个月大约有500万人被解雇，500万人被雇用。无论失业是由于周期性还是摩擦性因素造成的，个人都要付出直接的代价。失业直接影响到一个家庭支付食物和住房等基本需求的能力。找一份新工作很难，尤其是在就业市场日益恶化的情况下。政府主要通过失业保险向失业后的个人提供帮助，以缓解他们的困难。

从传统财政学的角度来看，政府这样做有许多原因，但在很大程度上是因为私人市场无法提供有效机制，使个人能够在失业期间稳定收入和消费。传统财政学的分析强调了信息不对称导致市场不能提供有效机制，并进一步考虑公共财政提供失业救济的方式给予个人利益产生的道德风险。它还建议设计既能带来这些好处，又能将由此产生的效率低下降至最低的政策。

行为方法认识到扰乱市场的信息不对称问题，并进一步考虑行为倾向是如何导致个人在平滑消费和重返职场方面所面临的困难的。它特别强调了有限度的自我控制和其他决策偏差以及传统的道德风险，在导致失业保险延长失业期限方面可以发挥的作用。它还表明了政策可能如何应对这些挑战。

1. 失业的心理

考虑到失业保险平滑消费的好处，我们可能期望私人市场通过提供在个人之间分担风险的保险来回应个人在失业后对援助的需求。如果没有这类保险产品，每个人仍可以通过预防性储蓄，分散自己在一段时间内的风险，尽管这很可能只对小额损失有效。原则上，个人也可以在失业期间借到钱来实现平稳消费，尽管这很难做到，除非利率非常高，而且没有资产作为抵押，比如房屋净值贷款。

实际上，如果没有政府的干预，这个市场的关键部分——失业保险——不太可能存在。在传统财政学分析中，关键问题是由于信息不对称，私人市场无法提供失业保险。那些知道自己最有可能失业的人也最有可能购买保险，这导致寻求保险的人群被逆向选择。随着保险公司提高保费以应对高额赔付，愿意购买保险的人群将更多地集中在失业风险最大的人群中，因而私人保险市场是不可持续的。

将几乎完全没有失业保险的私人市场与疲软但仍然存在退休年金或健康保险的市场进行比较发现，尽管这个市场的信息不对称问题很严重，但失业问题也有行为层面的原因。来自失业心理的两个维度的行为可能会对失业福利产生影响，这可以通过失业应对政策来解决。首先，个人可能没有制定最佳的自我保险安排；其次，他们可能会以次优速度重返工作岗位，从事次优工作。

2. 重返工作岗位

失业福利造成的另一个损失是，行为倾向可能导致个人长时间没有工作，效率低下。也就是说，即使没有失业保险和它所产生的重返工作岗位的抑制因素，由于行为力量的作用，个人仍然可能失业时间过长。有两种原因特别重要：对工资和求职过程的预期存在偏差和错误，以及对工作和休闲的时间不一致偏好。

如果行为倾向导致个体对求职过程产生偏见、错误或依赖于自身的期望，那么个体可能会使求职过程的时间延长。例如，不完全优化的个人可能会使用捷径来设定他们的工资预期——例如，不仅关注他们技能的当前市场价值，而且关注当前的工资与他们以前的工资相比如何。这可能仅仅是由于他们准确衡量劳动力市场的能力有限，或倾向于判断工资的公平性。根据错误信息设定不准确的工资预期可能会导致个人求职时间过长或过短。当个人设定的工资预期高于合理水平时，参考依赖可能会加剧这一问题。如果损失比收益更大，就像在许多领域所做的那样，那么在一份新工作中接受较低的工资可能是一个需要克服的特别大的障碍，可能会阻碍人们重返工作岗位。有一些来自其他领域的证据表明，工人在收入方面可能有依赖于参考的偏好。最后，个人在求职过程中可能会形成偏见，导致他们失业的时间过长。例如，如果个人对找到一份新工作的前景过于乐观或过于自信，他们可能会在找工作上投入过少精力，这可能会延长失业时间。有证据表明，个人可能对再就业前景过于乐观。

行为倾向可能导致低效率的失业持续时间的另一个渠道是对工作和休闲不一致的偏好。根据定义，那些被算作失业者的人更倾向于想要找到一份工作。然而，时间使用研究也表明，失业的人不会平均每天花很多时间去寻找工作。最好的求职策略可能是先进行多次询问，然后等待答复。但是，就像其他困难和不愉快的活动一样，个人可能会拖延，把找工作时间推迟。也就是说，虽然他们的长期偏好是现在多找工作，以提高他们重新就业的机会，但他们的短期偏好是不找工作，因为找工作会产生负效用。因此，当个人缺乏耐心或受到有限的自我控制的折磨时，失业期间可能会持续很低效。

3. 确定失业政策目标

鉴于失业保险政策必须应对的一系列问题，政策必须反映出对如何管理相互竞争的目标以及替代政策的各种成本和收益的判断。为了思考在失业后提供援助的政策的相对公平性和效率性，决策者需要确定他们的目标。这一问题没有正确答案；定义目标需要做出规范的判断，从而确定分析的范围。

在传统财政学模型中，失业政策必须权衡的主要因素是失业保险可能造成的道德风险。失业保险减轻了失业的打击，降低了人们寻找工作的积极性。失业补助越多，人们的失业时间越长。因此，政策必须权衡这些影响与失业保险的平滑收入所产生的福利。失业保险的设计和改革方案往往注重通过降低道德风险的可能性，使这种权衡更加有利。

行为倾向使道德风险问题复杂化，因为它们改变了我们对个人求职行为的理解。行为经济学引入了这样一种可能性：失业保险造成的重返工作岗位的抑制因素，与阻碍重返工作岗位的长期行为障碍（如有偏见的工资预期和拖延症）相互作用。此外，对行为倾向的识别是政策必须反映的全新判断，例如，在鼓励个人重返工作岗位时，政策是倾向于长期偏好还是短期偏好，或者不同概念的偏好。

行为倾向与道德风险之间的相互作用可以极大地改变我们对这种权衡的理解，因为它要求我们重新解释寻求再就业的个人的行为。特别是，它认为找不到工作或不愿意接受工作的现象与其说反映了工作动机的减少，不如说是工作行为倾向的减少。个人可能想要寻找和接受工作，但由于拖延或一些普遍的自我控制的失败而未能实现他们的意图。请注意，在某些情况下，这不是为政策创造一种权衡，即让接受者的平滑消费的收益与社会的效率成本竞争，而是创造了一种权衡得到改善甚至完全消除的局面。结果，整个社会的收益和政策的目标是一致的，而不是相互竞争的——如果缩短失业时间，个人和社会都会受益。

失业人员行为的一些证据与这种行为解释是一致的。例如，一组研究结果表明，虽然失业福利导致个人花更长的时间重返工作岗位，但这种延迟与员工和工作之间的匹配质量的提高无关。这是符合失业福利导致人们增加失业时间的做法的，例如，人们沉溺于拖延。有证据表明，耗尽失业福利不会导致再就业率大幅上升，这也符合一种行为倾向，即个人因道德风险以外的原因而无法重返工作岗位。一些来自求职援助的证据表明，有时仅仅要求个人注册一个项目就足以促使他们重返工作岗位。过去以一次性奖励作为再就业奖励效果的实验结果普遍令人失望，这也是一个原因。

如果社会目标包括让个人生活得更好，那么政策制定者需要表明，个人的福利是用长期意义来衡量，还是用一系列短期考虑的总和来衡量。个人也可能犯错误，例如低估失业风险，因此储蓄太少。最后，个人求职选择在一定程度上取决于一些参考点，如选择新工作时会参考前一份工作的工资收入。

4. 失业政策回应

考虑到失业保险所体现的目标和权衡，传统的失业应对政策解决了私人市场在失业后无法提供失业福利的问题，方法是强制个人参与保险池，然后对福利进行结构调整，以便将道德风险降到最低。例如，在美国，强制工资税为州政府提供的失业保险福利提供资金，这种福利通常持续 6 个月。此外，还有一项较小的政策重点是帮助个人直接寻找工作和重返工作岗位。

行为方法对这些策略的设计有很多可能的影响。首先，行为方法表明，政策可以直接发挥作用，以提高个人利用私人储蓄平稳消费的能力。其次，它为失业补偿的设计提供了依据，以便在面对有偏见的工资预期和有限的自制力等行为倾向时，创造有效的激励机制，鼓励人们重返工作岗位。最后，它为就业援助等政策提供了新的权重和重点，这些政策可以直接解决个人在准确应对劳动力市场提供的机会方面存在的一些偏见和困难。

5. 预防性储蓄和自我保险

解决这个问题的行为方法考虑了行为倾向的复杂因素，这些因素往往会削弱个人已经有限的自我保险能力，使其无法应对失业。原则上，个人在寻找工作的同时，努力提供缓冲收入以支付家庭开支，但行为倾向可能意味着个人没有积累最佳的预防性储蓄水平。例如，上述个人在全寿命周期储蓄中遇到的所有困难可能也适用于预防性储蓄。决定所需储蓄水平的复杂性本身就是对储蓄的一种威慑。计算出最优储蓄是一个复杂的问题，涉及对失业风险、失业持续时间、消费支出灵活性、借贷能力、未来工作收入的估计，所有这些都可能随着时间的推移而变化。此外，与失业有关的储蓄将与医疗保健储蓄、残疾储蓄、教育储蓄和退休储蓄相互作用，并与不同形式储蓄的税收待遇相互作用。

即使有可信的第三方专家可以帮助计算储蓄水平，拖延和误解的问题也仍然存在。除了有限的自我控制可能导致个人收入的消费而不是储蓄之外，个人也可能因对就业过度乐观，避免考虑如失业一类不愉快的结果而不进行储蓄。因为大多数人认为自己的表现高于平均水平，对自己的工作表现评论和工作被保留的可能性的认知可能系统性地过高。

一些证据可以证明个人未能以最佳方式储蓄以预防失业。许多家庭的储蓄太少，无法弥补失业造成的收入损失。另一个复杂的证据是普遍存在的预防性储蓄的粗略经验法则——例如，储蓄相当于六个月的工资。

因此，政策的一个可能目标是，通过建立机制，使个人能够在失业之前积累预防性储蓄，或以未来的收入为抵押借款，帮助个人为失业提供自我保险。例如，行为经济学的研究结果表明，在储蓄和找工作等活动中，意图和行动之间存在潜在的脱节，政策可能会帮助重新调整意图和行动。即使有政府补贴，储蓄也能在失业后提供一种缓冲。例如，成功的政策可能会引进一些在退休储蓄中发挥巨大作用的创新做法，例如自动登记，然后把它们应用到更适合于购买汽车的强制储蓄中去。

另一种办法是创造一种全新的选择来进行储蓄和借贷，例如通过私人失业保险账户。已经有许多解决其他传统问题的备选办法被提出。失业期间自我保险的限制可由更直接注重较大长期损失的失业福利设计予以抵消。失业期间的借贷成本可以通过在再就业后强制扣缴工资来偿还，对于那些没有足够的劳动收入来偿还的人，可以结合收入中的或有偿还金额或对其他资产的有限追索权来偿还。还要注意，个人对待私人失业保险账户的方式可能与对待失业救济金的方式不同。例如，他们可能会表现出不同于税收的劳动力供给或储蓄反应。而且，他们可能会将提取私人失业保险账户余额与在失业期间为确定的消费或失业期限而领取失业福利区别对待：例如，人们可能觉得或多或少有权获得可用资金。最后，请注意这些政策的缺点是它们可能仍然相对复杂；制定政策必须小心谨慎，不要在一开始就在行为问题上制造阻碍预防性储蓄的因素。公共财政提供的失业保险的优势在于，它可以保护行为参与人免受独自应对一段时间失业的复杂性的影响。此外，此类政策还必须考虑到这样一种可能性，即自制力有限的个人在失业期间可能会忍不住过度举债。

6. 失业补偿和重返工作岗位的激励

支持失业人员并鼓励他们迅速重返工作岗位是失业补偿的主要目标。传统上，政策设计的主要挑战是在没有就业收入的情况下，权衡提供有效的机制和提供失业救济金减缓找工作和再就业的趋势。行为经济学指出了在求职和就业中存在的额外心理障碍。首先，个人可能会形成有偏见的工资预期，这可能会减缓他们重返工作岗位的速度。其次，个人在寻找工作或接受再就业时可能会拖延，即使这种拖延有悖于他们自身的长期收益。

诸如失业保险之类的政策力求使失业者保持寻找工作和重返工作岗位的最佳动机。拖延症和其他有限度的自我控制使保持寻找工作和接受工作的动机问题复杂化。它表明，失业福利对求职强度的影响不是持续失业所带来的经济补偿的产物，而是失业福利、激励和意志力之间更为微妙的相互作用的结果。尤其对政策而言，这些行为倾向可能会削弱旨在调整激励措施的失业福利设计的效力。从长远来看，使个人受益的失业时间限制或再就业奖金对那些日复一日地选择他们的工资水平的个人来说，可能没有什么激励作用。

为了应对这些挑战，政策可能会制定创新的激励机制，承认自我控制在重返工作岗位中的作用。失业保险通过领取失业保险金的期限激励个人保持求职动机。失业保险可以尝试用更小的、更直接的、更频繁的提醒和激励措施来激励那些自我控制能力有限的失业者找工作。举例来说，与其将奖励和惩罚与再就业挂钩，失业保险还不如提供与目标相关的奖励或惩罚，比如在一周内与特定数量的活跃雇主建立联系。政策的另一个可能方向是试图通过建立委托代理关系来克服不完善的自我控制，在这种关系中，就业中介而不是失业者自己获得再就业奖金。最后一套可能的改革方案将考虑身份框架的问题，即是否寻找工作取决于个人是否认同自己是工人。假设当停止发放失业救济金时，失业者对作为劳动力的身份认同就会减弱，随之就会削弱他们找工作的动机。一种可能的建议是试验或研究延伸收益，以检验这种影响的重要性。

对有偏见的工资预期和参考依赖的政策回应可能是工资损失保险，其建议有多种形式。工资损失保险，即向个人支付新工作和旧工作之间工资差额的一部分，可以减少人们对接受新工作损失多少的认识偏差。工资损失保险通过操纵工资的实际价值，使工作机会更具吸引力，在一定程度上避免了有偏见的工资预期的影响，减轻了损失厌恶的影响。从长远来看，它可以缓解痛苦，对低工资就业的心理调整很有帮助。一些证据表明，工资损失保险的应用改善了就业结果。

7. 就业服务及求职援助

个人和整个社会可能从帮助个人找工作的服务中受益。它们可以提高失业人员重返工作岗位的速度，提高员工与工作岗位匹配的质量。就业服务和求职援助可以解决这个问题。

现有的求职援助政策通常具有相当的成本收益，这在一定程度上反映了它们服务于行为需求的事实。具体项目包括信息服务以及积极的求职援助和劳动交流活动。一方面，对低强度求职的援助在加快再就业方面的惊人效果，可能部分是由于它在帮助工人适应新工资预期和管理求职复杂性方面所发挥的作用。另一方面，一种关于失业的行为观暗示了可能的创新。这些服务还可以直接解决行为倾向问题。例如，这些项目可能会积极尝试降低失业者的工资预期。

第二节　公共物品

公共物品是外部性的一种特殊情况，在这种情况下，个人的效用在一定程度上取决于他人的集体行动。公共物品的典型例子是公共安全，例如国防活动提供的公共安全：任何个人在国防活动中增加的安全（或其他任何东西）方面的经验组成了全部国防功能。这是一个外部性，因为全部国防是由每个人对国防的贡献的总和决定的，每个人只能选择他自己的贡献。公共物品的另一个例子是由研究和开发产生的知识——没有像专利和版权这样的法律障碍，总的来说，新发现有益于整个社会。公共物品通常被定义为它们以上述这种方式提供实用功能并确保以下特性：它们是非竞争性的（它们可以被多人同时消费）和非排他性的（人们不能阻止未为该产品付费的人使用它）。

一、心理学与公共物品问题

公共物品供给的分析是开始于观察到在没有政府干预的情况下，私人均衡无法提供公共物品。这在一定程度上源于个人纯粹基于利己主义的假设。虽然社会的总体水平越高，情况会越好，但每个人也有搭便车的动机。其结果便是一种私人均衡，在这种均衡中，公共物品的供应数量低于社会最优水平。政府原则上可以通过将提供的公共物品水平移向最优水平来改善不受监管的结果。因为就像一般外部性一样，公共物品产生和转化为福利损失的方式取决于个人如何形成偏好和做出选择，偏离狭隘的利己主义可以改变公共物品对经济造成的问题的性质或规模。一方面，个人行为倾向可能会创造或破坏产生公共物品问题的条件。另一方面，行为倾向调节了定义公共物品的条件从而导致福利损失的方式。例如，如果个人持有利他偏好，他们可能会在比传统模型预测的更大程度上自愿为公共物品的提供做出贡献。

行为外部性原则上可以影响使外部性成为公共物品的条件，即物品具有竞争性或排他性。然而，在实践中，这些条件通常是由商品的技术特征决定的，而这些技术特征不太可能具有强大的行为成分。其他竞争对手的消费不太可能受到行为因素的影响。排他性可能会受到行为因素的影响，但通常可能性不大。不过，在特殊情况下，决策和偏好的行为特征可能会带来新型公共物品，就像它们可能导致外部性一样。这种结果最突出的例子是，利他偏好以关心收入总体分配的个人形式出现。在这种情况下，利他偏好导致收入分配成为一种公共物品。

更常见的是，行为倾向与导致公共物品问题的现有条件相互作用，从而改变对福利结果的影响。对公共物品尤其重要的是，利他偏好可能会影响公共物品的私人供给。在传统经济学模型中，个人在某种程度上提供了公共物品，但处于次优水平。在其他方面的优惠下，个人可能自愿在更大程度上为公共物品作出贡献。

回顾上述公共物品的例子，个人可能自愿为公共物品作出贡献，例如公共安全措施，因为他们或直接关心他人的福祉，或易受社会压力的影响而不搭便车。或者，他们可能从事研究和开发活动，但并不期望获得这样做的全部经济回报，因为他们看重的是其他利益，比如这些活动如何有助于他们的身份认同，或如何被他人看待。如果这种力量导致个人自愿对公共物品作出的贡献超过传统模型所预测的水平，那么就社会福利而言，公共物品的问题将得到缓解，政府干预的范围也可能相应缩小。

有证据表明，个人似乎比传统模型所预测的更愿意为公共物品做出贡献，这些证据来自该领域的实验室实验。数十年的实验室实验一致发现，当个人参与公共物品博弈时，对公共物品的贡献水平相对较高。证据显示的是一致的某种形式的个体利他偏好，通过引导，他们就会有做出更高价值的贡献。有证据表明，相比于假设狭隘的基于自身利益的建议，贡献既直接受到做出贡献的偏好的驱动，也受到对他人结果的偏好的驱动。也有证据表明，对公平和合作的偏好在促进贡献方面发挥了作用。

该领域的证据表明个人对公共物品的贡献往往高于传统经济学模型通常预测的贡献。例如，私人对公共物品的贡献，如公共广播电台和公共学校，没有被传统模型很好地解释。就慈善机构提供公共物品的程度而言，慈善捐赠的程度至少是一种间接证据，证明纯粹的利己主义模式与现实世界的行为不符。同样地，所观察到的相对较高的税收遵从情况也促进了对由税收资助的公共物品自愿捐款。

二、政策制定者面临的权衡

解决公共物品问题需要政策制定者对不同级别政府参与的相对社会价值做出判断，以确保公共物品的供应。公共物品的供给至少在两个方面面临着重要的权衡取舍。首先，公共物品的公共供给可能会排挤公共物品的私人供给。其次，公共物品的供给反映了对私人供给公共物品价值的判断，这决定了供给的最优水平。

行为方法改变了这些权衡的术语和性质。它改变了我们对公共供给和私人供给之间的平衡的理解，因为它允许偏好改变私人供给对公共供给的反应方式。它也有可能为有关公共物品估值的判断提供信息。

在制定公共物品政策时，社会和政策制定者必须权衡的是，公共物品的公共供给如何排挤公共物品的私人供给。因为个人在为公共物品作出私人贡献方面是一个选择和偏好的问题，行为倾向可以改变这种权衡的条件。在传统经济学模型中，对于自私自利的个体，挤出效应是显著的，并且在某些条件下是完全的。关于个人自愿为公共物品作出贡献的偏好可能会抵消这种自利偏好，这取决于他们采取的具体形式。实验证据通常发现不完全的排挤，这与参与人持有非标准偏好是一致的。关于挤出效应的经验证据通常发现，公共政策只是不完全挤出私人供给，这与行为方法的分析也是一致的。

除了调节公共物品公共供给排挤私人供给的通常机制之外，行为经济学还以动机排挤的形式增加了一个新的渠道。心理学研究表明，外部动机会排挤公共物品的供给，而不是增加内在动机。有一些证据表明，通过提供财政奖励来鼓励私人对公共物品作出贡献的政策可能会削弱任何可能有助于鼓励作出贡献的内在动机。例如，一项实验发现，金钱激励会降低捐款在他人眼中的价值，从而排挤为慈善事业捐款的内在激励。另一项研究发现，在提供金钱补偿时，他们不太愿意为公共物品的位置作出牺牲。

最后，关于公共物品的公共政策必须反映出对最佳公共供给水平的判断，因为一般来说很难建立一种揭示与公共物品相关偏好的机制。这些判断在某些方面可能会被行为方法复杂化。允许个人持有非标准的偏好可能会改变最优公共供给水平的定义，或者成本分配的最优方式。

三、提供公共物品

针对公共物品问题的传统经济学政策回应是：政府要么直接提供公共物品，要么创造条件让其他人提供公共物品。原则上，公共政策可以因此确保公共物品供给的最佳水平。有很多种可能的方法。首先，政府可以直接提供公共物品，例如通过国防或执法支出提供公共安全。请注意，即使如此，政府的供给也不一定是由政府生产。例如，在国防方面，政府既直接运行项目，如派遣军队，也与私营供应商签订合同，如武器系统制造。其次，政府也可以努力为其他团体或个人提供公共物品创造必要的条件。例如，政府可以赋予团体或个人实施排他性的权利，如为从事研究和开发的个人提供专利和版权保护。最后，政府可以激励个人或团体增加纯粹自愿提供的公共物品。例如，从所得税中扣除慈善捐款，在某种程度上可以被视为一种政策。

行为经济学对改变政府规定的性质没有多大作用，政府规定在很大程度上并不取决于个人的决策。但它确实说明了政府可能会引发其他人提供公共物品的一系列条件。一方面，它表明，政策可以创造条件，让个人在自愿的基础上提供公共物品；另一方面，它可以为鼓励个人对公共物品作出贡献而建立的财政和非财政激励提供信息。

个人似乎愿意对公共物品做出超出传统经济学模型预测的自愿贡献，这一点在文献中已经得到了很好的证明。除了单纯的符号效应之外，原则上，这种研究可以为政策的形成提供信息，以确保自愿捐款不会受到阻碍。政府可能采取的一种方式是，注意到公共供给在何时以及如何或多或少地与其他人相互作用——这与导致挤出私人供给的偏好有关。例如，一些实验结果表明，当税收与公共物品供给之间的联系更加明显时，挤出效应会更加严重。总体而言，政府可能寻求以某种方式补充私人供给，而不是取代私人供给，以提供公共物品。

行为经济学还可以为政府政策制定提供信息，制定财政和非财政激励措施，提升私人对公共物品的贡献度。例如，政府对慈善捐款的税收减免部分是为了吸引私人捐款，而慈善捐款对这种补贴的慷慨程度很敏感。行为经济学认为，个人对这种补贴的反应除了补贴的水平外，还取决于人们对补贴的看法。例如，在鼓励捐款方面，竞赛鼓励比回扣鼓励更有效，这可能是由于人们对竞赛鼓励的期望标准更低；这一发现可能会对慈善捐款的税收优惠结构产生影响。最后，行为财政学指出了可能用来鼓励私人对公共物品作出贡献的其他手段。例如，行为财政学可能有助于解释奖券激励在鼓励捐款方面的有效性。同样地，它们也可以解释研究结果，即社会环境对捐赠水平有影响。

在寻求促进私人提供公共物品的过程中，行为财政学不仅给政府政策制定带来了新的机会，而且也面临着新的挑战，特别是个人行为倾向可能导致私人供给的市场出现问题。例如，由于私人组织和公共组织可能会争夺捐赠者的有限财力和物力，因此私人捐赠的市场很容易变得拥挤。同样地，就像上面描述的一些证据所表明的那样，如果个人的捐赠是基于自身捐赠过程的偏好，而不是基于对捐赠结果的偏好，这将削弱市场识别有效捐赠者的能力。最后，如果人们对社会提供的公共物品的组合有偏好，那么这个组合本身就具有一定的社会性特质，政府可能是唯一非常适合担当协调者角色的主体。这些因素表明，即使私人供给是可能的，公共供给在某些特殊情况下也有一些好处。

本章习题

一、名词解释

养老保险　失业保险　信息不对称　公共物品　外部性

二、简答题

1. 人们在衡量养老保险和储蓄问题时会遇到的问题有哪些？政府应该怎么解决这些问题？

2. 为什么人们在失业时会存在不想就业的意愿？

3. 政府在提供公共物品时要注意的问题有哪些？

本章参考文献

[1] B. Douglas Bernheim, Antonio Rangel. Behavioral public economics: Welfare and policy analysis with fallible decision-makers. //Peter Diamond, Hannu Vartiainen. *Behavioral Economics and Its Applications*. Princeton University Press, 2007: 7 - 77.

[2] B. Douglas Bernheim, Antonio Rangel. From neuroscience to public policy: A new economic view of addiction. *Swedish Economic Policy Review*, 2005, 12 (2): 99 - 144.

[3] B. Joni Hersch. Smoking restrictions as a self-control mechanism. *Journal of Risk and Uncertainty*, 2005, 31 (1): 5 - 21.

[4] Christopher J. Ruhm. Understanding overeating and obesity. Working Paper 16149. Cambridge, Mass.: National Bureau of Economic Research, 2010.

[5] Colin Camerer, et al. Regulation for conservatives: Behavioral economics and the case for "asymmetric paternalism". *University of Pennsylvania Law Review*, 2003, 151 (3): 1211 - 54.

[6] Gary Charness, Uri Gneezy. Incentives to exercise. *Econometrica*, 2009, 77 (3): 909 - 31.

[7] Jonathan Gruber, Botond Köszegi. Is addiction "rational"? Theory and evidence. *Quarterly Journal of Economics*, 2001, 116 (4): 1261 - 1303.

[9] Jonathan Gruber, Botond Köszegi. Tax incidence when individuals are time-inconsistent: The case of cigarette excise taxes. *Journal of Public Economics*, 2004, 88 (9 - 10): 1959 - 87.

[10] Jonathan H. Gruber, Sendhil Mullainathan. Do cigarette taxes make smokers happier?. *Advances in Economic Analysis and Policy*, 2005, 5 (1).

[11] John Beshears, et al. Early decisions: A regulatory framework. *Swedish Economic Policy Review*, 2005, 12 (2): 41 - 60.

[12] Jason P. Block, et al. Point-of-purchase price and education intervention to reduce consumption of sugary soft drinks. *American Journal of Public Health*, 2010,

100 (8): 1427-33.

[13] Leonard H. Epstein, et al. The influence of taxes and subsidies on energy purchased in an experimental purchasing study. *Psychological Science*, 2010, 21 (3): 406-14.

[14] R. J. Herrnstein, et al. Utility maximization and melioration: Internalities in individual choice. *Journal of Behavioral Decision Making*, 1993, 6 (3): 149-85.

[15] Ted O'Donoghue, Matthew Rabin. Studying optimal paternalism, illustrated by a model of sin taxes. *American Economic Review*, 2003, 93 (2): 186-91.

[16] Ted O'Donoghue, Matthew Rabin. Optimal sin taxes. *Journal of Public Economics*, 2006, 90 (10-11): 1825-49.

第12章 个人行为动机及政府的行为政策工具

本章第一节阐释行为经济学与传统经济学方法的不同。第二节讨论了如何使用选择体系来帮助个人执行他们的选择偏好，提出了基于个人行为偏好的政策干预工具。第三节承接上节，指出选择体系还可以用于改变个人偏好的构建方式，进而提出改变个人行为偏好的政策干预工具。第四节阐释了行为动机的激励效用。第五节列举了一个现实案例——喀麦隆案例。

第一节 行为经济学与传统经济学方法的差异

传统经济学模型中对市场失灵及公共政策对市场影响的分析都存在同一个假设，即市场参与者——消费者和企业的行为是理性的，他们在进行决策时会仔细考虑成本与收益。但是最近对行为经济学的研究发现了市场效率低下的一个潜在原因：消费者的认知局限性和心理偏差，这一点又可分为三大类：不完全优化（imperfect optimization）、有限度的自我控制（bounded self-control）和非标准的偏好（nonstandard preferences）。

第一类是不完全优化。消费者的注意力有限，不可能对决策问题所涉及的各种因素全方位加以考虑。计算能力的限制将导致他们将简化思考应用于复杂问题选择。因此他们的推理往往带有偏见。

第二类是有限度的自我控制，表现在消费者的意图和实际行为之间的差异上。消费者通常计划以某种方式行事，但最终却以另一种方式行事。他们的拖延行动可能取决于他们的情绪状态和遇到的小障碍——实际上可能成为对行动的重大阻碍。

第三类是非标准的偏好。消费者偏好经常依赖个人表现出的对现状的认知偏差。消费者的选择对决策框架非常敏感，他们对结果的评估不是绝对的，而是相对的，个人在某种程度上关心他人的选择，同时也关心别人的看法。非标准的偏好并不一定意味着市场失灵。在某些情况下，企业可能有动机帮助减轻消费者的行为偏差，并限制由此导致的市场失灵。但企业也可能利用行为偏差造成或加剧市场失灵，降低市场效率。一个主要例子是短视偏差，即个人对未来的重视程度远远低于对当前的重视程度。短视偏差会导致个人目前做出的决定降低未来的福利，而这种方式会让个人日后后悔。类似于外部性，一个人在当下的决定有时会产生消极的未来后果，称为内在性。短视偏差被用来解释从储蓄不足到吸烟等各种行为。当然，这些行为也可能导致市场失灵。

对市场失灵的最佳政策反应也可能取决于心理因素。例如，强制信息披露是一种政策工具，经常被用来缓解信息不对称、降低搜索成本和限制市场力量，以及弥补基于信息的公共物品供应不足的问题。但是，如果消费者不这样做，强制信息披露的有效性将受到限制——相信它与自己的决策无关，或不知道如何获取或使用它。例如，如果消费者误以为自己每个月都会按时还款，清楚透明地披露滞纳金和利率可能不会改变他们的行为，因为消费者在购买时认为这些信息无关紧要。因此，对心理学的理解可以告诉我们，在市场失灵的情况下，传统政策工具将会无效。它还可以引导我们更好地使用改变行为的政策工具，或者比传统政策工具更具有成本收益的工具。全球各地都在努力将行为经济学纳入考虑，以设计更有效的政策方案。

在这方面，最著名的是英国的行为洞察力团队（behavioral insights team）。[①] 该团队自称将“行为经济学和心理学学术研究的洞见应用于公共政策和服务”，主要成果是推动政府在设计、实施和测试实现税收、失业和节能等领域政策目标的新方法方面取得了成功，受到了广泛赞扬。包括澳大利亚、加拿大、丹麦、法国、沙特阿拉伯、新加坡和美国等一些国家正将英国行为洞察力团队作为自己实施更多研究的榜样。

第二节 基于个人行为偏好的政策干预工具

在传统的经济学模型中，只要交易成本足够小，违约对经济结果的影响应该很小，因而不会产生很严重的行为后果。然而，在实践中，违约会对结果产生显著影响——即使在结果不具有后续影响（财务或其他方面）的领域，甚至在选择违约时直接交易成本

① 有关英国行为洞察力团队的更多信息，请参见 https://www.gov.uk/government/organisations/behavioural-insights-team.

很小的情况下也是如此。其中一个领域就是储蓄。在美国，当默认情况是自动登记参加储蓄计划时，储蓄计划的参与率要高得多。如果个人不愿意，就必须选择退出储蓄计划。2001年，美国首次对自动登记对储蓄结果的影响进行了研究，记录显示自动登记下储蓄计划参与率上升了50个百分点。其他后续研究也记录了类似的参与率增长。这些发现促进了几项政策改革，以增加退休储蓄。

专栏12-1

储蓄计划与器官捐赠

在美国，2006年的《退休金保护法》（*Pension Protection Act*）纳入了鼓励退休的条款，雇主采用自动登记及自动增加储蓄机制。2007年，新西兰实现了Kiwi Saver保健计划，这是一个将雇员纳入国民储蓄计划的自动注册程序。英国2012年的养老金改革立法要求公司自动登记员工在职业养老金方面的信息。尽管自动登记非常确定地会导致储蓄计划对资产积累和社会福利产生影响，但还是存在一些问题。

首先，储蓄计划缴款率设置为自动登记下的默认缴款率，参与率是非常高的。因此，资产的持续性积累在很大程度上取决于违约金费率设置的高或低。在美国，大多数雇主的储蓄计划自动登记的默认缴款率都很低，只有工资的2%～4%。新西兰Kiwi Saver保健计划的默认缴款率为3%。研究表明，在没有自动登记的情况下，如果继续保持这些低的默认缴款率，人们往往会选择以更高的储蓄率进行储蓄。因此，尽管自动登记增加了储蓄计划中个人的资产积累，但这些人本来是不参与计划的，所以可能会产生相反的效果。其次，实行自动登记的储蓄计划中增加的资产积累可以被储蓄的流失所抵消，个人可能在退休前计划减少其他方面的储蓄，或者增加家庭债务。最近对丹麦短期强制储蓄计划的影响进行的一项研究表明，该计划被挤出的范围是相当有限的，但几乎没有证据表明这些潜在的抵消作用有多大。最后，自动登记可能会诱使一些人去储蓄，而实际上这些人的情况可能更糟。

另一个与政策相关的领域是器官捐赠。在许多国家，个人必须在其死亡时（知情同意）签署成为潜在器官捐赠者的协议，这与储蓄计划一样。当个人必须选择加入时，登记成为器官捐赠者的比例相对较低。有些国家有一种推定同意制度（如果个人不想成为器官捐赠者，就必须选择退出），在这些国家，选择退出器官捐赠的人数比例非常低。最近有数据显示，后者比前者实际的器官捐赠率高25%～30%。这一发现促使人们呼吁前几个国家从知情同意制度转向推定同意制度。

尽管有大量证据表明违约会对经济行为产生重要影响，但学术文献很少考虑最优违约。在什么情况下推定同意会优于知情同意？自动登记储蓄计划的默认缴款率是高还是低？与其他可用于更改行为的干预措施相比，如何更改居民的默认选择？可以发现，最优违约是未来值得研究的一个领域。

（1）改变默认值。假设在存在大量异质性消费者的情况下，第一选择的默认值可能不是最优的。有研究表明，在储蓄领域，在自动登记的情况下，只有41%的新员工会选择储蓄计划。相反，当需要做出一个积极的储蓄计划的选择时，69%的人会参与选择（包括原先不参与储蓄计划的人），储蓄计划参与率提高了28%。与自动登记相比，后一个储蓄计划缴款率的异质性更大，自动登记倾向将参与者集中指定适用于默认缴款率，其中可能有大量的偏好异质性。研究发现，一种主动的选择机制可以用于处理长期的异质性个体。同样，研究发现，积极的选择被提倡作为一种提高器官捐赠率的方式，已在英国以及美国的加利福尼亚州和得克萨斯州取得了一些成功。

（2）主动性干预。通过要求阻止拖延，鼓励个人做出决定，即限制个人在不需要选择的情况下采取行动的时间。例如：提出一种鼓励及时进行退休储蓄的方法使投资计划重新分配；类似地，在家庭自主申报税收收入的政策举措中采取申报截止时间限制，能有效阻止拖延行为。个人在执行政策或社会期望的行为时，往往会产生拖延现象，这一现象往往与所涉及任务的复杂性有关。

专栏12-2

大学助学金申请

在美国，申请大学助学金就是一个备受关注的例子。直到最近，获得大学助学金的途径，即FAFSA表格，有8页长，包含100多个问题。因此，相当一部分符合条件的学生甚至懒得申请大学助学金。贝廷格等研究了一项旨在简化大学助学金申请程序的实地实验，他们向税务人员支付税款，帮助个人在申请缴纳联邦税款时填写联邦财务会计准则（FAFSA）表格。他们发现这种方法可以简化助学金申请程序，使有高中毕业生的目标家庭申请大学助学金的比例增加16%；它还使得实际上大学的学生比例提高了7%。相对于改变大学学费的估计效果而言，这种相对简约的干预措施效果是非常显著的。美国教育部随后实施了简化大学助学金申请程序的举措。

2002年，夏洛特-梅克伦伯格学区实施了一项择校计划。最初，学校为帮助择校而提供的资料是非常复杂的——有超过100页的描述，且没有目标数据和工具用于直接比较。经过改革，该地区最终向家庭提供了一份简单的3页考试成绩列表，随后研究人员与学校合作进行了一项现场实验，测试提供了一种更简单的1页的信息表，其中的考试成绩数据仅限于与每个学生相关的学校。据估计，择校计划参与比例将大幅上升5%～7%。在选择择校计划中的学校的家庭中，有一小部分是为了响应简化的信息提供；重要的是，行使选择权的家长在收到简化的信息披露时，也会选择表现更好的学校。

（3）简化。这是一种已成功应用于提高储蓄计划参与率和缴款率的方法。简化干预的本质是向个人发送一个简单的表单，其中包含一个“在这里打勾”的说明，以便居民参与预先指定默认缴款率和资产分配的储蓄计划。在《简化》（*Simpler*）一书中，桑斯坦（Sunstein）阐述了在奥巴马政府的第一个任期内，美国联邦政府利用行为方法简化

政府监管的许多方式。不幸的是，尽管许多人呼吁进行这样的改革，但是在税法领域没能成功进行简化改革。其他国家也纷纷效仿简化监管。例如，墨西哥最近限制了其私有化的社会保障制度中投资者可以收取的费用种类，以便更容易地收取费用，从而刺激投资者之间更大的竞争。费用的复杂性也被认为是该制度使用率低的一个潜在原因。

专栏 12-3

美国国内收入署简化实验

美国国内收入署（IRS）进行了一项实地实验，评估了利用不同方法向未申报低收入家庭福利优惠（EITC）的纳税人宣传 EITC 资格的有效性。最有效的措施是传统的国内收入署邮寄，其中包含关于如何获取 EITC 资格的简化信息和用于计算潜在福利优惠金额的简化工作表。在接受传统国内收入署邮寄通知的人群中，EITC 的使用率比基准率 16%提高了 10%。简化较为复杂的政府援助程序有诸多益处。一方面，复杂的程序会导致成本增加，那些不符合条件的人会假装其符合条件，为相关部门识别真正符合条件的人带来不便；另一方面，复杂的程序也会给那些符合条件的人带来不便，导致许多符合条件的人无法申请，从而可能会影响他们的经济福利。

上面讨论的三种干预类型，即改变默认值、主动性干预和简化是塞勒（Thaler）所称的帮助人们做出选择的设计。政策制定者可以使用一些额外的选择体系工具来促进决策的制定，从而更好地使结果与消费者偏好保持一致，包括：

（4）选择过载。选择过载是托夫勒（Toffler，1970）[①] 提出的，用来描述有太多选项可供选择所产生的影响。这些影响包括拖延、逃避、不满、结果的不完美以及潜在的错误。

（5）工具或决策辅助。当选择复杂时，可以给个人提供工具或决策辅助，以促进其从更多选择中集中选择最佳选项。许多受欢迎的网站（亚马逊、网飞、谷歌）使用复杂的算法来预测哪些选项最受欢迎。但是这些方法在政策领域也有相关性。例如，旨在帮助老年人在健康政策领域选择最合适的处方药计划（Medicare Part D/Prescription Drug Plan）就是使用这种工具的一个例子。

（6）个性化信息。当某个特定选项的最佳性取决于给定消费者群体的个别属性时，可提供个性化信息以帮助其做出决策。依据框架效应，针对特定群体选择特定的引导方式可以改善决策结果。例如，克林（Kling）等人发现，与提供通用信息相比，向老年人提供低成本医疗保险处方药计划的个性化信息会促使更多的人转向低成本计划，这种便于消费者的方式可以帮助其做出明智的决策。

（7）利用标准化选项以增加可比性。假设企业有意混淆相似产品的属性，以减少消费者直接比较不同产品隐藏属性的成本和收益。这种混淆可以成为企业市场力量的一个来源，但也会增加消费者在决策中犯错的可能性。医疗保健领域中已经出现了一些决策辅助

① Toffler A. *Future Shock*. Bantam，1970.

工具，旨在帮助消费者更好地了解他们的医疗选择。有助于人们比较产品的一种效率提升方法是提供标准化的产品属性。例如，补充医疗保险中老年人的医疗保险必须符合美国联邦医疗保险和联邦医疗补助中心（Centers for Medicare and Medicaid）划定的10种情况。

（8）反馈。对于某些决策，消费者可能难以将他们的行为与他们体验到的结果和他们的预期结果联系起来。例如，消费者可能看到自己每月的水电费账单，却对此知之甚少。一种改进方法是提供更好的反馈，总的来说，研究表明直接反馈（例如，使用实时能源显示器）能减少5%～15%的能源消费，而间接反馈（例如，能源消耗作为每月账单的一部分）能减少能源消耗10%左右。

（9）承诺手段。这是一种可以帮助个人在他们可能难以抵挡诱惑的情况下仍然追求实现偏好的干预措施，而这些诱惑产生的短期收益超过了长期成本。

专栏12-4

“承诺”的力量

案例一：当地银行向客户提供一个承诺储蓄账户，选择承诺储蓄产品的客户自愿限制提取其储蓄的权利，直到达到目标日期或目标金额。与未选择承诺储蓄产品的对照组相比，那些选择承诺储蓄产品的人12个月后银行账户余额增加了82%。这项研究为限制个人在达到退休年龄之前获得退休储蓄账户余额的政策提供了一个合理的解释。

案例二：迪弗洛（Duflo）等人研究了几种增加化肥使用量的方法。因为使用化肥有明显的好处，而且大多数农民了解这些好处，并计划使用化肥，但只有少数农民会这样做。理由是当需要施肥时，资金不足。一些农民有机会在收获季节结束时提前支付下一季购买化肥的金额，因为此时基本上没有那么大的资金约束。相比之下，提供预付选择的下一季肥料利用率大约高出20%。这种承诺手段可以导致农民行为发生有意义的变化。

（10）完整的计划。心理学研究发现，缺乏计划是阻碍个人按照自己的喜好行事的另一个障碍。缺乏计划时，个人在面临竞争需求时注意力很容易从现有目标上发生偏离。鼓励人们形成一个计划来实现他们的意图，已经被证明可以在各种政策相关领域提升预期目标的实现率。计划提示和提醒都是成本极低和可补充扩展的干预措施，可以解决由于有限精力而产生的拖延。

专栏12-5

完善计划促进目的达成

案例一：通过提供计划援助来帮助员工形成和实施储蓄计划。(a) 鼓励个人为参加储蓄计划预留特定时间，(b) 概述参加储蓄计划所涉及的步骤，(c) 给出每一步所需时间的近似值，(d) 给出在个人陷入困境时该如何应对的建议。这个计划援助使新员工参加雇主资助储蓄计划的人数增加了12%～21%。

案例二：在教育领域，有研究表明，有一个实施计划可以提高学生的备考努力程度。从政策角度来看，这些类型的干预有一个吸引人的特点，那就是干预程度很低。因此，即使它们对行为的影响不大，相对于其他潜在的干预措施，成本收益也很高。这种干预可以用于有效地鼓励个人进行满足其各种其他社会需要的行为，如购买人寿保险、立遗嘱或改用节能灯泡。

案例三：在玻利维亚、秘鲁和菲律宾，有研究评估了提供提醒服务（无论是短信还是信件）对实现储蓄目标的影响。研究发现，提醒使个人实现储蓄目标的可能性增加3%，并使储蓄金额提高6%。计划辅助工具和提醒可能是一种有效的方法，鼓励更多失业者积极地寻找工作，或鼓励更多消费者的环保行为。

第三节　改变个人行为偏好的政策干预工具

前一节我们重点介绍了基于个人偏好的行为干预措施，这些偏好可能接近于社会最优结果。然而，有时实现个人偏好并不一定具有社会最优结果。在这些情况下，可能需要一组不同的政策工具。传统上用于改变行为的工具是价格机制（抑制行为的税收/罚款或鼓励行为的补贴），以及信息规定。但是对心理学的理解可能会帮助我们了解更多比这些传统工具更具有成本收益的行为改变政策工具。上一节讨论了如何使用选择体系来帮助个人执行他们的选择偏好。选择体系还可以用于更改个人不同选择结果的成本和收益。或者，选择体系可以被看作是一种影响个人偏好如何构建或表达的方式。

例如，上面提到的违约持续存在的一个原因是，决策者不确定最佳的行动路线，可能会将违约视为契约制定者设置的隐含建议。如果是这样，一个理性的决策者可能没有理由不违约。有证据表明，在不确定行动结果时，违约确实是决策者的一个选择。还有其他几种可供选择的架构工具可以用于评价他们改变个人评价方式的成本和收益。心理学的一个观点是，个人在做出判断时不会做出绝对的评价，相反，他们的评价是相对于一个参照点做出的。因此，政策可以用来帮助设置个人参照点，这又称为框架效应。框架效应政策应用的一个领域是征税活动。纳税人在报税时的一个自然参照点是，他们是否需要补退税（相对于已经征收的税款）。研究发现与理论预测一致，瑞典的纳税人在需要补缴税款时比退税时更加激进。这意味着，在报税时依赖于多扣缴然后返还的税款征收政策可能会提高税收遵从度和已付税款总额。在教育政策和再就业领域中，也有人研究了对个人损失厌恶的干预措施。框架效应不需要相对于参照点产生影响。例如，比较在两次重大选举中，不同的选举框架对投票率的影响，研究者发现当投票的重要性被定义为名词（成为投票人）而不是动词（投票）时，投票率会更高。这是由于投票的名词形式重视个人身份，从而能够提高投票率。我们可以很容易地想象在其他领域应用框架效应：成为储蓄者，有意识地成为环境保护者，要健康，要诚实，等等。

框架效应的应用涉及用于命名或描述政府某类项目。例如，构建财务框架以鼓励个人在报税时设立个人退休账户（IRA）作为税收抵免。这项政策旨在鼓励低收入家庭储蓄，但由于人们不理解税收抵免，政策在很大程度上是无效的。研究者发现将激励机制框定为激励匹配确实更有效，这样做的结果是有更多人开设个人退休账户，或增加无条件储蓄的个人退休账户。关于经济中的“粘蝇纸效应”有很长一段描述——苍蝇往往会被粘在它着陆的地方。在政策背景下，政府的特定用途转移支付会影响资金的使用方式。

专栏 12-6

项目名称的“奇迹”

案例一：研究发现，在购买儿童服装时，人们从指定为“养育儿童所获福利”的收入中提取的数额比从其他收入来源提取的数额高出一倍；相比之下，成人服装的边际消费倾向对其他收入来源非常显著，但对来自指定儿童福利的收入则并不显著。该项收入作为一项儿童福利，显然会让父母在道义上认为有义务把钱花在孩子身上。类似地，摩洛哥有一项评估现金转移计划对提升儿童入学率的研究，该计划指定了用于儿童教育的资金，尽管父母实际上可将这些资金用于其他目的。他们发现，在接受现金转移支付的家庭中，小学生的入学率明显上升，而在对照组家庭中，这一概率并未变化。他们还发现，附有标签的现金转移是有效的，实际上对某些措施来说，这种专项现金转移的效果要更好，如专项现金转移在提高入学率方面更为有效。在专项现金转移中，只有在孩子确实上学的情况下才支付学费（而且管理费用明显低于其他孩子）。这些结果清楚地表明，任何政府项目的名称都应予以认真考虑。

案例二：对于向失业者提供资源的项目，不同命名方式可能会影响失业者的行为。在美国，这类项目被称为失业保险，加强受助人的失业地位；相比之下，在英国，这些福利被称为求职者津贴，这个名字强调的是求职者对工作依恋的活动。在澳大利亚，这些项目只是暂时被称为“领取救济金的工作”，这个标签强调领取政府救济金，听起来带有贬义。另一个关于如何使用选择体系来改变个人行为的研究来自选票顺序和选举结果。在许多政治司法管辖区，现任议员在选票上被一一列出。加利福尼亚州采用了一种不同的选票顺序方法：将候选人的选票位置随机分配。Ho 和 Imai (2008) 利用各州选票顺序的自然变化来估计选票顺序对选举结果的影响。他们发现，排在选票首位只会对无党派人士的选择结果产生影响；在初选中，选票顺序对选举结果的影响要大得多。在初选中，所有候选人都能从顺序靠前的位置受益，而少数党候选人受益最多。

案例三：该项研究记录了另一个排序效应的例子。研究人员发现在填写保险表格时，那些被要求在填写表格前签署一份申明其所提供信息真实性的消费者，比那些在填写表格后被要求签署该项申明的消费者更诚实。然而，大多数要求签名确认所提供的信息真实性的申明都是在填表结束时。将此签名请求的位置从表单的末尾移到开头，在许多政策领域都是有效的，包括税务申报和无数的申请公共援助项目。

在上述讨论中排序效应的重要性暗示了其他领域选择列表的结构特性也可能与政策设计相关。在金融安全领域，为响应投资选择列表设计中提供的多种选择，员工选择的退休投资组合倾向于多样化，在极端情况下，他们会将 1/N 规则应用到跨系列类别资产的投资活动。鉴于这种财务影响多元化倾向取决于资产类别的组合，政策制定者可能会鼓励雇主提供多种退休投资选择，以分析出雇员偏好的投资类别。

个体在特定或主观条件下的不同行为选择在卫生健康领域中也可以看到。研究发现，从一种健康食品和一种不健康食品中进行选择的个体，与从多种健康食品和不健康食品中进行选择的个体相比，只有一种不健康食品的组合增加了个人对健康食品的选择。例如，以选择健康或不健康的三明治为研究对象，研究发现，菜单开头的选项为不健康的三明治时，极大地改变了选择健康三明治的可能性。美国农业部进行的一项研究表明，政府资助的营养项目可以使用重新包装或其他展示方法来帮助个人监测和控制他们的食物消耗量。

总之，个人并不只关心自己孤立的行为，而是在社会环境中进行评估，也就是说，根据他们周围的人在做什么以及其他人可能传递给他们的行为信息进行判断。

专栏 12-7

人的行为会受到外部环境影响

案例一：研究表明，当个体被引导相信预期投票率将会很高而不是很低时，选民投票率会更高。类似地，当人们被引导相信他们的邻居会被提前告知他们是否投票时，投票率会高出几个百分点。

案例二：一项研究表明，向消费者提供与他们处境相似的邻居的能源消费信息，能够减少其家庭能源消耗。群体规范也被用来提升税收遵从度。在最近的一次社交测试中，英国行为洞察力团队发现，群体规范方法可以减少税收拖欠。向拖欠税款的纳税人提供有关按时纳税人数比例的信息，可使他们的纳税遵从度提高近15%。尽管社会规范给以相对较低的成本改变行为提供了一些希望，但并不一定能达到预期效果。

案例三：Beshears 等（2013）[①] 评估了传递关于储蓄的社会规范是否可以作为一种提高储蓄计划参与率的方式。他们发现了一个有点矛盾的现象：收到同事储蓄比例信息的员工，实际上不太可能储蓄。这就提出了社会规范是否会影响消费者行为这一问题，这是值得未来研究的。

① Beshears J., Choi J. J., Laibson D., et al. Simplification and saving. *Journal of Economic Behavior and Organization*, 2013, 95: 130-145.

第四节　行为动机的激励效用

除了在第二节和第三节中讨论的许多非传统的改变行为的政策工具之外，传统政策工具（如货币激励）仍然可以发挥作用。如第二节所述，如果改变行为的障碍是采取社会所期望的行动的成本超过了私人可获得的收益，那么就需要激励来发挥作用。无论是积极的还是消极的激励，都将为个人提供一个选择：能更好地将收益与成本结合起来，使行为改变更具吸引力。但即使是在激励领域，行为经济学的观点也能帮助我们考虑何时使用激励以及如何构建激励。虽然激励显然在经济生活中扮演着重要的角色——如果没有任何激励，我们中的许多人都不会在现在的工作岗位上工作——但非货币激励的作用也很强大。在某些情况下，非货币激励因素可能比货币激励更加有助于个人行为改变。

非货币激励可以作为有效的激励措施。在某些情况下，货币激励有时会因排挤内在激励而适得其反。研究表明，对那些能够获得内在激励的个人行为提供小的货币激励会降低其内在动机，相对于没有任何激励会导致更少的行为改变。同样，惩罚不受欢迎的行为也可能适得其反。当一个幼儿园开始对晚接孩子的家长进行罚款后，晚接孩子的家长数量实际上增加了。这是因为家长为迟到付出代价间接地使他们的行为合法化（只要他们愿意付出代价）。类似地，为个人代价高昂的亲社会行为提供补偿极大地减少了公民的此类行为。总之，当期望的行为具有亲社会因素或可以提供某种程度的内在动机时，必须非常谨慎地运用激励措施。

专栏 12-8

行为激励——货币激励

案例一：Lacetera 等（2014）[①] 评价了一项提供不同程度补偿的大规模现场献血实验。他们发现献血比例随着经济刺激的增加而增加。

案例二：在一项比较货币激励和非货币激励的研究中，研究者评估了一组鼓励小学生午餐多吃水果和蔬菜的干预措施。在一些学校，每天吃水果或蔬菜的孩子们能够得到 25 美分的经济奖励，而在其他学校的孩子则得到一张奖券，获得者有机会获得大致相当于其预期价值的有形奖品。在这项研究中，25 美分的经济奖励比获奖机会激励作用更大。

在激励能改变行为的潜在成本收益的背景下，行为经济学可以告诉我们如何设计激励，使其最大化效用。研究结果表明，基于奖券的激励机制会使员工更容易遵守行为规

① Lacetera N., Macis M., Slonim R. Rewarding volunteers: A field experiment? *Management Science*, 2014.

范。前景理论也被应用于设置与奖券挂钩的储蓄产品，这些产品在美国通常是非法的，但在其他国家有很长的历史和一些知名度。与奖券相关的储蓄产品是否在实际意义上增加了储蓄是一个开放的实证问题。最近的一篇论文从一项实验室实验中发现了类似奖券的激励会使得储蓄增加，奖券支付的时间也会影响它们在激励行为改变方面的有效性。

专栏 12-9

行为激励——即时激励和延迟激励

案例：研究发现，相对于延迟激励，如果给予小学生即时激励，他们更有可能在午餐时吃水果或蔬菜。同样地，比较即时激励和延迟激励对学生考试成绩的影响发现，当给予学生即时激励时，考试成绩有所提高，但是延迟激励对学生考试成绩没有任何影响。延迟激励可以帮助解释为什么一些学校激励学生表现的方式几乎没有作用。这些发现还表明，延迟提供激励措施，可能不是提供财务激励的最具成本收益的方法。

能够影响激励效用的另一个因素是激励结构，即将其视为一种收益还是一种损失。比如，对于提升学生考试成绩的激励，使用损失框架（先给学生奖励，然后告诉他们如果成绩不好，就必须把奖励返还）比使用收益框架（告诉学生如果考试成绩足够好，就会得到奖励）更有效。同样，财务激励的效用也能用于提升教师为提高学生考试成绩而做出的努力，使用收益框架（在学生考试成绩达到目标后的学年结束时支付给教师奖励）与损失框架（在学年开始时向所有教师支付奖励，如果学生考试成绩没有达到目标，教师将要在学年结束时退还奖金）进行比较发现，将教师绩效激励作为一种损失来构建，在提高考试成绩方面的效果几乎是将激励作为一种收益来构建的两倍。

当社会期望个人遵守复杂的程序时也会依靠行为激励措施，激励方案设计中的另一个重要因素是与激励相关联的行为或结果。

专栏 12-10

行为激励方案的设计——教育

关于发展中国家教育激励的两项研究发现，这些国家普遍的教师缺勤是提升教育质量的重大障碍。

案例一：调查发现印度一项激励计划中将教师薪酬与工作天数挂钩，而不是保证老师一个固定的工资。他们发现，与固定工资相比，有激励计划的教师缺勤率下降了21个百分点。

案例二：教师出勤率也可以较好地转化为提高考试成绩的动力。研究发现肯尼亚的教师缺勤问题也很严重，政府针对这种情况出台了一项激励计划。该计划鼓励教师为了提高学生在特定考试中的表现而对其进行奖励。他们发现，在教师受到激励的相关考试中，学生的表现有所提高，但在不受任何激励的情况下，学生在考试中的表现没有改善，教师出勤率、家庭作业或其他教学方法也没有变化。结论是，教师是为了考试而教学，或者更准确地说，他们只是把精力投入到那些直接影响他们的奖励支付的活动中。尽管这些研究只是关于教育和其他领域激励机制的一部分，但也表明，当激励机制与直接影响预期结果的行为联系在一起时，效果会更好。

总的来说，如果有可能，货币激励似乎最能激励人们改变行为。激励强化了个人想要完成某件事的意愿。当激励结构、个人努力程度和结果之间的联系不明确时（即多任务问题），激励就不那么有效了。在某些情况下，货币激励措施可能适得其反，因为激励力度过低，或者因为它们排挤了内在动机。

第五节　一个具体的案例——喀麦隆案例

一、喀麦隆的治理环境

自 1982 年以来，保罗·比亚（Paul Biya）就一直担任喀麦隆总统，他在 2008 年修改了宪法的任期限制条款后，在 2011 年继续赢得选举，连任 7 年。在非洲 52 个国家中，喀麦隆的莫易卜拉欣治理指数（Mo Ibrahim Governance Index）排名仅第 36 位。喀麦隆在法治、政治参与和人文环境方面的得分尤其低。在 1998 年、1999 年和 2002 年的“透明国际——全球最腐败国家”排行榜上，喀麦隆名列榜首。Orock 等（2012）[①]反映了这一问题，他们指出“公职人员贪污和挪用国家资金的现象非常普遍，以至于大多数喀麦隆人都将这一因素视为与贫困、失业和不安全问题联系在一起的主要问题”。

就政府机构的运作而言，世界银行 2009 年的一份发展政策调查报告指出，“改革发展的不均衡、不一致性和普遍的官僚惰性，使喀麦隆有别于许多表现良好的发展中国家。”报告指出，“官僚主义的惰性削弱了它有效执行政策的能力。这一普遍问题的根源在于行政当局权力的过度分散和机构重叠（各部、常设委员会、特别委员会等）的泛滥。以任用为本的晋升及降职制度也令公务员士气低落，效率低下。低薪政策严重降低了喀麦隆行政当局出现一个稳定官僚政府的可能性。”另一些人则评论道，“以任免为基础的晋升和降职制度造成了改革的高度惰性、低水平的相互信任和跨部门协调不力。”这也体现了报告所指出的问题。

① Orock R. T. E.，Mbuagbo O. T. Why government should not collect taxes：Grand corruption in government and citizens' views on taxation in Cameroon. *Review of African Political Economy*，2012，39（133）：479－499.

二、透明度和问责机制发展项目——设计及成果

2008 年 6 月，世界银行理事会批准了一个按传统方式设计的透明度和问责机制发展项目。该项目由国际开发协会（International Development Association，IDA）提供 1 500 万美元贷款，用于支持喀麦隆三个部委实施一项公共部门全面改革计划。项目发展目标是：提高喀麦隆公共财政管理的透明度和效率；加强喀麦隆在使用公共资源方面的问责机制。公共财政管理改革将通过四个组成部分来实现：项目的第一个组成部分是改进包括采购在内的预算管理，重点主要是在新的《预算组织法》的范围内帮助修订预算方案拟定、预算执行（包括采购）、预算监测和控制以及财务会计的程序、方法和条例等相关内容。项目的第二个组成部分是关于财务管理信息系统的综合发展，包括人力资源管理系统和薪酬管理系统。项目的第三个组成部分是加强外部监督与评价。项目的第四个组成部分是支持项目协调中心进行项目改革协调和财政部的能力建设活动，以便适当地执行其在改革中的协调、监测和领导作用。该项目预计在五年内完成，预计每年付款金额分别为 180 万美元、320 万美元、400 万美元、350 万美元和 250 万美元。

该项目在提出一年后，即 2009 年生效，这本身就是对项目目标存在问题和项目所有权薄弱的警告信号。经过两年的实施，预算总额中只有 10%的资金到位，而一开始预计的比例为 33%。世界银行非洲区域副行长在访问喀麦隆时，与相关政治领导人就有效执行项目的必要性进行了明确的讨论，该项目受到了高级别管理当局的注意。当项目未能发挥预期效果时，世界银行管理层表达了对该项目现状的关注。喀麦隆政府的主要对应机构财政部表示，它们打算随后加强项目执行和对银行的监督，接着通过了一份时间规划设计方案。在 2011 年 8 月进行的中期审查中，世界银行发现该项目已部分纠正，然而在许多方面仍然落后于预期，在与政府进一步协商后，双方一致同意于 2012 年 12 月（比预定关闭日期提前一年）关闭项目，并将未支付款项重新分配给另一个项目。

关于此项目的报告非常详细地介绍了政府讨论以及在典型的银行-客户关系中此类项目通常实施的各个阶段。项目准备工作本身也不同寻常：从 2004 年开始准备，到 2008 年才最终获得批准。世界银行监督特派团与政府相关部门合作，努力实现该项目的发展目标，但报告称该项目大部分组成部分进展缓慢。原因有很多，但典型原因包括：（1）在财政部和政府内部其他部门之间迟迟未能就改革方案达成一致的意见；（2）财政部的组织缺陷；（3）财政部缺乏领导和组织能力。这些因素主要影响到项目采购流程，导致 2009 年项目工作计划的关键活动启动延迟，如 IT 升级和薪酬管理系统审核升级。

此外，世界银行监督部门报告称，“项目在生效五个月后，仍然缺乏过去访问期间正式承诺的一些基本设施和组织授权。相关现代化项目及其关联项目能否实现在很大程度上取决于财政部是否愿意领导项目全过程。由于没有迅速采取行动并加速项目活动的

实施，世界银行监督特派团认为项目的发展和可持续性面临很高的风险。”

随后世界银行在2010年5月进行的一次监督活动中注意到，项目在改进预算管理方面取得了一些进展，但对政府有关各部门之间协调不力的现象也提出了以下意见：(1)财政部和人事部之间的协调不力，是人力资源改革和工资审计改革迟迟不能启动的原因。人力资源改革和工资审计改革是修订工资法案和改善公共部门管理的关键步骤。(2)财政部和规划部之间，以及各部门之间协调不力，阻碍了预算编制改革的进程。

影响这个项目的一系列问题通常被归为政府对采取必要行动缺乏政治承诺。但真正的问题往往更加微妙，需要进行更多的分析。政治背景非常重要，鉴于该国有一个特殊的“强政府”政治背景，因而需要做出更大的努力来确保最可能出现的渐进式变革，因为这种变革很可能遭到抵制，而且政府内部的改革倡导者也有相对的力量和能力。因此，该项目在喀麦隆不太可能实现。例如，该项目需要在具体执行的三个部委之间进行相当大的协调。然而，这种协调失败在喀麦隆的政治和官僚环境中是可以预见的，但在项目筹备和设计期间却并未被明确指出。

反思喀麦隆的公共部门改革，项目制定者忽略了特定政治背景下的时间和地点。但最重要的是，他们忽略了这样一个事实，即制度是关于人，关于激励，关于行为的。

三、为什么与行为经济学相关?

行为经济学如何提供一种方法来思考渐进式改革？行为经济学的原则适用于相互作用的双方——提供技术咨询和援助的开发机构（在本例中是世界银行）以及各种政府对应机构。许多行为经济学概念可以解释乍一看似乎不合理的行为。第一是计划偏差的概念，这是指个人和组织倾向于低估完成一项任务或实现一个目标所需的时间，即使过去的经验表明需要更多的时间。尽管有大量证据表明，项目的实施时间比预计的要长，但许多公共部门改革设计都存在这种计划偏差。开发机构尤其容易出现这种问题，其行为原因值得研究。行为经济学提供了一种可能的解释，即授权势在必行，具体而言，其表现如下：许多项目规划都是在这样的背景下进行的，即项目的进行需要财务部门批准，而计划人员往往与项目的批准有利益关联。这种关联可能会导致计划人员故意低估项目所需的工作。这种故意低估被称为计划偏差中的乐观偏差，他们倾向于认为，尽管有过去项目失败的经验证据，当前项目在某种程度上不受以前风险的影响。这也是一种强烈的行为模式，在发展中国家和政府机构中都可能出现。

第二个与行为经济学相关的重要概念是损失厌恶，这是指个人强烈倾向于避免损失，而不是希望获得收益。这个概念可以有力地解释为什么个人和机构看起来如此抗拒改变。大多数改革都涉及多方利益主体，人们认为变革会给政治家和政界人士带来风险。管理好这些风险，避免权力、威望和资源的流失，是他们降低直接受改革影响和引导改革的主要动力。

当人们对有关改革的认识有限时，会认为这些改革似乎具有很高的风险，任何失策

都可能受到被解雇和被竞争对手取代的惩罚。在喀麦隆这样一个特殊的政治环境中，对高级技术官员和部长来说，重大改革可能是高风险的。关键参与者之间的相互信任也可能受到损害，因此参与者会增强风险意识，具体反映在参与改革的关键部门之间就是缺乏协调和配合。所有这些因素都可以从喀麦隆公共部门改革项目的经验中观察到，并可以解释为什么在这样一个国家，需要高度政治承诺和协调的项目未能有效执行。

本章习题

一、名词解释

基于个人行为偏好的政策干预工具　改变个人行为偏好的政策干预工具　激励效用

二、简答题

1. 在本章改变个人行为的政策工具中，有哪些与传统的经济学范式不同的地方？
2. 简述激励效用在行为动机中的意义。
3. 寻找最新的行为财政学在国际实际案例中的应用。

本章参考文献

[1] Abadie A.，Gay S. The impact of presumed consent legislation on cadaveric organ donation：A cross-country study. *Health Economics*，2006；25：599－620.

[2] Alcott H. Social norms and energy conservation. *Public Economics*，2011，95：1082－1095.

[3] Alcott H.，Rogers T. The short-run and long-run effects of behavior interventions：Experimental evidence from energy conservation. *American Economic Review*，2014.

[4] Ashraf N.，Aycinena D.，Martinez C.，Yang D. Remittances and the problem of control：A field experiment among migrants from El Salvador. Ann Arbor：Working Paper，University of Michigan，2011.

[5] Ashraf N.，Karlan D.，Yin W. Tying Odysseus to the mast：Evidence from a commitment savings product in the Philippines. *Quarterly Journal of Economics*，2006，121：635－672.

[6] Austin J.，Sigurdsson S. O.，Rubin Y. S. An examination of the effects of delayed versus immediate prompts on safety belt use. *Environment and Behavior*，2006，38：140－149.

[7] Barr M. S.，Mullainathan S.，Shafir E. Behaviorally informed regulation. // Shafir E. *Behavioral Foundations of Public Policy*. Princeton，NJ：Princeton University Press，2013：440－464.

[8] Behavior Insights Team. *Applying Behavioural Insights to Reduce Fraud，Error and Debt*. London：Working Paper，UK Cabinet Off，2012.

[9] Bell C. Inside the coalition's controversial "nudge unit". *The Telegraph*. 2013-02.

[10] Benartzi S., Thaler R. H. Naive diversification strategies in defined contribution savings plans. *American Economic Review*, 2001, 91: 79-98.

[11] Campbell J. Y., Jackson H. E., Madrian B. C., Tufano P. Consumer financial protection. *Journal of Economic Perspectives*, 2011, 25 (1): 91-114.

[12] Costa D. L., Kahn M. E. Energy conservation "nudges" and environmentalist ideology: Evidence from a randomized residential electricity field experiment. *Journal of the European Economic Association*, 2013, 11: 680-702.

[13] Darby S. The effectiveness of feedback on energy consumption: A review for DEFRA of the literature on metering, billing, and direct displays. University of Oxford, UK: Working Paper, Environment Change Insight, 2006.

[14] DellaVigna S. Psychology and economics: Evidence from the field. *Journal of Economic Literature*, 2009, 47 (2): 315-372.

[15] Duarte F., Hastings J. S. Fettered consumers and sophisticated firms: Evidence from Mexico's privatized social security market. NBER Working Paper, 2012: 18582.

[16] Dynarski S. M., Scott-Clayton J. The cost and complexity in federal student aid: Lessons from optimal tax theory and behavioral economics. *National Tax Journal*, 2006, 59: 319-356.

[17] Engström P., Nordblom K., Ohlsson H., Persson A. Tax compliance and loss aversion. Uppsala University: Working Paper, 2011: 17, Department of Economics, 2013.

[18] Filiz-Ozbay E., Guryan J., Hyndman K., Kearney M., Ozbay E. Do lottery payments induce savings behavior? Evidence from the lab. NBER Working Paper, 2013: 19130.

[19] Frey B., Oberholzer-Gee F. The cost of price incentives: An empirical analysis of motivation crowding-out. *American Economic Review*, 1997, 87: 746-755.

[20] Fryer R. Financial incentives and student achievement: Evidence from randomized trials. *Quarterly Journal of Economics*, 2011, 126: 1755-1798.

[21] Gabaix X., Laibson D. Shrouded attributes, consumer myopia, and information. *Quarterly Journal of Economics*, 2006.

[22] Gollwitzer P. M., Sheeran P. Implementation intentions and goal achievement: A meta-analysis of effects and processes. *Advances in Experimental Social Psychology*, 2006, 38: 69-119.

[23] Grant A., Gino F. A little thanks goes a long why: Explaining why gratitude

expressions motivate prosocial behavior. *Journal of Personality and Social Psychology*, 2010, 98: 946 - 955.

[24] Gugerty M. K. You can't save alone: Commitment in rotating savings and credit associations in Kenya. *Economic Development and Cultural Change*, 2007, 55: 251 - 282.

[25] Hansen W. L. Impact of student financial aid on access. *Proceedings of Academy of Political Science*, 1983, 35 (2): 84 - 96.

[26] Hastings J. S., Weinstein J. M. Information, school choice, and academic achievements: Evidence from two experiments. *Quarterly Journal Economics*, 2008, 123: 1373 - 1414.

[27] Ho D., Imai K. Estimating causal effects of ballot order from a randomized natural experiment: The California alphabet lottery, 1978—2002. *Public Opinion Quarterly*, 2008, 72 (2): 216 - 240.

[28] Johnson E., Goldstein D. Do defaults save lives? *Science*. 2003, 302: 1338 - 1339.

[29] Johnson E., Shu S., Dellaert B. G. C, Fox C., Goldstein D., et al. Beyond nudges: Tools of choice architecture. *Marketing Letters*, 2012, 23: 487 - 504.

[30] United States Congress Joint Committee on Taxation. *Estimates of Federal Tex Expenditures for Fiscal Years 2012 — 2017*. Washington, DC: US. Government Printing Office, 2013.

[31] Just D. R., Mancino L., Wansink B. Could behavioral economics help improve diet quality for nutrition assistance program participants?. Washington, DC: Economic Research Rep. 6391, US Department of Agriculture, 2007.

[32] Just D. R., Price J. Using incentives to encourage healthy eating in children. *Journal of Human Resources*, 2014.

[33] Kahneman D., Tversky A. Prospect theory: An analysis of decision under risk. *Econometrica*, 1979, 47: 263 - 292.

[34] Kahneman D., Tversky A. Choices, values, and frames. *American Psychologist*, 1984, 39: 341 - 350.

[35] Kamenica E. Behavioral economics and psychology of incentives. *Annual Review of Economics*, 2012, 4: 427 - 452.

[36] Kling J. R., Mullainathan S., Shafir E., Vermeulen L. C., Wrobel M. V. Comparison friction: Experimental evidence from medicare drug plans. *Quarterly Journal of Economics*, 2012, 127: 199 - 235.

[37] Kooreman P. The labeling effect of a child benefit system. *American Economic Review*, 2000, 90: 571 - 583.

[38] Lacetera N., Macis M., Slonim R. Rewarding volunteers: A field experiment?. *Management Science*, 2014.

[39] Leventhal H., Singer R., Jones A. Effect of fear and specificity of recommendation upon attitudes and behavior. *Journal of Personality and Social Psychology*, 1965, 2 (1): 20-29.

[40] Levitt S., List J. A., Neckermann S. S., Sadoff S. The behavioralist goes to school: Leveraging behavioral economics to improve educational performance. NBER Working Paper, 2012: 18165.

[41] Fryer R., Levitt S., List J. A., Sadoff S. Enhancing the efficacy of teacher incentives through loss aversion: A field experiment. NBER Working Paper, 2012: 18237.

[42] *Increase the Effectiveness of Financial Education and Saving Programs*. Chicago: University of Chicago Press, 2009: 209-236.

[43] Madrian B. C. Matching contributions and savings outcomes: A behavioral economics perspective. //Hinz R., Holzman R., Tuesta D., Takayama N. *Matching Contributions for Pensions: A Review of International Experience*. The World Bank, 2013.

[44] Madrian B. C., Shea D. F. The power of suggestion: Inertia in 401(k) participation and savings behavior. *Quarterly Journal of Economics*, 2001, 116: 1149-1187.

[45] Milkman K. L., Beshears J., Choi J. J., Laibson D., Madrian B. C. Using implementation intentions prompts to enhance influenza vaccination rates. Proceedings of the National Academy of Sciences of the United States of America, 2011, 108: 10415-10420.

[46] Nichols A. L., Zeckhauser R. J. Targeting transfers through restrictions on recipients. *American Economic Review*, 1982, 72: 372-377.

[47] Pew Charitable Trusts. *How borrowers choose and repay* payday loans. Washington, DC: Rep., Pew Charitable Trusts, 2013.

[48] President's Advisory Panel on Federal Tax Reform. Simple, Fair and Pro-Growth: Proposals to Fix America's Tax System. 2005.

[49] Rogers T., Milkman K. L., John L. K., Norton M. I. Making the best-laid plans better: How plan making increases follow-through. Cambridge, MA: Working Paper, Harvard University, 2013.

[50] Saez E. Details matter: The impact of presentation and information on the take-up of financial incentives for retirement saving. *American Economic Journal Economic Policy*, 2009, 1 (1): 204-228.

[51] Seftor N. S., Turner S. Back to school: Federal student aid policy and adult

college enrollment. *Journal of Human Resources*, 2002, 37: 336-352.

[52] Thaler R. H. , Benartzi S. Save more tomorrow: Using behavioral economics to increase employee saving. *Journal of Political Economy*, 2004, 112: S164-S187.

[53] UK Department for Work and Pensions. Reinvigorating workplace pensions. London: UK Department for Work and Pensions, 2012.

[54] Vanguard Group. How America saves 2013: A report on Vanguard 2012 defined contribution plan data. Valley Forge, PA: Vanguard, 2013.

教学支持说明

1. 教辅资源获取方式

为秉承中国人民大学出版社对教材类产品一贯的教学支持，我们将向采纳本书作为教材的教师免费提供丰富的教辅资源。您可直接到中国人民大学出版社官网的教师服务中心注册下载——http：//www.crup.com.cn/Teacher。

如遇到注册、搜索等技术问题，可咨询网页右下角在线 QQ 客服，周一到周五工作时间有专人负责处理。

注册成为我社教师会员后，您可长期根据您所属的课程类别申请纸质样书、电子样书和教辅资源，自行完成免费下载。您也可登录我社官网的“教师服务中心”，我们经常举办赠送纸质样书、赠送电子样书、线上直播、资源下载、全国各专业培训及会议信息共享等网上教材进校园活动，期待您的积极参与！

2. 赠送“经管之家”论坛币

经管之家（http：//www.jg.com.cn）于 2003 年成立，致力于推动经济学科的进步，传播优秀教育资源，做最好的经管教育。目前已经发展成国内最大的经济、管理、金融、统计类在线教育平台，也是国内最活跃和最具影响力的经济类网站。

为了更好地服务于教学一线的任课教师，凡使用中国人民大学出版社经济分社教材的教师，注册成为我社教师会员后，可填写以下信息调查表，发送电子邮件或者邮寄或者传真给我们，我们将会向您赠送经管之家论坛币 200 个。

教师信息表
姓名：
学校：
论坛 ID：
教授课程：
使用教材：
论坛识别码：pinggu_com_1501511_8899768

3. 高校教师可加入下述学科教师 QQ 交流群，获取更多教学服务

经济类教师交流群：一群：140105952（已满），或二群：809471792
财政金融教师交流群：一群：182073309（已满），或二群：766895628
国际贸易教师交流群：162921240
税收教师交流群：119667851

4. 购书联系方式

网上书店咨询电话：010-82501766
邮购咨询电话：010-62515351
团购咨询电话：010-62513136

中国人民大学出版社经济分社
地址：北京市海淀区中关村大街甲 59 号文化大厦 1506 室　100872
电话：010-62513572　010-62515803
传真：010-62514775
E-mail：jjfs@crup.com.cn